出版基金 博雅 華大
华中师范大学出版基金丛书
学术著作系列

本书系教育部人文社会科学研究规划基金项目（22YJA880068）研究成果

『双减』背景下数学课堂教学研究

徐章韬 著

C B J J

華中師範大學出版社

新出图证(鄂)字 10 号

图书在版编目(CIP)数据

"双减"背景下数学课堂教学研究/徐章韬著. —武汉：华中师范大学出版社，2023.11(2024.10 重印)

ISBN 978-7-5769-0351-5

Ⅰ.①双… Ⅱ.①徐… Ⅲ.①中学数学课—课堂教学—教学研究—高中 Ⅳ.①G633.602

中国国家版本馆 CIP 数据核字(2023)第 219686 号

"双减"背景下数学课堂教学研究

"SHUANGJIAN" BEIJING XIA SHUXUE KETANG JIAOXUE YANJIU

责任编辑：史小艳 **责任校对**：王 炜 **封面设计**：罗明波

编辑室：基础教育分社 **电话**：027－67862387

出版发行：华中师范大学出版社有限责任公司

社址：湖北省武汉市洪山区珞喻路 152 号 **邮编**：430079

电话：027－67863426(发行部)

网址：http://press.ccnu.edu.cn **电子信箱**：press@mail.ccnu.edu.cn

印刷：广东虎彩云印刷有限公司 **督印**：刘 敏

字数：300 千字

开本：710mm×1000mm 1/16 **印张**：17

版次：2023 年 12 月第 1 版 **印次**：2024 年 10 月第 2 次印刷

定价：68.00 元

欢迎上网查询、购书

序

中共中央办公厅、国务院办公厅于2021年7月印发了《关于进一步减轻义务教育阶段学生作业负担和校外培训负担的意见》，这份文件在全国产生了重大影响，各地、各校都积极做出回应。各地教育行政部门相继制定与此文件配套的相关落实政策，各校重点研究和落实作业设计、课后服务的相关具体措施。我们应当清醒地认识到，“双减”政策虽然是为减轻作业负担和校外培训负担而制定的，但解决这两个问题时带来的影响是多方位的，可谓牵一发而动全身。减轻作业负担和校外培训负担本质上对学校教育提出了更新、更高的要求。在“双减”背景下学业质量不能降低，这是前提也是底线，因此“双减”其实需要“增效”。要保证减负不减质，除了思考如何提高作业质量、减少校外培训的举措之外，一个更重要的课题是研究如何提升课堂教学质量来实现“增效”。我想，这大概就是徐章韬教授撰写《“双减”背景下数学课堂教学研究》一书的初衷。

收到徐教授寄来的书稿，我从头至尾浏览了一遍，感觉内容丰富，陈述质朴，文字隽永，见地独到，可以品味出徐教授确实在为如何落实“双减”煞费苦心地做出探索。我没有深度阅读书稿，这当然不是以自己的时间不足为托词，而是受自己反思能力所限，不能完全领会论著的精髓，心有余而力不足。但是，又要直面徐教授邀请我写序这个事实，我颇有压力甚至有些惶恐。知难还是得上，就谈谈自己的心得吧！书中亮点很多，我只撷取一二，实属挂一漏万。

我觉得徐教授做了几件有意义的工作，这些工作也就体现出了本书的特色。

第一，架构理论与实践之间的桥梁。课堂教学属于教学论研究的范畴，教学论讨论的主要问题包括教学设计、教学目标、教学过程、教学原则、教学方法、教学评价等内容。翻开有关教学论或者数学教学论(现在一般称为数学教育学)的论著，基本上都是上述体系。其为了体现“论”的属性，诸多都有浓厚的理论色彩。教学论方面著作的论述起点并不是建立在具体学科上，由于所得到的结论要能涵盖所有学科教学，因此论者不可避免地要偏重形而上的学理分析，带有浓烈的哲学思辨。正是由于忽略了各学科的属性，教学论所建构的理论体系用于解释学科教学中出现的问题就显得空洞、乏力。对于中小学教师而言，教学论离他们的需求有较大的差距。大多数数学教学论或数学教育学的论著，为了与上位概念“教学论”保持一致的体系，或者说受到教学论理论体系的束缚，形成的是一般教学论加数学例子的格式。数学教学论虽然在向数学实践领地迈进，但要将数学教学论的理论用于实践，始终还存在一道屏障。

我们在 2001 年就提出一个观点(单墫，喻平，《对我国数学教育学研究的反思》,《数学教育学报》，2001 年第 4 期)：数学教育学的逻辑起点不是一维而是二维的，一个起点为教育学，从教育学到数学教育学是演绎关系；另一个起点是数学教学实践，从数学教学实践到数学教育学是归纳关系。只有将演绎与归纳有机结合，才能形成有理论张力的数学教育学体系。这个观点的意思是要建立两座桥梁：一座是从教育学到数学教育学；另一座是从数学教学实践到数学教育学。经过数学教育全体同仁的共同努力，前一座桥已建立且比较稳固，但后一座桥一直在建，总感觉尚未建好。

徐教授的工作就是在建设从数学教学实践到数学教育学的桥梁。通览全书可以看到，第一章讨论数学概念、原理、命题、公式、建模、大单元、课时作业的设计，第二章讨论复习课的教学设计。这样的写法避开空洞的理论而直接切入主题，写作入口源于实践，论题展示娓娓道来，案例说明恰到好处，这种写作方式无论对于职前教师还是在职教师都是乐于接受的。

当然，上述写法不是对理论视而不见，第三章既对前面章节中教学设计进行补白，又为本章进一步研究探究性学习、HPM教学、信息技术的融入等内容奠基。第四、五章重新回归实践，讨论更具体的教学技术与教学艺术问题。我想，这种从实践到理论再到实践的学习方式，体现的就是“做中学”思想。显然，徐教授这种研究问题的理路和明快的写作手法就是在架构数学教学论与数学教学实践之间的桥梁。

第二，突出数学学科教学的特殊性。还是回到上面的话题，从数学教学实践到数学教育学的建构中间存在一个空白地带，虽然这些年来数学教育研究者一直在这块土地开垦，但始终有诸多缺陷。从数学教学实践到数学教育学的归纳建构，路径当然不是唯一的，不论是哪种路径，都希望寻找实践中的理论。做这件事其实非常艰难，因为它必须遵循数学学科的特性来思考。用一般教育学理论添加数学教学的例子相对容易；反之，从教学实践中归纳出数学教学特有的规律却不是那么容易，因为不仅需要研究者有扎实的数学理论功底，还需要具备一定的哲学思辨能力。

本书遵循的就是这样一种逻辑：从数学学科特殊性寻找数学教学的特殊性。例如，本书中关于数学概念的教学，首先聚焦于数学概念的基础性、凝聚性、发展性，在对这些特性进行充分论证的基础上，提出数学概念教学的设计思路。关于数学命题的教学，除了从逻辑学、教育心理学等不同角度对命题学习做解读外，更加关注数学命题的特殊性并建构教学设计的框架。数学命题可分为原发性命题、继发性命题，这种特性是其他学科命题不具备的，因而在这种分类基础上讨论数学命题的教学设计才具有针对性和实用性。

奥苏贝尔把命题学习分为上位学习、下位学习、并列学习三种类型，这种分类虽然具有一般性意义，却没有完全突出数学学习的特性。事实上，等价命题在数学理论体系中比比皆是，等价命题之间既不是上位也不是下位关系，也不是奥苏贝尔所说的并列学习，而是“同位关系”，等价命题的学习可称为同位学习(喻平，《数学教育心理学》，广西教育出版社，2004年)。加涅在研究智慧技能的教学时，专门讨论了规则学习也就是命题学习，提出获得规则学习的内部条件是学习者对组成规则的概念有所了解，外部条件是教师应当对学生进行一系列有意义的言语提示。显然，加涅的规则学习理论也难以突出数学学习的特性，是相当宽泛或者说对数学学科教学缺乏针对性的策略。我举这两个例子是想说明，一般的教育心理学理论难以包含数学学习心理的范畴。反观本书，徐教授另辟蹊径，从概念、原理、命题、公式、建模等凸显数学知识特性的角度切入，既细化了一般教育心理学理论对数学教学指导的粗糙性，又彰显了数学教学理论自身的独特性。

第三，建立数学师范生快速入职通道。一般来说，在校师范生没有教学经历，没有实践经验，对学校开设的教育学、心理学、学科教学论等课程是没有兴趣的。要改变这种状况并非易事，因为它受到多种因素的影响。但是，如果学科教学论从自身角度审视，是否会对这种状况进行改良？答案是肯定的。

完全脱离于“术”的“学”而建立的学科教学体系是空泛的，因为教学更多的成分是“术”；同样，完全沉醉于“术”而不谈“学”所建立的学科教学体系是没有根基的。以理论为主线从头至尾给本科师范生讲授学科教学论，这种做法不可取；以实践为主线从头到尾让本科师范生观看教学录像而模仿习得教学技能，这种方式也不可取。正如徐教授在本书后记中所言：“在培养卓越数学教师的过程中，我们明显地感受到没有理论指导的实践，是盲目的实践；没有实践的理论是虚无的理论，应思考如何把虚与实、知与行、理论与实践较好地融为一个整体。”事实上，这也就是徐教授的研究起点和本书写作的理念。在各专题的论述中，既告诉学生应当怎样去教数学，还告诉学生为什么应当这样去教。例如，书中提出基于数学史的教学设计分为以下步骤：创设问题情境，凸显引入课题的必要性，激发学生的学习动机；基于问题链，由浅入深，以问题驱动知识探究过程；回顾历史进程，深化理解，提升感悟；巩固新知，精选例习题，体会知识应用。在给学生讲授这种“术”的同时，又给他们讲“学”也就是讲理。如为什么要将数学史融入课堂教学：数学史揭示数学的人文侧面，使数学变得“人性化”，更易触动学生心理，激发学习兴趣，提升人文素养；让数学史走进课堂教学，通过呈现知识促进学生产生学习动机，加深对数学的理解；作为教学指南的数学史，起着优化内容结构、减负增效的作用。“术”与“学”交相辉映、相得益彰。

值得强调的是，本书以小专题的形式组织内容，各章节可独立阅读，体现针对性和实用性。这种写作方式可读性强，特别适合师范生阅读。将本书的学习与教学实践活动结合起来，定能加快职前教师的成长。

我认为，《“双减”背景下数学课堂教学研究》是一本具有时代性、开拓性、实用性的好作品。

徐教授是数学教育圈内一位“高产”学者，不仅成果产出的数量多而且质量高。作为长者，我为他甘于坐冷板凳、潜心钻研学问的精神所动容；为他具备扎实的数学基础、开阔的学科视野所折服；为他坚持不懈的进取精神、不屈不挠的优良品性所赞叹。希望他怀有初心，不弃执念，在数学教育研究这条路上走得更远……

喻平

2023 年 2 月于南京师范大学

前　言

如何教学、深度教学、有效教学，乃至高效教学，都取决于教师对课堂教学的认识。认识教学，首先要弄清教学的功能。使学生获得较好的分数是许多教师的心愿，这是良好的愿望，但在实际教学中，如果太过焦虑，课堂教学会沦为应试训练。竞争是客观存在的，如何在有考试压力的情况下，提升数学课堂教学的效果，真正做到“立德树人”、落实“双减”政策、发展学生的学科核心素养，皆取决于教师。教师是有效解决各种教育问题的关键。教师学习和专业发展落脚点、最终目的均是通过提高课堂教学的效果，使课堂教学的功能得以全面发挥，从而使学生受益。

课堂教学是学术、技术和艺术的有机融合。

数学课堂教学首先要讲数学。“上通数学，下达课堂”是数学教育工作者的一种追求。数学课堂教学，要以数学的思想、精神和方法来启发学生，这正是数学的文化功能。数学有独特的思维方式，具有哲学、科学的一些特点，还能为哲学、科学提供诸多知识与思维基础。思辨是数学的重要特点，这种思辨具体演化为逻辑推理、计算思维，就具有可操作性，使思辨不至于成玄学；“实验—猜想—验证”使数学具有科学研究的特点，但在实验及验证后，数学区别于科学之处还在于数学结论的确证要在一个合理的逻辑体系中，只要自洽即可。数学课堂中讲数学，要讲数学化、抽象化，形成数学问题；也要讲符号化，使数学问题的表述更简明扼要，便于处理。数学课堂中要教“实验—猜想—验证”，使之具有科学范式，这也是培养学生动手操作能力的必然要求。数学课堂中更要讲逻辑推理、数学运算，以发挥解决问题的作用，将数学的理性精神一代又一代地传承下去。数学教学的过程是数学化、抽象化、符号化、模型化、体系化、应用化、人文化的系列过程，片面地强调哪个环节都不是完整的数学教育。

数学课堂教学是教师工作独到之处的充分展现。一位教师就代表一门课程，具体体现在教师充分展示了“技术”的独有魅力。教师的“技术”体现在辩证地处理教与学的矛盾：如何利用学情分析技术，准确锁定学生认知的难点，充分激发学生兴趣，在教师启发式讲授下学生探究性学习而攻克难点；如何达到对原理、原则的学习与巩固性训练之间的平衡。既没有“学生听得懂课，但不会做题”的无奈，也没有草草地把知识点罗列一遍，然后组织学生大量地“刷”题，让数学课堂教学沦为题组训练；而是用一般性原理、思考方式作指引，引导学生辩证地分析已知与未知、条件与结论，举一反三。这些是教师的“法宝”与“技术”，是实践性知识和智慧，是把教学研究论文写在讲台上的体现。

时代在发展，教师除了要有高超的学情分析技术，独到的讲授、导引技术外，还应将信息技术与数学课程紧密地结合起来。有平台类的信息技术，有展示类的信息技术，还有深入学科的信息技术，它们各有优点，应结合起来使用。熟练地掌握信息技术并用于日常的课堂教学，这也是青年教师脱颖而出的快速通道。阻碍信息技术成为教师手中之“术”的最大担忧是“信息技术能否提高学生分数”，影响分数的因素很多，很难归因到哪一种因素上。信息技术的使用可改变课堂教学的生态、结构，使学生感受到现代科学技术对传统数学内容的影响，改变学生对数学的刻板印象，开阔视野，这些是传统教学方式不能给予的，也很难用量化的方式测量出来。信息技术成为教师手中之“术”，能加深对学情、教学方法、教学内容的理解。教师的水平高了，教学质量自然能得到保证。运用信息技术，与其坐而论道，不如起而行之，教师会用人工智能等前沿信息技术来分析学情，营造沉浸式的教学环境，在“学情—内容—技术—教法”之间不断穿梭考量，便可获得最优的教学方案。

在线教学的发展使课堂教学的艺术性愈发重要。用艺术美吸引学生，使学生不觉得累，是课堂教学艺术性的目标。教师的形象是否优雅，声音是否动听，板书、课件是否有美感等，均是影响课堂教学效果的重要因素。教师穿着得体，精神饱满，于无形中化言教为身教。教师表达得不急不缓，有条有理，出口皆成文章，使学生如沐春风，授课效果自然一流。教师的教学语言应是阐释性的、说理性的，讲究条理和层次，条分缕析，逐一突破难点，化抽象为形象，有画面感；教师的教学语言还应具有鼓动性、启发性，讲究道而弗牵，强而弗抑，开而弗达，言近而旨远，使学生茅塞顿开。板书是一种重要的传播手段，应和信息技术手段有机结合；好的板书应画面清晰，层次分明，赏心悦目，便于学生捕捉到关键点和重点；好的板书应与教师的表达节奏同步，与学生的思维同频，利于学生接受。

课堂教学追求艺术性，使数学课堂教学从单纯的授受转化成可欣赏、可品味的作品。本书中的系列精品小课突出知识生成的思想性、过程性，表达手法的现代性，制作的精美性，充满浓厚的素养内涵，能让学生获得丰富的数学活动经验。教学是实践性很强的活动，教学论的研究使教学经验研究上升到思辨、说理的高度，使教学更加符合学生的认知心理。本书先从多角度分析新授课、复习课的特征、功能，然后落实到教学实践。如提出“学习即复习”“一线串通”“大单元整合贯通”的观点，旨在根据数学的特点、本性开展教学，从专业、技术的角度落实“双减”政策。我们始终相信课堂教学是学校教育的主阵地，“双减”政策应在课堂教学中落实。

课堂教学是学术、技术和艺术（“三术”）的有机融合，更是师德师风的充分体现。最终决定课堂教学水准的可能还不是“三术”的有机融合，而是爱心、责任心、耐心（“三心”）的有机融合。“三心”是道，“三术”是术，化道成术，道以术彰，方是教师专业发展的长远大计。

数学教学及评价要“讲道理”“讲心理”“讲条理”“讲推理”，如果还能渗透一点哲学道理则更佳。

笔者在教授“初等数论”的过程中，积极落实“双减”政策，教学效果优良，体会到了数学的求简精神与“双减”政策内核的一致性，在本书中有所体现，同时，也期望教师读者把数学教得简单些、自然些。

感谢《关于进一步减轻义务教育阶段学生作业负担和校外培训负担的意见》的颁布。感谢华中师范大学出版基金的资助，喻平教授热情洋溢地作序，编辑老师认真细致地编辑，使本书增色不少，另外，还有一些同学参与了本书的写作，在此一并致谢！

目　录

第一章 新授课的认识及教学设计

第一节 MKT视角下的课堂教学

课堂教学的知识基础主要有学科教学知识(pedagogical content knowledge, PCK)和面向教学的数学知识(mathematical knowledge for teaching, MKT)两种。MKT与PCK的最大不同之处在于，MKT框架中的内容知识(content knowledge, CK)与PCK知识融为一体，内容知识对PCK知识有辐射、奠基作用。从MKT的角度来看，如果真正地把内容知识吃透了，是能产生教育上的见解并能用于课堂教学的，这个看法得到了教育数学领域学者的支持。教育数学在重构数学体系的过程中，有许多有益的教育见解。MKT研究既具有西方视野，又与我国本土的教育经验相贯通，从MKT研究的角度来看，课堂教学的组织架构是一个常话常新的主题。

一、做好教学设计的前端工作

1. 专门内容知识(specialized content knowledge, SCK)：以教育为取向理解学科本质

SCK是指教师为了教学而必须具备的一种独特的数学知识，并能对教学的目标走向起到战略定向作用。具体是指推动某一主题发展的问题及研究动机的知识，解决这一问题的研究方法和研究手段的知识，得到的研究结果又如何解释、如何运用的知识。面向教学的知识远比教给学生的知识丰富、深刻。

SCK要求教师首先明确推动某一主题发展的问题，有问题才有学习动机，问题及其解决是数学的核心。教师要寻找真正体现某一主题的好问题，最好是一些推动学科发展的本源性问题，不仅能抓住和把握数学的本质，还能激发学生的兴趣，提高学生的认知能力。如方程问题是一个好的数学问题，方程的求解历来是好的研究主题。在“方程的根与函数的零点”一课的前端教学设计中，教师要力图弄清楚：方程与函数是两个重要的数学主题，为什么要将方程与函数并列，为什么要将根与零点同时列出；在方程知识体系中研究求解是否可行；在函数知识体系中研究求解是否可行。通过学习数学史，问题与动机就能一目了然。在方程知识体系中研究解方程，大多是为了求解精确，更多的是一种理论研究，伽罗瓦的故事便是上述研究体系中一段流传的佳话。在函数知识体系中研究方程，大多是为了求解近似解，更多的是一种应用研究，诸如牛顿迭代法等各种数值求解法就是典型代表。明白了问题和研究动机，就知道本节课的教学中蕴含的视角；若不了解这些，课堂教学的目标定位就不清晰，极有可能引发学生的认知困惑。

教师知晓了问题和研究动机后，还要对解决问题的方法和手段有深刻认识。既然是从函数的角度研究解方程，不一定要寻得精确解(如果能找到精确解当然更好)，那么就要充分发挥函数的优势。与方程相比，函数有哪些优势？方程可以看作函数的特例，从函数的观点看方程，就把方程置于一个大背景中；函数有图像，直观，便可以从图像的连续变化中寻求方程的近似解；函数有解析式，具体，便可以从函数值的连续变化中寻求方程的近似解，这样，零点存在定理呼之欲出。通过对研究方法与手段的深入认识，将“压缩”的、静态的数学文本进行深入解读，复杂的知识就变得简单容易了，抽象的知识就变得具体直观了。

教师还需要深入解读研究结果。换个角度看问题，把方程的根视作零点，不拘泥于零点本身，而在其邻域范围内进行微分析，这其实就是微积分的精髓。零点存在定理就很好地提供了一种寻找零点(方程的根)的方法，具有方法论的导向意义，在区间中寻找零点，颇有“只在此山中，云深不知处”，于无穷之中觅其踪的意味，这也是二分法的源头。

教师具备 SCK，才能真正了解教学目标，形成教育见解，更新教育理念。

2. 内容与学生知识(knowledge of content and students，KCS)：了解学情，以学定教

KCS 是指教师知道如何预测学生的认知困难或诊断学生的认知表现。

KCS 关注如何理解学生对特定内容的学习。教师不仅要理解具体的教学内容，还要能清楚学生对此内容是如何理解的，学生视角下的数学内容是什么样，会遇到哪些认知障碍，会出现哪些错误等。具有 KCS，教师才能更有针对性地教学。

首先，KCS 要求教师探明学生已经知道了什么即学生已有的认知基础，不知道什么。针对本节课，学生已了解一些基本初等函数的模型，掌握函数图像的一般画法及一定的从图像中获取信息的能力。这为本节课利用函数图像判断方程的根的存在性提供了一定的知识基础。学生还知道一些方程求解的具体方法如一元二次方程的求根公式。但学生往往无法把这两方面的知识有机地融合起来。

其次，KCS 要求教师能准确地预测学生可能遇到的困难，从而采取适当的应对措施解开学生的困惑。如对于函数零点的本质理解，学生缺乏的是函数的观点或应用意识，对函数与方程间的联系缺乏认识。如何理解方程的根与函数零点的关系，为何要从函数的角度研究方程；如何探究函数零点的存在条件，本来是考查一个特殊点却为何要在一个范围内考查？上述问题是学生普遍存在的认识困惑。要让学生认识函数与其他知识的联系，树立函数观念的应用意识，并由此出发，通过环环相扣的问题引导学生思考，在解决问题过程中进行观念的更新与方法的选择。

KCS 还要求教师准确地诊断学生犯错误的本质，以便有针对性地开出“处方”。学生遇到求零点问题时，常误认为零点是一个点，对方程根的多元外在表征、丰富的内蕴思想整体把握不够，不能形成灵活的联系和沟通转化。如对零点存在定理理解不够，无法准确判断函数零点的存在性，归根结底是不清楚函数在某闭区间存在零点的充分条件和必要条件之间的关联与区别。作为教师，不仅要准确诊断学生犯错误的本质，更要深层次挖掘真正原因，从而有针对性地采取措施，纠正学生的错误。

只有对学生在学习数学过程中的思维活动及学习态度有较深入的理解，课堂教学才能顺利地进行。除了关注学生学习具体数学主题的认知特点、思维方式及常见误区外，教师还要了解学生一般心理特点。学生的已有认知基础、学习难点、认知误区、学习困惑、学习错误，还有思维方式及学习态度等都是影响认知的重要因素，为此教师必须具备一些心理学知识，如普通心理学、认知心理学知识。

教师具备 KSC，对教学效果的影响是十分明显的，只有高度重视学生的学情，才能真正做到以生为本、以学定教。

3. 内容与课程知识(knowledge of content and curriculum，KCC)：理解知识的教育形态在文本中的呈现

KCC是指对课程的理解，指特定主题知识的原型和演化知识，及在教科书概念体系、逻辑结构中的位置定位、来龙去脉的知识和横向联系的知识。KCC要求教师在教学时对课程标准进行深入理解，知道教材是如何编排的，清楚本节课在教材中的结构、地位和作用，不仅要理解在特定时段教授的课程内容，还要理解尚未走进课程内容的学科知识。

KCC要求教师深度挖掘教材，吃透教材的意图。如方程是初中代数课程的一条主线，在初中数学课程中处于十分重要的地位；而函数是高中代数课程的一条主线，方程与曲线是解析几何的重要主题。对于不同学段、不同知识架构中的方程应如何解读和挖掘，是在进行教学前端设计时需考虑的事情。初中教材中涉及方程的次数不超过两次，一元二次方程是典型代表，并和一元二次函数有千丝万缕的联系；这一题材进入高中教材，不仅仅是为了和初中数学有效衔接，还在于一元二次函数不是超越函数，其图像已知、其数值可算，不仅可求精确解，还能不解方程而判断解的存在性。如果面对的是一个超越函数，其图像未知但数值可算，如何首先判断解的存在性，这就是教材中例题要揭示之处。研究数学要注意经验的有效迁移，故要把出现在高中教材中的初中数学的意图吃透。解析几何中的方程揭示了点的横、纵坐标之间的二元依存、对应关系，是曲线的方程。可以是函数方程，如直线方程就是一次函数，还可以是非函数方程，如圆的方程、二次曲线的方程。如果特殊化，当考虑纵坐标为零时横坐标的情况，这就是零点问题。一些教辅资料，常构造曲线解方程，充分利用曲线的范围求解零点，原因就在于此。二次函数也可以视为抛物线，标准位置的抛物线可利用曲线的范围求解，把非标准位置的抛物线平移到标准位置，也可以求得零点。把方程视作函数或曲线，其精要在于打破了一元关系的封闭性，而在动态的二元关系中考查特殊的位置关系。弄清这些，教师才能明白难点究竟有哪些影响因素，在教学时该如何有针对性地设计过渡。教师需要对教材进行创造性加工，帮助学生以核心知识为联系点，构建知识网络、建立知识的多元表征联系。

KCC还要求教师清楚特定课题与相关学科的联系。不同学科可以有交集，在研究教材时，一定要基于学科，同时要超越学科，从而探寻提高教学效果的新突破口。“数理不分家”，进入中学数学教材里的内容，大部分都有着丰富的物理意义，这些物理意义一方面是理解形式化、符号化数学的直观背景，另一方面是数学模型的原型。物理现象需要通过函数或方程来描述，用数学手段处理物理现象是物理学科发展的必然诉求，寻找方程的近似解就是这种诉求的具体体现。对物理现象而言，过于寻找精确解不太可能或没有必要，只求得满足一定精度的近似解即可，误差、精度、迭代、数值计算这样一些与实际物理问题求解紧密相关的概念自然地进入了数学中，了解这些有助于学生对上述概念的理解。这样的跨学科教育，为教师研究教材提供了新视角。

教师具备 KCC，就能清楚特定主题在教科书中的概念体系、逻辑结构中的位置定位、来龙去脉的知识及横向联系的知识，这样教学才能做到心中有数。

二、演绎精彩课堂

如果说医生的真功夫体现在临床上，那么教师的真功夫则体现在课堂上。教师的真功夫体现在能有效地转化教学内容以适合学生的学习，从而演绎精彩的课堂。KCT(knowledge of content and teaching，内容与教学知识)是指综合了教学设计和针对教学内容教学这两方面的知识。在设计教学时，教师要考虑选择哪个例子引入课题较合适，要判断所教概念的不同表征及不同方法程序在教学上的优缺点。在关于特定内容的课堂讨论中，教师要决定何时暂停讨论，何时指出关键点，何时提出新问题促使学生进一步思考，这些知识都属于 KCT 的范畴。

首先在设计教学思路时，教师要考虑选择哪个例子引入课题可以使学生更深入地思考内容，可以创设问题情境或提出逻辑脉络上的问题，形成认知“冲突”，激发学生的求知欲，引发学生思考。数学课堂中要以问题驱动而激发学生求知热情。课堂上讲究导入，导入的方式和价值都需要深入思考，要以问题为出发点，深入挖掘一节课教学目标的本质问题来驱动教学，采取学生思维最近发展区的任务，引导学生思考。例如，我们可以从一个有趣的历史问题进行导入。首先介绍历史上的各种方程求解法及遇到的困难。既然五次及五次以上的高次方程及指数方程、对数方程等超越方程没有求根公式，怎样才能求出方程的根呢？如果从方程角度入手研究方程求解问题很困难，那该怎么办呢？以这些问题为引导，激发学生的学习热情。趁热打铁，继续提出问题：方程 $\ln x+2x-6=0$ 有无根？这时教师可以引导学生将方程与函数联系起来。目的是让学生明白“为什么要学”，只有明白了“为什么要学”才能激发出求知欲，进一步考虑设计“学什么”和“怎样学”。教师要明确本节课的目标，遵循循序渐进的原则，把主要教学力量放在关键点上，突出重点、突破难点，尽量使新知识与学生头脑里已有的适当知识、经验建立实质性的联系，让学科内容的逻辑顺序贯穿教学的始终。

如本节课的教学重点是“方程的根与函数零点的关系，零点存在定理”。关于函数零点这一概念的教学，可从已熟知的具体问题入手，突出方程的根与函数零点的等价关系。在给出具体可解的方程后提出问题：如何求方程的根？学生会有不同的回答，教师可针对课堂实际情况，引导学生在一个大背景中认识方程的根，帮助认识方程的实数根与大背景中函数值的变化依存关系，认识求方程根的问题可转化为求函数零点的问题去解决。形象地用函数图像展示函数零点，加深对数形结合思想的理解。通过方程、函数图像间的联系，进一步厘清 3 个等价关系，即“方程有实数根”等价于“函数的图像与横轴有交点”等价于“函数有零点”。本节课的难点是函数零点存在的判定问题，要让学生明白为何要用符号判断的方法来研究零点存在性问题。先从几何直观入手，引导学生进行有目的的观察——观察函数图像与 x 轴有交点时，函数图像的走势和区间端点函数值的特征。帮助学生通过比较分析去发现“连续”“异号”与函数零点的联系。通过正例或反例，让学生明白“连续”和“异号”这两个条件是函数在闭区间内有零点的充分条件而不是必要条件。然后，过渡到如果函数的图像不可知时该如何判断零点存在问题，这时符号判断法的作用就凸显了。用不等说明相等，欲擒故纵地在一个范围内求解一点，是多么精妙的数学思想。

为了达到教学目的和教学目标，教师还要根据学情知识，采取合适的表征内容的教学手段和策略，设计学生活动并安排教学活动顺序。在提出问题、分析问题、解决问题的过程中，探明知识内容的最佳结构以及各结构间的最佳序列，让学生清楚了解知识的产生过程、知识间的相互联系及整个知识体系的框架。在这里，方程、函数、图像及不等式的知识相互交织、彼此衔接。

然而决定一节课的教学效果的因素远不止这些。例如，还要讲究语言艺术，语言精练，具有音韵节奏美，则易于倾听；文字考究，则易于理解和记诵；举例生动，富有画面感、视觉感，才能吸引人。语言、板书和学生的思维彼此留白、互相配合。教师个人形象符合职业要求，能充分展示人格魅力，使学生受到感染、激励和教育，从而培养学生对本课程的兴趣。上面这些都是做好教学的必要条件，也是教师教学知识体系中的组成部分。

教师具备 KCT，就能演绎精彩课堂。课堂成了展示教师自编、自导和自演艺术才能的平台。

三、小结

MKT 框架是对 PCK 框架的精细化和进一步确证。MKT 既可用于指导教师如何上好课，也可作为评课的一种框架，简便易行，是操作性强、实践先行的教师教育方式。从 MKT 出发进行学科教育或学科教学的研究，具有理论和实践上的双重意义。

第二节 MKT 视角下的序言课教学

在概念课、命题课等课型的设计上，教师往往会下大功夫，而对于序言课，鲜有教师将其作为重点课型进行设计。序言课是为了促进新知的学习而存在的，在教学上具有先行组织者的作用，重要性可见一斑。序言的编写重“虚”而不重“实”，重“廓”而不重“具”，这就需要教师先将其中的意蕴细细品味一番。在此基础上还要考虑学生已有的认知结构，把握序言课设计的“度”。若一堂序言课过于宽泛，学生抓不住重点；若过于细致，学生又会感到艰涩难懂。因此，序言课的设计就成了一个难题。

序言课被忽视的原因与教师对序言课认识的不足有非常大的关联，他们在读序言的时候并不能品味其中的意蕴，因此就不重视序言的教学。另外，既然序言课重“虚”而不重“实”，重“廓”而不重“具”，教师常感到不好把握：过于宽泛，天马行空般抓不住重点，会使学生不明白这节课的意义，与后面将学习的内容建立不了任何联系；过于细致，又不符合学生现有的数学认知能力，使他们丧失学习兴趣，就得不偿失了。所以，许多教师干脆放弃了序言课的教学。下面从序言课的认识及教学设计两方面来谈，希望引起教师对序言课的重视。

一、序言课的认识

中学数学的序言课一般以“章　引言”为主要教学内容，以高度凝练的语言揭示研究对象、内容、特点和思想方法等，作为数学学习的开端，值得从多角度研读。

奥苏贝尔认为，当学生在面对知识时，若原有的认知结构中缺乏能与之产生联系、有助于同化新知识的内容，就需要在新知识前为学生呈现一段引导性材料，沟通新、旧知识间的联系。这段引导性材料被称为先行组织者。奥苏贝尔将先行组织者细分为两类：说明性组织者和比较性组织者。相应地，序言课也可以分为两类：一类是学生之前完全没有学习过的新知识的序言课；另一类是学生在之前已学习过与之有联系的内容。前一类序言课的内容宜按照说明性组织者的作用来选择，主要用于提供适当的类属者，使其与新内容产生一种上下位关系；后一类序言课的教学内容宜按照比较性组织者的作用来选择，使教学内容既可用于新知识与认知结构中基本类似概念的整合，又可用于增加本质不同而貌似相同的新旧概念间的可辨别性。由于数学的学习是螺旋式上升的，所以学生一般不会遇到完全陌生的知识，即使面对新知识也会产生一种熟悉感。因此，数学序言课的内容一般按比较性组织者的特点来选择。但是这种“熟悉”常产生负迁移的作用，在学生没有细致地学习新知识之前很容易引起新旧知识的混淆，这时利用比较性组织者可以帮助学生辨别新旧知识的异同，从而确保获得准确的新知识。不过这里要注意的是，比较性组织者是一种特殊的类比，不同于教师在上命题课、单元小结课等课型时所采用的类比手段。序言课是为新知识的学习打基础的，并不是为了让学生深入细致地学习知识、解决问题，所以这里的比较性组织者的抽象概括性普遍高于正式学习材料，并且在正式材料前呈现。而一般的类比，抽象概括性与学习材料本身相同，在讲授中可随时进行。另外，比较性组织者是为了增强新旧知识的可辨别性，从而提高旧知识的可利用性，而一般的类比则旨在达到举一反三、触类旁通的目的。在选择“比较性组织者”时一定要注意区分这两种类比。

就学生本身而言，数学序言课有助于引发强烈的好奇心与求知欲。兴趣，一方面，可以使学生自觉调动认知结构中相关的数学知识，主动地进行探究性学习，促进数学认知结构发生积极的改组与重建，有利于培养创造性思维与自学能力；另一方面，可以增加学生在解决数学问题时的内部动力，培养坚毅的探索精神，促使良好的数学学习品质的形成。

从“章　引言”的内容可以看出，教材常选取一些新知识在实际应用方面的例子，引发学生学习兴趣，这样做的好处是可让学生明白学习新知识的意义，体会数学在现实生活中的巨大作用，培养学生学以致用的意识。当然，为防止序言课沦为一笑而过的噱头或不能有效引领后续知识的学习，教学情境的设置应具有典型性，并对于新知识有较好的代表性，从而使学生做到学习娱乐两不误。

数学教学不仅仅是一个教书的过程，还是一个育人的过程，可以适当地进行课程思政教育。序言课的教学不仅要使学生做好知识和心理两方面的准备，还应从数学的角度补充一些有关新知识的历史背景和数学家探索发现的过程等教材之外的史实故事，如数学家不畏艰难积极探索的精神为学生树立了良好的榜样。这样不仅可以使序言课的教学更加丰满，而且可以拓展学生的知识面。

总而言之，序言课主要为之后的学习搭建知识框架，成为新知识的固着点，帮助学生做好新知识学习的知识和心理准备。序言课的教学虽然应该务虚不务实，但也要做到虚中有实。也就是说，宏观框架性的知识要多一些，微观细节性的知识要少一些。教学要为学生提供丰富的直观材料，以促进学生的直观理解，形成对知识的感性认识。

要让序言课能达到上述教学目的，只靠序言本身的内容显然是远远不够的。序言的内容虽然是核心知识，但太过凝练，不能直接用于教学，故需要教师以序言内容为出发点，依据自身经验另外整合恰当的课内外学习材料，来丰富序言课的教学。这些学习材料一方面要切实具有学科价值，另一方面要适合序言课的课堂教学，这就考查了教师所拥有的 MKT 的丰富程度。下面，我们就从 MKT 的视角出发，来谈谈如何进行序言课的教学设计。

二、MKT 视角下的序言课教学设计

MKT 模型由鲍尔提出，由并列的两大部分知识组成，分别是学科知识(subject matter knowledge，SMK)和学科教学知识(PCK)，每一大部分又细分为三小部分：SMK 由 CCK(common content knowledge，一般内容知识)、SCK 和 HCK(horizon content knowledge，数学水准知识)构成，PCK

由 KCS、KCT 和 KCC 构成。

1. 序言课中的 MKT 成分分析

CCK 是学生最该掌握的“纯”数学知识。某种意义上说，也是被传播最广的数学知识，是一种常识性数学知识，不仅是学生，其他受过教育的人也应掌握的知识。CCK 是数学学习中参与最广泛、应用最频繁的知识，在序言课中亦是如此。序言课的学习一方面要调动学生已有知识中与新知识有联系的特定旧知，另一方面需要学生 CCK 的支持。

SCK 主要是教师需要具备的独特知识。有了丰富的 SCK 的支持，教师才能将序言中处于“压缩”状态的知识“解压”，将高度凝练的序言内容转化为适合序言课教学的先行组织者，为抽象的新知识提供直观支持，让学生学得自然顺畅、学得有理有据，利于建立对新知识的感性认识。

HCK 一般来说是精通某专业的人才具备的学术形态知识。虽然不宜直接用于数学教学，但教师若具备 HCK，在进行序言课知识框架搭建的过程中，就能站在知识本质的角度多方面思考如何搭建，使知识框架横向上能与其他数学知识产生多方面联系，纵向上对同一数学知识的本质探究更加深刻，有利于培养学生综合运用数学知识的能力和促进形式化数学知识的形成。

KCS 越丰富，教师的“预见”能力就越强。KCS 能帮助教师顺着学生的思路思考问题，“预见”学生的思维易错、易混或易存在认知困难的点，切实找准原因，对症下药。教师在组织序言课的内容时找准比较性组织者材料，针对学生易出错的地方设置有针对性的案例，让他们一开始就有清晰的感性认识，为后续深入学习做好铺垫，降低学习难度。

KCT 的掌握情况决定了教师在序言课中选取典型范例的优劣，并直接影响序言课教学目的的达成。序言课中的典型范例系列，一方面，需从直观到浅层抽象的方式，引导学生认知结构的改组或重建；另一方面，要有代表性，能有效引领后续知识的学习。

KCC 帮助教师从整个数学课程学习的角度来把握特定时间段的教学，合理地安排各部分数学知识的教学次序，体现了课程整合、重构的能力。教师能力越强，对序言课内容的安排也越到位。

2. 序言课的教学设计

序言课的教学设计可分为三个阶段：课题导入(激发学习兴趣)、范例探索(思想方法的直观感知及初步应用体验)、小结(搭建知识框架)。

课题导入阶段。教师可以历史上或当下发生的一些趣味性知识为材料进行导入，这部分材料只要与新知识有联系即可，重点在于抓住学生的兴趣点，激起好奇心，让他们产生注意力。材料不宜过多，一两个即可。

范例探索阶段。在教师的SCK、KCS和KCT支持下，由浅入深，由具体到抽象地择取一系列有高度代表性的典型范例，让学生明白"要学习的是什么"(对象)、"为什么学"(意义)以及"怎么学"(思想方法的传承)。这阶段是序言课教学的关键。这一系列范例，一方面最好能具备趣味性，另一方面在破题上要高于导入阶段的材料，与新知识的结合更紧密，能反映出新知识的性质及应用，让学生感受到学习新知识的意义。在学生对新知识有了一定的印象后，教师利用范例及时提出恰当问题，促进学生将好奇心转化为求知欲，感受思想方法在解决新问题中的妙处，自发地认识到学习新知识的必要性，并做好主动学习的心理准备。

搭建知识框架阶段。学生通过对简单且具有代表性的情境样例的探究学习，能对新知识的整体面貌和基本思想有一个粗浅的把握。之后，教师在HCK和KCC的支持下带领学生进行回顾小结，回归序言内容，梳理知识框架。这样，教师就帮助学生为以后的深入学习打下了知识和心理两方面的基础，达成了序言课的教学目的。

其实序言课教学设计的这三个部分之间并没有明显的间断，是一气呵成的，整个学习过程同样需要CCK作基础支持。教师的HCK和KCC，使其能站在整体角度把握序言课的教学设计，使序言课知识框架的建构更加全面合理。

序言课教学材料择取的主要范围是当前热点和数学史。当前热点毫无疑问是非常有吸引力的，对于激发学生的学习兴趣有很好的效果，而且新知识在当前热点中的应用也可使学生感受到数学应用之广泛，破除数学无用论。从数学史中择取相关内容，好处也是非常多的：首先，数学史可以揭示特定知识的源起及发生发展过程，这一过程也是人类对特定数学知识的认知形成过程，所以从数学史的角度揭示知识是非常自然的，非常适合作为序言课的学习材料；其次，通过数学史可以发现数学从古至今对推动时代发展和人类文明进步做出的巨大贡献，增强学生学习数学的信念；最后，数学史中数学家的故事不仅可以增加趣味性，还可以在潜移默化中引导学生形成良好的数学品质。

三、小结

序言课虽在整个数学课程的设置中只占很小的比例，但一堂精心设计的序言课产生的影响是深远的，因此，教师要端正对序言课的态度，充分调动自身的MKT，对序言内容做透彻分析并精心设计，这样才能使序言课发挥出独特的教学力量，为学生的数学学习做好铺垫。

第三节　数学核心概念的认识及课堂教学设计

概念提供认识世界的视角或框架。数学概念是数学理论体系的基石，数学概念自身也构成一个体系，数学核心概念则处于这个体系的核心或枢纽位置。加强数学概念特别是数学核心概念的研究和教学，有不言而喻的意义。

一、数学核心概念的认识

像一般概念的教学一样，可从什么是数学核心概念、如何理解数学核心概念、如何设计数学核心概念等基本问题出发，能加深对核心概念的认识，更好地进行核心概念的教学。

（一）数学核心概念教学的重要性

数学研究空间形式和数量关系，而数学概念是现实世界的空间形式和数量关系及本质属性在人们头脑中的反映。由于概念的存在和应用，人们可以对复杂事物做简化、概括或分类，它是人类在一定阶段对客观世界认识的总结，是用压缩的形式表现大量知识的手段，因此概念增加了经验的意义，可使人们在没有直接经验的条件下获得抽象观念并用作同化或发现新知识的固着点，从而进行思维方式的建构或转变。在数学知识体系中，数学概念是最基本的构成元素，是建立数学法则、公式、定理的基础。正因如此，概念教学是教学论的重要术语，也是研究热点。数学核心概念作为数学概念的“核”，具有基础性、凝聚性、发展性等特征，对概念学习有“纲举目张”之效，利于学生形成概念学习的整体观、系统观、发展观。可见，对核心概念的研究是必要且重要的。

从课程标准中来看数学核心概念研究的必要性与重要性。《义务教育数学课程标准(2011年版)》，在教材编写建议处指出：教材的整体设计要体现内容领域的核心。本标准在设计思路中提出了几个核心词：数感、符号意识、空间观念、几何直观、数据分析观念、运算能力、推理能力、模型思想，以及应用意识和创新意识，它们是义务教育阶段数学课程内容的核心，也是教材的主线。因此，教材应当围绕这些核心内容进行整体设计和编排。《普通高中数学课程标准(2017 年版 2020 年修订)》中提到：数学教师要把握数学核心概念的本质，明晰什么是数学的通性通法。可见，课程标准对数学核心概念也做了相关说明与要求。

概念教学是教学研究的热点。对数学概念学习的认识，从模式观走向层次观，最终发展成为网络观。对数学概念的理解，由行为主义的联结论、早期认知派的结构论，发展到建构主义观点。在认识论、认知心理学等基础上，提出了一系列新的观点与假设，包括“概念意象与概念定义”“概念网络”等思想。同时，对许多数学概念的学习过程做了实证研究。数学三个世界理论反映了人类学习数学的认知发展过程，将数学分为三个发展阶段：实用数学、理论数学、形式数学。基于数学三个世界理论的认知发展过程，可从概念——具体化、符号——过程概念化、公理——形式化三方面探索数学概念教学。数学教学应用“先行组织者”来组织概念教学的路径：①概念同化：重视各位属关系的教学设计；②问题化归：注重教学任务中的问题设置；③概念再识：纠正问题解决中的偏差理解。人们可以借助图尔敏模型(依据—主张—限定—正当理由—支持—例外)组织课堂教学，对数学概念的论证提供一个可参考的范式，使学生对论证的充分性有明确的认识。同时，可按图尔敏模型将概念的论证通过情境转化，显化为具体实例的论证，即将抽象论证问题具体化，便于学生深入理解概念。数学概念的二次教学，是指教师引导学生对已掌握概念的再次学习，目的不是复习巩固概念，也不是进一步理解概念的本质，而是挖掘概念中蕴含的数学思想方法，并运用这些思想方法解决相关数学问题，使问题解决过程成为学生认知能力的发展过程。

核心概念作为特殊的概念，人们对其进行了广泛研究。核心概念是学科结构的主干，能展现学科图景；在概念体系中处于核心位置，其他概念或由它生成、或与它有密切联系。核心概念是某个知识领域的中心，获得广泛应用，能经得起时间的检验。核心概念的确定可类比雨伞：伞把代表的是事实，伞柄是主题，而张开的伞面涵盖了所有信息代表的是核心概念。

核心概念是指居于学科中心，具有超越课堂之外的持久价值和迁移价值的关键性概念、原理和方法，是教师希望学生记忆、理解且能在忘记其非本质信息(周边信息)之后，仍能应用的陈述性知识。

（二）数学核心概念剖析

数学核心概念，其“核”的基础性表现为蕴含了丰富的数学思想方法，具有较强的辐射性；凝聚性体现了与其他概念的强联系性；发展性体现了迁移性，不仅可以丰富自身的涵义，还是其他概念的先行组织者。

1. “核”之基础性

核心概念是骨架，数学思想方法是灵魂，核心概念蕴含了丰富的数学思想方法，对学生把握数学的本质至关重要，应多维度地深刻认识和理解数学核心概念。

从逻辑学角度看，内涵和外延是概念最基本的逻辑特性，因此明确数学核心概念的内涵和外延是把握数学核心概念本质的最基础步骤，其内涵体现了本质属性即核心，从而能与其他概念进行区分；明确外延能让学生判定哪些概念是由核心概念生长或联系而来，把握它与其他概念的关系。可选择适当的理论促进数学核心概念的教学，剔除其非本质属性，聚焦于本质。如 CPFS(概念域 concept field，概念系 concept system，命题域 proposition field，命题系 proposition system) 结构理论下的概念域、概念系与数学核心概念的基础性、凝聚性、发展性具有高度的一致性。从数学发展史角度看，数学史的发展见证了数学核心概念的内涵和外延的发展演变过程，同时是人们认识数学核心概念的具体过程，是本质属性逐渐暴露、清晰化、明确化的过程。了解认知的历史相似性规律，有利于学生全面深入地了解数学核心概念的发展过程。透过数学史，可清晰地判断哪些内容是自古以来研究的重点，追本溯源，利于数学核心概念的界定。如数学核心概念“函数”的发展经历了“公式说”“变量说”“对应说”和“关系说”。“公式说”认为函数要用公式表示，“变量说”突出函数是两个变量间的依赖关系，“对应说”进一步明确这种依赖关系是一种对应关系，而“关系说”避开未经定义的对应，直接用集合论的语言定义函数为一种特殊的关系。由关系的数学定义可知，对应是集合间的一种关系，故函数的本质是变量间的一种对应关系。函数概念中保持不变的是其本质属性——对应关系，故函数概念中，变量可以是数，也可以是函数，如泛函数；函数可以是单值对应，也可以是多值对应，如复变函数。

数学核心概念的基础性使其成为数学发展的一条脉络。正因为函数的内涵和外延的不断发展演变，使其含有丰富的数学思想方法，具有较强的基础性，使函数在数学知识体系中作为“基”，对于其他概念的学习起奠基作用。18 世纪前，数学家以曲线作为分析的主要对象，函数出现使数学家将其放到中心位置，如欧拉在《无穷小分析引论》中明确宣布数学分析是关于函数的科学，因此可以说，没有函数就没有分析，函数是分析的基。基于此，微积分被看作建立在微分、积分基础上的函数理论。同时，函数是贯穿数学的主线，为许多数学内容的学习奠定了基础。如数列是定义在正整数集上的一类特殊函数，是函数的离散化，通过函数与数列的一般与特殊的关系，在掌握函数的基本内容后，可运用演绎推理的方式学习数列的相关内容，为数列的学习做好铺垫。“母函数”打通了研究数列性质的有效通道，母函数与数列之间呈一一对应关系，可通过研究数列的母函数反过来获得数列本身的性质。同时，如果母函数能用简单的式子表示出来，则可通过对自变量取特定的数值，得到数列各项之间的关系式。函数的单调性是控制函数增长的重要手段，这种控制是通过不等式来表现的，常见的各种不等关系大多可以归结为函数的单调性，因此可以说是用基本的函数特性解决了特殊的不等式问题。

2. “核”之凝聚性

学习数学概念，不是学习一个个孤立的概念，而是建立众多概念之间的联系，在联系中透彻理解数学概念。数学核心概念作为数学概念的“核”，将众多概念“拧”在一起，形成一张“网”，这张“网”被称为概念图或概念网络图，数学核心概念即为概念网络图的“中心点”。

不同概念间联系的方式是多样的，一是弱抽象，亦叫概念扩张式抽象，即从原型中选取某一特征加以抽象，从而获得比原结构更广的结构，使前者成为后者的特例，如可导函数到连续函数再到函数；二是强抽象，亦叫强化结构式抽象，即通过引入新特征来加以抽象，使后者成为前者的特例，如四边形经平行四边形到菱形再到正方形；三是广义抽象，若定义概念 B 时用到了概念 A，或证明定理 B 时用到了定理 A，就说 B 比 A 抽象，如定义函数的极限时用到了函数概念，就可以说函数极限比函数抽象。

通过研究不同概念间的联系方式，可以清晰看出数学核心概念与其他概念是如何联系的。在进行数学核心概念的教学时，将识别数学核心概念与其他概念的关系作为教学目标之一，引导学生探究它们的关系，有助于后续概念网络的构建及知识迁移。奥苏贝尔认为，在安排学习内容时要遵循逐渐分化的原则，即要注意尽可能先传授学科中具有最大包摄性、概括性和最有说服力的概念和原理，以便学生能对学习内容加以组织和综合，然后根据具体细节对它们逐渐加以分化。数学核心概念即为具有最大包摄性、概括性和最有说服力的概念，其"核"之凝聚性体现为其他数学概念均围绕核心概念展开。如数学核心概念"微分""积分"，被誉为人类精神的最高胜利的微积分就是围绕"微分""积分"展开的，并不断发展形成新的数学分支，例如因单摆的运动、弹性理论及天体力学等实际问题引出的常微分方程，因对弦振动等力学问题的应用而引出的偏微分方程，因"最速降线"和其他类似问题而引出的变分法等。微分这一概念，被美国著名数学家、数学史家莫里斯·克莱因(Morris Kline)指出其是继欧几里得几何之后数学中一个最大的创造，是17世纪最伟大的成就。以微分为工具，可研究解析几何中的线、面、体的各种性质和特征，了解它们的长度、面积、体积及变化趋势，还可以研究曲线上某点切线的斜率、挠率、曲率等的变化。因此，以微分为"针"可将解析几何、微分几何和微分方程"穿"在一起，形成系统的知识网络；以微分为"脚手架"，可将微分几何和微分方程的知识镶嵌在解析几何曲线的大厦之中，使学生对解析几何曲线的性质有深入的了解和掌握。同时，微积分也体现了"以直代曲"的数学思想。正如布鲁纳曾言，学习一门学科最重要的是掌握它的基本结构，而"微分""积分"作为基本结构的核心，其自身蕴含了丰富的数学思想方法，其他数学概念均围绕其展开，故核心概念对掌握学科中的基本概念、基本思想和基本原理至关重要，有利于掌握学科的基本结构。

在概念教学时可依据概念联系的特征来促进教学。如利用概念联系的灵活性，迅速地与熟悉的概念建立联系，同化陌生的概念。教师可在数学核心概念的教学中，引导学生发现数学核心概念与其他概念的关系，促进概念的形成。如在学习数列时，想引导学生探究函数与数列的一般与特殊的关系，可从"熟悉"的概念——函数入手来理解数列的概念。

3. "核"之发展性

以数学核心概念为"核"的概念网络随着学生学习的深入会不断丰富，发展完善，不仅是"核"包摄性更广，更重要的是概念网络的凝聚力增强，学生对许多知识的理解逐渐由记忆性的陈述性知识转变为操作性的程序性知识。这是因为初期数学概念只是作为"存在的事实"，是一种静态的记忆性的陈述性知识，随着学生头脑中概念网络的自主构建，逐渐加深对概念的理解与认识，从而能灵活应用这些概念，此时这些概念便作为解决数学问题的基础和依据，支配人的行为，变为动态的可操作的程序性知识。

“核”的发展性还体现在数学知识的迁移应用上。“核”因其凝聚性与其他概念紧密联系，故可作为其他概念学习的先行组织者，促进有意义学习。如在圆锥曲线的教学中，一开始可以对“圆锥曲线”做总体直观介绍：圆锥面被不同角度的平面所截得的曲线，再统一地引出椭圆、双曲线、抛物线，即到定点与定直线的距离之比为定值的点的轨迹，按其各自定义推出方程并讨论性质，转入细节。在掌握椭圆、双曲线的第一、二定义后，还可利用斜率这一核心概念重新定义二次曲线。从这一角度看，不仅发展了斜率这一核心概念，还能丰富二次曲线的内涵。

总之，数学核心概念“核”之发展性，不单单局限于概念网络构建过程，自身涵义会得到丰富，陈述性知识能转变为程序性知识，核心概念还可成为其他概念的先行组织者，成为推理的基础性知识、固着点。

二、数学核心概念的教学设计

数学核心概念对概念的学习有纲举目张之效，且是数学教学的重难点，基于以上对数学核心概念的认识，应思考如何做好其教学设计，从而在课堂教学中促进学生对数学核心概念的掌握。

数学核心概念作为概念网络的核心，具有一般概念所没有的特性，因此教学除了需遵循一般概念教学的设计要求外，还有其特殊要求。

1. 明确数学核心概念的位置

明确数学核心概念在概念网络中的位置，是进行核心概念教学设计的重要步骤之一。可以在学习数学核心概念前，用一种大的观点去看待概念教学，知晓数学核心概念是其他概念教学的“纲”，树立数学核心概念学习的整体观，从整体认识局部，再由细化的局部认识形成全面的整体认识，加深对数学核心概念的认识与理解。奥苏贝尔认为，学生从已知的包摄性较广的整体知识中掌握分化部分，比从已知的分化部分掌握整体知识难度要低些，且学生认知结构中对各学科内容的组织，是依照包摄性水平的，当学生认知结构中已有的、包摄性较广的、与新知识特别有关的概念能被用来作为理想的固着定点时，学习和保持新知识就最为有效。同时，数学核心概念只有在概念网络中才能既是相关概念过程的操作对象，又是相关概念对象的凝聚过程，也即数学核心概念的二重性“过程—对象”的双向运动能得以进行，从而进行思维认知的建构。

教师应让学生明确数学核心概念在概念网络中的位置，树立大单元教学理念、长线教学理念，在不同阶段、不同内容、不同情境中反复体会数学核心概念的凝聚作用，不求学生一下子就能掌握其内涵，而是通过不断渗透、不断变式，实施慢教育，静待花开。

2. 重视数学核心概念的习得

作为概念网络的核心、教材的主线、教学的重难点，数学核心概念的习得显得尤为重要，因此在进行数学核心概念的教学设计时，应注意从多角度、多方式地进行数学核心概念的解构，彰显本质，形成数学核心概念的概念域。

数学核心概念，还可从数学史上追本溯源，探究其产生动因，激发学生的学习兴趣。针对不同的数学核心概念，灵活地选取合适的习得方式，如概念同化、概念形成以及概念同化与形成相结合的模式等。对于较难理解的数学核心概念，概念的多元联系表征是理解和掌握概念的“金钥匙”，可适当结合信息技术动态呈现，丰富学习核心概念的视角，实现概念的多元联系表征，使学生有更多的时间和精力用于探索本质属性。从信息加工理论知道，记忆是随着加工深度而增长的，只有那些经过比较精致复杂的或较深层次的认知分析的产物，才容易存储，以期日后运用。

数学核心概念的基础性使得其学习会贯穿于其他知识的学习中，因此需要通过适量的变式，引导学生从“变”的现象中发现“不变”的本质，突出其“核”的基础性。概念性变式可让学生多角度地理解概念，排除背景干扰；过程性变式则可引导学生理解数学核心概念的来龙去脉，形成知识网络。不仅要注重数学核心概念的定义，还要注重概念意象的形成，因为好的概念意象可减轻思维的负荷，有着无法替代的效果。这就是维果茨基所说的一个概念就是一幅图景之意。学生要学会使抽象栖居在形象之上，用形象理解抽象。

3. 理解数学核心概念的发展

布鲁纳认为，人类所有认知活动都涉及类别问题。人们是根据类别或者分类系统来与环境相互作用的。选取适当的习得方式掌握数学核心概念的本质后，可对核心概念进行归类、系统化，形成更加系统的概念体系。核心概念“核”的凝聚性使其与许多概念均有联系，故在寻找联系的过程中，

不仅要考虑数学核心概念的上位概念、下位概念、并列概念等相关概念，

还要考虑旧知识的更新与新知识的诠释，明晰概念间的关系，进一步引导学生构建数学核心概念网络，使得数学核心概念进一步系统化而形成概念系，引导学生树立核心概念学习的系统观、发展观。这样，既能深入理解、发展数学核心概念，也能通过概念间的联系激活概念网络，促进其他概念的学习。类别清晰、逻辑关系明确的概念网络有利于学生的记忆与提取。

数学核心概念的发展过程，既是数学的发展过程，也是教学跟进的过程。如斜率是解析几何的核心概念，是三角函数中的正切概念，是函数单调性分析中导数概念的前身，还是物理应用中的坡度概念。厘清同一概念在不同学科情境中的表现，根据不同情境采用不同的教学方法，是数学核心概念的发展性在教学上的诉求。

三、小结

数学核心概念的教学要化静态的陈述性知识为动态的程序性知识。在认知过程中，多维度去理解其涵义，了解其历史发展，重视其习得方式，从而把握其本质属性，促进核心概念概念域的形成，凸显“核”的基础性。通过核心概念“核”的凝聚性——众多联系的“凝聚点”，把握数学核心概念与其他概念关系的同时，借助联系的特征，如利用联系的灵活性与熟悉的概念建立联系、促进概念教学。在教学内容安排上，遵循奥苏贝尔逐渐分化的原则，提高数学核心概念教学的效果。借助数学核心概念“核”的发展性，寻找它与其他概念之间的不同形式的联系，形成概念系，如新知识的诠释和旧知识的更新使其成为解决数学问题的基础和依据，将记忆性的陈述性知识转化为操作性的程序性知识使其成为其他概念学习的先行组织者。

教师可以数学核心概念为内核建构单元知识体系，进行整体单元教学；深入研究数学核心概念，进行深度教学；让学生能将知识从点状拓展到链状直至网状，形成良好的认知方式、认知结构。

第四节 数学原理的认识及课堂教学设计

在数学中，数学公理、定理、原理常常因为一字之差容易被混淆，而实质上它们各不相同，各有侧重点。数学公理是作为推理的前提不需证明的命题，是给定的；数学定理是建立在公理和假设的前提下经过严格证明得到的命题，是推导而来的；数学原理是具有普遍意义的基本规律或基本方法，是基于大量事实抽象概括出来的正确的数学命题。原理和定理的地位是相对的，如在立体几何的框架内，祖暅原理是通过经验观察、思辨得到的不需证明的基础性命题，其地位类同于公理，但在微积分的框架内，其降格成了一个定理。

在中学数学中，数学原理并不多见，仅涉及计数原理、祖暅原理、排序原理、抽屉原理等，但其重要性并没有因此而有所削弱。数学原理是中学数学知识结构的核心，一方面，数学原理是数学概念及其关系认识的深化，另一方面，是联系概念和问题解决的桥梁。但在实际教学中，原理的教学并没有受到教师的重视，教师时常在进行数学原理教学时对原理相关概念、原理归纳过程略微带过而不作重点展示和介绍，反而将侧重点放在原理的应用上，在学生还没有真正理解原理时就去应用原理解决问题，导致学生只能一味模仿原理，并没有理解原理的含义，不利于对原理的掌握。教学中对原理自身的忽略，一方面是因为有些教师并没有意识到原理的独特性，将原理完全当成一个公式进行教学，因此不会强调原理的生成过程，只重视原理在解题中的套用；另一方面是因为有些教师不知该怎样去展示、用多少内容展示数学原理的生成过程，担心在有限的课堂时间里厚此薄彼，将过多时间放在原理生成过程会导致应用的不足，所以权衡之下将重点向应用倾斜。

所以，如何进行数学原理的教学一直是探讨研究的重点之一。下面从数学原理的认识和原理课的教学设计两方面进行探讨。

一、数学原理的认识

可以从知识论、教学研究(教学特征与原则)、教育心理学的角度认识数学原理课，从不同的角度分析数学原理课，有利于更好地进行教学设计。

从知识论的角度看，知识有形式、内容和旨趣三个维度。原理课作为课型的一种，顾名思义是在概念相关知识理解的基础上，以数学原理学习和运用方法训练为主的一种课型。从形式上看，数学原理的表现形式包括文字语言、符号语言和图形语言等，例如排序原理，用文字语言表述就是反序和≤乱序和≤顺序和，符号语言则是：

$$a_1b_n+a_2b_{n-1}+\cdots+a_nb_1\leqslant a_1c_1+a_2c_2+\cdots+a_nc_n\leqslant a_1b_1+a_2b_2+\cdots+a_nb_n$$

(其中，$a_1\leqslant a_2\leqslant\cdots\leqslant a_n$，$b_1\leqslant b_2\leqslant\cdots\leqslant b_n$，$c_1,c_2,\cdots,c_n$ 是 $b_1,b_2,\cdots,b_n$ 的自由排列)。

虽然两者的表达形式不一样，但表达的是同一个意思，不同的形式只是为了在不同情况下的理解和记忆，实质并没有任何不同。从内容上看，数学原理所包含的内容一定是正确的数学命题，虽然没有经过严格的逻辑证明，但确实是基于大量事实抽象概括出来的，具有科学性。旨趣可理解为价值所在，数学原理的旨趣在于其所蕴含的数学思想方法，这些思想方法的理解和渗透不仅使数学原理的价值得到升华，更在日常应用中起着莫大的作用。比如加法原理背后所蕴含的“分类”思想，就是将一件任务分成几类，逐步分析每一类以避免重复和遗漏，这在日常生活中是很常见的。数学原理的内容决定数学原理的形式，并借助于一定的形式得以表现，数学原理的形式又对数学原理的内容的产生、检验和表达具有重要影响，同时数学原理的旨趣蕴藏于数学原理的内容与形式之中，推动内容的丰富与形式的完善。

由于数学原理是原本正确的数学命题，而数学定理是经过严格证明得到的命题，所以在某些方面，原理课具有与定理课相同的教学特征。在引入时要具有生动性，也就是说数学原理和数学定理因其抽象和严谨，在引入时需要教师将呆板的知识生动化，创设形象的情境，帮助学生更好地丰富感性认识；在论证过程中具有严谨性，学生通过自己总结得出后，教师在此基础上修改、补充、归纳，形成最终的表述，不可含糊；在巩固过程中具有层次性，任何数学原理和数学定理一定是在学生既有的知识结构上形成的，所以教师在对数学原理和数学定理进行巩固的同时，可推出层次性题组，帮助学生同化或顺应知识。

在教学的基本原则上，数学原理课与数学定理课也有异曲同工之妙。①科学性原则，数学原理通常用文字、符号、图形等多种语言表示，从多个角度描述同一个原理内涵，而不论是用何种形式都必须是清楚的、确定的，不能有歧义，这是最基本的原则。②从具体到抽象的过程性原则，学生对数学原理的感知到应用是一个从具体到抽象、从感性认识到理性认识的过程。③循序渐进原则，由于学生对于数学原理的学习一定是建立在已有的知识结构之上，所以教师不仅要考虑学科发展的规律，也要考虑学生的认知发展规律，以循序渐进的方式进行教学。④理解与巩固相结合的原则，任何一个数学原理都不是靠死记硬背来掌握的，而是在理解的基础上通过应用进行巩固，理解是基础，巩固是必然。

虽然原理课与定理课有如此多的相似之处，但是两者具有本质的区别。

①数学原理和数学定理的概念本质不同，数学定理一定是在公理和假设的前提下经过严格证明得到的真命题，而数学原理在命题体系中与公理的距离更接近，强调的是归纳、概括，不一定是严格的逻辑证明。②教学环节不同。定理课的教学必不可缺的一步就是定理的证明，只有经过严格的逻辑证明后才能运用，而原理课这一环节不是必需的，原理更多的是通过大量举例来抽象概括得出，只需接受实践的检验即可，不一定要经过逻辑证明。所以二者并不能直接归类于一种类型。

从教育心理学的角度出发，根据奥苏贝尔对于数学知识与学生原有认知结构之间的关系，数学知识的学习可分为下位学习、并列学习、上位学习。下位学习是指新知识被融入学生已有的认知结构中的过程，即原有知识系统高于新知识。并列学习是指新知识与学生的原有认知结构处于并列关系，即新知识与原有知识系统处于同一水平。上位学习也叫总括学习，是指学生原有认知结构无法容纳新知识，需要通过新的方式将新知识融入原有知识系统中，即原有知识系统低于新知识。而数学原理的学习属于上位学习，也就是学生的原有知识系统，只提供了相关的部分概念，无法与所学原理直接产生联系，需要对原有知识系统重新认识，需要在不断的运用中加深理解以便掌握。如加法原理、乘法原理需要对分解与合成、以小见大重新认识，要在一个单元中对“做一件事”不断进行细化、具体化，才能逐渐掌握原理的一般性。

总而言之，原理课在所有课型中具有独特性，不仅仅是数学具体知识的传授和学习，更多的是数学抽象、概括思想方法的渗透和领悟，这也是为什么原理课常常达不到教学目的的原因。因此要注重数学原理课的教学设计。

二、原理课的教学设计

原理课的教学方式一般有两种：由例子到原理和由原理到例子。由于在中学数学教材中数学原理的安排方式大都是由例子到原理，所以本书也由例子到原理，用例规法分析其教学设计。

原理课的教学设计可以分为以下四个阶段：问题引入、讨论归纳、原理呈现、巩固应用。

问题引入阶段。给学生一些例子并提出问题，这些例子一定要保证能清楚地表达原理的特点，以方便后续的归纳、概括，要具有代表性且让学生容易明白。这样利用例子来提出问题进行引入，一方面可以激发学生学习的兴趣，激起好奇心；另一方面潜移默化地将所要学习的原理进行应用，与后面的应用前后呼应，帮助学生更好地理解。例如，对于分类加法计数原理的问题引入，有的教材中直接用一个用阿拉伯数字和大写字母给座位编号的问题引入，简洁明了，与分类加法计数原理十分切合，但不够生活化，在课堂伊始就直接给出稍显突兀。所以，很多教学案例选择了更加生活化的问题——路线选择问题(从甲地到乙地可以有几种方式)，这类问题确实很贴切生活，但信息量过于繁杂，会干扰学生对于分类加法计数原理本质的理解，更适合放在课后作业中去练习。因此，鉴于以上不足，在选择问题引入时，在教材的原有给座位编号问题前加入一个更简洁且生活化的例子(学校高三理科班有 467 名学生，文科班有 234 名学生，在文科班或理科班选一名学生代表参加比赛，共有多少种选法?)。这样的两个问题循序渐进，让学生更容易理解，也利于后续对两者共同点的归纳。

讨论归纳阶段。以学生为主体完成，也就是学生在原有的知识结构的基础上根据教师给出的问题对原理进行归纳提炼。学生先是利用已有知识解决问题，然后对问题的解决过程进行分析归纳，得到对原理的初步猜想和总结，这是一个知识迁移的过程，学生将所学过的知识点进行相互联系、相互类比，把旧知识加以归纳、总结迁移成新的知识。学生可以亲身体验和感受原理的归纳思路，更有利于对原理的理解和掌握。如对于分类加法计数原理的讨论归纳，有的教材先让学生探究引入问题的特征，然后给出特征的描述——“或”字的重要性，诚然，这个描述直接触及了分类加法计数原理的本质，但并不是唯一的归纳结论，在学生对这两个问题的特征归纳以及问题解决的过程中，是没有标准答案的，教师只需要尽可能地收集学生的归纳，并让学生之间相互补充改进，给出他们自己的答案即可。在有的教学设计案例中，让教师用“完成一件事”“方案”等原理中的字眼来引导，其实没有必要，因为直接提示会限制学生的思维，相当于强行往原理上靠，但学生并没有思考的空间。因此，只需要给足学生自由讨论的时间即可，讨论总结的过程便是对分类加法计数原理的探索过程，即使最终学生的总结存在不完善、有歧义、不明确等缺点，但对学生来说也是突破性的一步。在学生总结得到规律后，试着让学生根据自己的理解进行举例，举例的过程也是对原理的理解过程。

原理呈现阶段。教师直接给出关于原理的精确表述，由于学生对原理的归纳可能带有瑕疵，在某些方面没有考虑周到，这时需要教师直接呈现原理准确的表述，帮助学生更进一步地认识和掌握。这一步关乎学生认识的进一步明确，不可或缺。对于分类加法计数原理的呈现，一般教材中直接给出两类不同方案时的原理(完成一件事有两类不同方案，在第 1 类方案中有 m 种不同方法，在第 2 类方案中有 n 种不同方法，那么完成这件事共有 $N=m+n$ 种不同方法)，这是合理的，因为在之前的问题引入中，都只有两类不同方案时的情况。但是有些教学视频在此处将引入问题进行拓展，比如将编号问题拓展成三类(用一个大写的英文字母、一个小写英文字母或一个阿拉伯数字给教室里的座位编号，总共能够编出多少种不同的号码?)，进而引入 n 类不同方案时的情况，接着呈现 n 类不同方案时的分类加法计数原理(如果完成一件事有 n 类不同方案，在第 1 类方案中有 m_1 种不同方法，在第 2 类方案中有 m_2 种不同方法……在第 n 类方案中有 m_n 种不同方法，那么完成这件事共有 $N=m_1+m_2+\cdots+m_n$ 种不同方法)，这样的处理显得操之过急，因直接将两类方案的原理呈现，没有给学生由浅入深、逐步理解的过程，不利于掌握。因此，以两类不同方案的情况给出分类加法计数原理具有合理性，对于扩展到 n 类的情况，在巩固应用阶段引出即可。

巩固应用阶段。即在教师呈现出原理之后，需要对原理进行巩固以确保学生深刻理解，而巩固的主要方式就是应用。教师可以给出一些题组让学生利用原理进行解答，以帮助巩固。每一个原理的学习最终都会走向应用，这不仅是原理的学习目的，也是数学与生活联系的体现，所以应用不应只局限于一些习题的解答，还可以涉及实际生活的广泛应用，以使学生能灵活应用原理。对于分类加法计数原理的巩固应用，题型很多，可以是路线问题、选派学校代表问题、选课问题等，这些问题大同小异，都与生活息息相关且本质上是一样的，所以选哪种都行，有的教材是用高中毕业生填志愿的例题(在填写高考志愿表时，一名高中毕业生了解到，A、B 两所大学各有一些自己感兴趣的强项专业，具体情况如下：A 大学：生物学、化学、医学、物理学、工程学；B 大学：数学、会计学、信息技术学、法学。如果这名同学只能选一个专业，那么他共有多少种选择?)进行巩固的，十分贴合学生的实际，无不妥之处。但是，在例题之后，教材中直接提出思考：如果完成一件事有三类不同的方案，在第 1 类方案中有 m_1 种不同方法，在第 2 类方案中有 m_2 种不同方法，在第 3 类方案中有 m_3 种不同方法，那么完成这件事共有多少种不同方法？这种直接提问稍显生硬，比较好的方式是利用实际问题提问，让学生一边解决实际问题一边思考分类加法计数原理不止适用于两类不同方案时的情况。比如在例题的基础上进行改编——如果还有C大学可供这名高中毕业生选择，且C大学他感兴趣的强项专业为：地质学、金融学，那么这名高中毕业生共有多少种选择？这种变式的承接，能让学生顺其自然地在解决实际问题的过程中了解到三类不同方案时也适用分类加法计数原理，进而拓展到 n 类的情况。将拓展到 n 类的情况放在巩固应用阶段，是因为分类加法计数原理不论在两类不同方案还是 n 类不同方案，实质是没有区别的，只要掌握了两类时的情况，那么 n 类的情况的引出顺其自然即可，故在学生应用时引出是比较好的选择。

数学原理的教学涉及的四个基本环节是环环相扣的，每一步都不可或缺，都有特定目的。同时，贯穿四个环节的是数学原理背后所隐含的数学思想，这是学习数学原理的终极目标。只有在学习过程中掌握了其所隐含的数学思想，才能准确地应用，才能说是掌握了相应的原理。

原理的教学因为需要学生自己归纳概括，以学生的探究为主，因此教师可采用讨论法进行教学。讨论法强调学生的探究发现能力、思维发展能力以及独立思考能力。采用讨论法来进行原理的教学，一方面可以让学生在自己总结概括的过程中亲身体验原理的内涵，有助于更好地理解原理的内容，更加轻松自如地运用；另一方面，学生是自己进行归纳概括的，有助于强化对于原理内容的记忆。在学生讨论的过程中，教师也不是完全置身于事外的，应该掌握讨论的节奏，准确把握学生讨论的方向，在出现问题时要及时给予学生提示，帮助学生成功概括出原理内容。

原理的教学能很好地体现新课程标准一直强调的课堂以学生为主体，教师的教学是服务于学生的学习的。在整个过程中尤其要强调学生的主动参与，强调学生的独立思考。

三、小结

虽然原理课相较其他课型占的比例并不算多，但这并不能说明原理课是不重要的。原理课不仅可以提升学生的思维能力，还是能渗透数学思想方法的重要途径。教师在教学设计时要注意以学生为主体，精心设计，让学生更好地理解和掌握原理。

第五节 数学命题的认识及课堂教学设计

概念是数学思维方式建构或转变的基石，核心概念更是数学教学的重点。然而，只有概念并没有什么实际意义，也不能表达一个完整的思想。只有将概念和概念按一定的规则联接起来，才能形成命题，表达一个完整的思想。命题彩线串珠般把概念联接起来，共同编织光辉灿烂的数学理论体系。教师深化对数学命题的认识，加强对数学命题课堂教学设计的研究，不仅是数学核心概念的认识及课堂教学设计等研究的继续，也是数学教育关注的核心问题之一。

一、数学命题的认识

可以从数学史、形式逻辑、教育心理学等角度认识命题。从不同角度得到的见解，可以相互参照，有利于在比较中选择适宜的教学决策。

从数学史的角度看，将命题置于数学发生发展的大背景下，有助于学生知晓数学的来龙去脉、数学思想的变迁，体会和感受不同的数学文化。重大而深刻概念的提出，可能开启了一个学科、一个新的研究方向。如无穷小概念的提出就开辟了微积分这门伟大的学科。而一门学科由童年走向成熟的重要标志之一就是一些重要命题的发现、证明和应用。许多优秀成果以定理的形式记载下来，推动着数学的发展。如微分中值定理开辟了用导函数研究函数的方向，是里程碑式的工作，一直主导着微分学的发展，其表现形式经历了几何的、前分析的、分析的微分中值定理等多阶段的演化和嬗变。又如，哥德尔不完备性定理的提出是绝对主义数学观破灭的标志，经验主义数学观从此复兴。这个深刻的定理昭示了数学观念及数学教育观念的变迁：数学也可能犯错，不是一帆风顺地发展的；数学的生长，是依靠猜想、证明、批判、反驳，不断地改进结论和推理的过程。学生的任务，不只是从外部欣赏数学家创造的现成理论，接受它的意义，而是要理解和掌握数学，需要进入数学产生和形成的内部动态过程，弄清它生长的动力、原因和方法，把握数学的思想。许多数学定理是人类精神文明的共同瑰宝，凸显了数学的人文性。如，勾股定理是东西方数学文化的一朵奇葩，其历史意义、文化意义早已超出了定理本身。

从形式逻辑的层面思考命题，就要把其置于系统中认识内蕴的关系。

我们总是在系统中考虑命题，离开了系统，命题在其中的地位就会发生变化，甚至真假性发生变化。如，祖暅原理在立体几何中处于公理的地位，不需证明，只需承认，但在微积分中却降格成了定理。在欧氏几何中，三角形内角和为180°是正确的，但在非欧几何中不再正确。虽然教科书没有明确指出命题赖以存在的系统，但教育教学是培养人的事业，教师有责任发展学生的认识观念，要有意识地引导学生构建或大或小的命题系统。

数学命题是表示数学对象性质或关系的判断语句，表达论域中有多少对象具有或不具有某种性质或关系。命题可以参与逻辑运算，由公理出发可以得到一系列命题，以至于逻辑主义、形式主义认为数学命题完全可以用一般性的逻辑命题、形式命题来表达；是否成立可以从形式而不用特定情境下的具体解释来确定。但这些观点最终破灭了，因为数学是不能脱离情境的。数学命题的真假性取决于数学本身和实践的双重检验。这触及观念变化：数学有经验的来源，不可能存在绝对的、脱离所有人经验的严密性概念，要保持数学理论同物理学及其他自然科学中日益增长的复杂现象之间的联系；在教学中，从情境中引出命题，并在实践中检验命题才是完整的数学命题教学流程。

教育心理学讨论了命题学习的过程、条件和心理表征。根据奥苏贝尔有意义言语学习理论，命题的学习过程就是命题的逻辑意义向个体心理意义转化的过程，以符号表征学习和概念学习为前提，有下位类属学习、上位总括学习、并列结合学习三种方式。这是命题学习的同化过程，是接受式的。命题学习还可以是发现式的，那就是命题的形成。在命题的学习中，要尽量减少并列结合学习，尽可能地使命题形成串联链状，先行命题为后续命题的认知固着点，发现推理关系的枢纽，从一个枢纽直接推出许多命题，解决大量问题。如在三角变换的学习中，诱导公式与两角和与差的正、余弦公式是两个并列的内容，是分开学习的。但根据同化学习理论，有必要把诱导公式看成两角和与差的正、余弦公式的特例，以减少并列结合学习；也要把诱导公式看作两角和与差的正、余弦公式的认知固着点。两角和与差的正、余弦公式其实是圆旋转任意角还依然对称的解析表达，是诱导公式的推广。这样，打通了公式间的内在联系，个体的认知结构也发生了变化。

认知负荷理论认为，教学目的是在人类的长时记忆中建立知识。在长时记忆中，保持的不是命题本身，而是命题表达的意义，同时对命题进行言语和意象双重编码，有利于知识的长时记忆。它强调理解，强调为数学命题“析理以辞，解体用图”，是学习心理规律的经验表现。长时记忆中的命题如果能编织成网络状，形成一定的结构图式，有利于知识的有序检索和融会贯通，这正是命题关联性特征的体现。如将三角变换公式按一定的线索组织起来，使学生明白“数学用以简化问题的等价变换”思想，则对公式及蕴含的关系、思想方法的认识就有了实质性的深入。建构认知图式，整体把握数学内容的最终目标应在于此。

数学有一套提出问题和解决问题的方法，在这个过程中产生了众多的概念和命题。但不能孤立地学习一个又一个的概念、定理，而要把它们置于整体结构中学习。正如庞加莱指出的，数学是这样的“实体”，之间的元素和谐地配置，以至于能毫不费力地包容它们的整体，同时又能认清细节。一个次序井然的整体摆在我们的双目之下，促使我们预见数学定律。正如概念教学一样，树立整体结构观在一个体系中认识命题，是命题教学必须遵循的基本原则之一。

二、数学命题的教学设计

问题和问题解决是教学设计的逻辑生长点。数学命题的教学设计应体现数学发生、发展的完整过程，而不是“掐头—去尾—烧中段”；应表现数学逻辑推理之美、方法之美；应有助于学生形成完整的认知图式，为学生的长远发展计。提出问题、提出猜想、验证猜想、证明猜想、建模应用才是一个完整的数学活动过程，因此，命题的教学设计可分为命题发现的、证明的和运用的教学设计。从历史、逻辑和心理的角度对命题进行深刻解读之后，可以进行融合知识发生发展、逻辑取向和心理取向的教学设计实践了。

1. 命题发现的教学设计

原发性命题是建立某一学科知识体系不可缺少的命题，是最基本的命题，如公理、定义性法则等。对原发性命题而言，教学设计要着眼于命题出现的合理性、必要性。公理在演绎系统中不需证明，是判断其他命题真假的初始命题，是一种思想上的规定；定义性法则是对运算合理性的约定。它们都是建立理论的逻辑前提，离开了它们，定理公式将无法导出，无从谈起。公理、定义性法则具有根本性重要的地位，其基础性一般毋庸置疑，只要具有内在合理性就行了。如过直线外一点只能作一条平行直线，就被欧氏几何奉为圭臬；当人们置疑这种规定时，就无意间闯进了非欧几何的大门。故而，公理、定义性法则的教学设计就是要帮助学生在认知结构中建立起一些自明之理、人为约定的合理性的心理意义。根据弗赖登塔尔“现实数学教育”的观点，数学并非完全是一个有着内在密切逻辑关联的形式系统，相反，每一个数学命题都有其产生的现实背景。数学知识根植于一定的情境脉络之中，如教师可以让学生展开充分的联想，从碧波万顷的湖面意象中体味平面三公理所描述平面的“平”“滑”“无限延展性”，但绝不是让学生“发现”此类命题。又如，由于负数的超验性，有理数乘法的“负负得正”法则一直不易为学生接受。虽然在整数环公理系统中，可以严格证明该法则，但在数学教学设计中只能用一些恰当的模型建立一种和谐的模式直观，以解释该法则的合理性，而不是创设情境，发现了命题。也可借鉴命题的历史发生过程，寻找合适的认知负荷路径，使命题出现的合理性和必要性自然地同化到学生已有的认知结构中。

还有一些命题的地位稍逊于公理和定义性法则，在对这些命题进行教学设计时要着眼于命题出现的必要性、必然性。如与自然数有关的命题，仅仅考查事物的一部分，得到的结论不一定可靠；对事物的每一部分逐一考查，得到的结论可靠，但(有时)又做不到。怎样做到操作可行，结论可靠？迫使人们从方法论上探索新归纳法。新归纳法既要克服不完全归纳法得出的结论不可靠的缺陷，又要能克服完全归纳法在涉及无限时的无奈，做到取两者之长、去两者之短，这正是数学归纳法教学设计的关键所在。数学归纳法被视作原理，在教学设计时要把其中原本之理作为关键教学事件看待。如 Fischbein 等人从心理的角度寻找学生的认知困难，也可从数学史的角度切入。数学不仅要讲推理，更要讲道理。对于架构学科基本体系的命题更要把其中的“理趣”说清楚，此处往往涉及初创某一学科体系的数学家的数学观、价值观等观念系统，是挖掘数学教育价值之所在的源泉。

继发性命题是原发性命题的推广和应用。继发性命题要着眼于命题发生、发现的必然性。数学命题是在问题解决过程中获得的最后成果，无论问题是源于生产、生活实践，还是源于数学自身内部。因此，对数学知识境遇性的理解就不能过于狭隘，数学知识的境遇性还可以表现为由相关知识组成的体系，在这个体系暗含着这些知识背后数学家的观念、思想和方法，这些都构成了境域性的“心理场”。如初等数论的一些知识，在没有应用于密码之前，人们没有看到实际用途。在介绍同余方程时，可以创设这样的逻辑境遇性情境：方程历来是数学中的好问题，那么，在整数剩余类环中如何解方程？同余方程就是研究此类问题的。因此，对继发性命题而言，教学设计的关键就是要能提出恰当的好问题，情境创设是问题提出的一种手段。当学生遇到情境问题或逻辑问题时，就会在心理上产生一个“缺口”——一种心理不平衡状态，而人总是有最大限度地追求心理完形的倾向，在“缺口”从产生到弥合的过程中，得到了发展。故把命题置于一定的结构体系中，有利于学生发现认知结构中的“缺口”，从而产生完形的倾向。

深入学科中的信息技术为数学命题的提出提供了新的有力手段。如，在数学归纳法的命题表述中，用超级画板制作一系列砖块，每两块砖的间距可以调节，前面的砖倒下时可以带动后面的砖块倒下，也可以不带动后面的砖块倒下。综合正反两方面的物理经验，数学归纳法的表述形式呼之欲出。至于用超级画板、网络画板发现和提出几何命题，人们更是积累了丰富的经验，如连续变化、分裂合并、膨胀收缩是发现几何命题的常用手法。

2. 命题证明的教学设计

在命题证明的教学设计中，如何展示命题证明的思考过程是关键点。虽然数学的发展、数学定理的建立，最主要的创造性工作是提出猜想，但数学猜想的确认或推翻却离不开证明。经过反复多次的猜想与批评、证明与反驳之后，命题才得到确认。命题的证明没有固定的模式和现成的公式可依，有时很困难，如费马大定理、哥德巴赫猜想的证明，往往需要动用大量的知识，需要对知识的精髓有深刻的认识。一般而言，证明就是在目标的指引下，将问题与认知结构中的相关概念、命题联系起来，对条件、命题、概念做出有选择的组合，运用推理使新命题获得承认。因此，在一个宏观思路的指引下，有序地退到基本概念、基本命题是命题证明教学设计的着眼点。布尔巴基学派早就指出：每个数学工作者都知道，单是验证了一个数学证明的逐步逻辑推导，却没有试图洞察获取这一连串推导的背后意念，并不算理解了那个数学证明。如在证明点到直线的距离公式时，若把距离视为三角形底边上的高，就会构造三角形，用面积法证明；若突出距离的最小性，就会用极值法、不等式法证明；若把距离视为与直线的方向向量成某一夹角的向量在直线法向量上的投影长，就会使用向量法。本质上讲，证明不会产生新知识，而是对旧知识的理解和运用。为了追求理解的深刻性，数学家往往用多种方法证明一些重要的定理，每种证明方法都显示了不同层次的理解。为了对数学知识有深层次的理解，有必要在命题的证明中突出先前数学知识的运用，在运用中获得对数学知识的深刻理解。这其实是随机访问教学：对同一教学内容，为不同教学目的，用不同方式加以呈现；学习者可以通过不同途径、不同方式进入同一教学内容的学习，从而获得对同一问题多方面的认识与理解。历史上多姿多彩的证明法提供了不同方向的思考，可为教学之用。

3. 命题运用的教学设计

命题的运用包括数学命题在解决纯数学问题中的应用，也包括在解决实际问题中的应用。在运用命题之前，要编织命题域和命题系，把孤立的命题置于网络中，形成对命题的整体认识，建构起新的心理意义。如学习了相交弦定理、割线定理、切线长定理之后，就应指出其间的联系，置于一条连续的逻辑链中，得到整体性的圆幂定理。如不等式的证明方法琳琅满目，方法的多样性使得学生在证明不等式时，有时会手足无措。如果在认知图式中建构了对不等式证明方法的整体认识(度量不等式—平均值不等式—估值不等式—序不等式)，就有助于打破方法间的藩篱，实现正迁移。还要在横向比较中加深对数学命题的认识，如不仅要揭示正弦定理和余弦定理的逻辑等价性，更要横向对比，突出彼此的功用和互不可替代性。

按信息加工理论的观点，数学命题是一种智慧技能，如果以产生式表征，就会转化为办事法则。所谓产生式就是条件—行动规则，在命题运用的教学设计中要分清楚条件和结论，营造条件或变式条件，压缩中间思考、证明过程，对命题形成一种直观上的认识，顺利实现由条件到行动的转化。如果问题的前提条件以形式化的数学语言给出，就是命题在数学内部的应用，一般来说容易一点；如果问题的前提条件以情境语言的形式给出，就是命题在外部世界中的应用，一般来说麻烦一点。在将命题应用到实践时，教学设计的关键在于引导学生学会用数学的眼光解析芜杂现象中蕴含的数量关系，并使之符号化、形式化，转化成数学问题，然后用有关的数学命题解决，这个过程称为数学建模。囿于教学时限以及学生的认知能力等诸多因素，在教学实际中常把数学建模的过程等同于求解应用题的过程，学生虽然求解了大量的应用题，还是不能达到“使学生体验数学在解决实际问题中的作用、数学与日常生活及其他学科的联系，促进学生逐步形成和发展数学应用意识，提高实践能力”的教学目的。要提高学生把命题从陈述性转化成程序性的能力，就要提供系统的、多样化情境中的变式训练。因此，合理安排有层次的训练梯次就是命题运用的教学设计的关键所在了。教师应考虑：简单题、综合题；条件不多不少、结论唯一的封闭题；探索性、创造性和开放性问题；纯粹数学问题、数学建模问题的适当调配与时机安排。以上要求教师不囿于课时设计，要有大单元设计的观念。

四、小结

数学命题集中体现了人类对世界的认识成果，其广泛应用体现了数学的工具性特征和数学的力量。在命题的发现中，要让学生在获取命题的过程中，逐步学会数学的认识方式；在命题的证明中，逐步体会数学“言必有据”的推理特征；在命题的运用中，感受到数学的工具性和功用性，初步感受到数学技术对人类的贡献。上述过程，在一个课时内可能不方便充分展开，但教师要树立大单元设计的理念，统筹规划数学命题的设计与教学。

第六节　数学公式的认识及课堂教学设计

数学是研究模式的科学，数学公式(法则)是数学知识高度浓缩和凝练的结晶，是数学知识体系的重要组成部分。数学教学的重要目标之一就是揭示公式(法则)的本质属性及背后蕴藏的思想方法。从“教什么”以及“怎么教”出发，对数学公式(法则)及课堂教学设计进行深入剖析，提高教学效率，减轻学生负担。先明确“教什么”，即认识数学公式(法则)的含义和意义，以及对发展学生学科核心素养的教育价值。然后确定“怎么教”，即基于对数学公式(法则)的认识，能根据学生的实际情况、课题特点、自身能力制订数学公式(法则)教学的最优途径。

一、数学公式(法则)的认识

(一) 数学公式(法则)的含义

数学公式(法则)贯穿在数学学习的全部过程，是学生学习、应用数学的基础和关键。数学公式与数学法则虽然形式上略有不同，但本质却是高度相似的。数学法则可以理解为规律、规则等，是对运算过程所遵循的基本原则的概括，如加法法则、乘法法则等。而将法则通过数学式子的形式表示时，就可以将其看作公式，如洛必达法则。公式的本质就是将客观规律下的法则借助数学形式化的符号语言进行表述，两者逻辑上是一致并且高度联系的，因此下面将公式(法则)看作一个整体进行介绍。在明确了公式与法则之间的关系后，从多个角度出发，对什么是数学公式(法则)进行解读。

1. 从词根看

将“公式”一词拆分为两个字“公”与“式”进行解读。“公”有多种含义，查《说文解字》，最早意为平分也，从八，从厶，与私相背即为公。“式”一字，查《说文解字》可得，意为：从工、弋声。把事做漂亮而有规矩是工之范式，物高高挂起来为弋之范式。将公与式二字相结合，可获得对于“公式”一词语义上的初步认识。公式是普遍通用的、解决问题的统一范式，可理解为能普遍应用于同类事物的方式和方法。以公式为基础，数学公式是数学作为问题解决工具的体现，是一类问题的通用解法，其应用的关键在于判定变量对应的事物，然后判定是否满足使用条件。

2. 从数学本质看

数学公式是数学区别于其他学科的关键所在，是具有数学本质特征的数学知识。数学公式多以等式的形式呈现，等式左边体现了问题解决的计算过程，等式右边体现为操作过程的结果。数学公式是对演绎推理过程的简化，是对规律的发现和表达，实现了形式与内容的有机统一。数学公式借助形式化的语言实现了数学认识的高度浓缩与提炼；借助抽象与逻辑的结合，形式化的外表体现了数学具有的抽象性、严谨性以及广泛应用性。从数学本质的视角看，数学公式借助于符号表征了自然界不同事物在数量上相等或不等的联系，确切地反映了事物内部和外部的关系，是从一种事物到另一种事物的认识依据，有助于更好地认识事物的本质和内涵。

3. 从数学特征看

数学公式以形式化、抽象化的符号语言表达数学知识间的本质规律，具有抽象性、概括性的基本特征。所谓抽象性，即数学公式借助于数学符号语言，舍弃了事物的非本质属性，简要地刻画了事物之间的本质联系。所谓概括性，即数学公式(法则)所蕴含的丰富内涵，以平方差公式为例，$(a+b)(a-b)=a^2-b^2$，其中 a、b 具有指代丰富性，既可表示数，又可表示式，借助于纯粹的数学符号体现了换元法的基本思想。数学公式不仅具有形式化的外壳，还具有外壳之下的丰富内涵。

（二）数学公式的教学意义

数学公式的教学是数学教学的有机组成部分，具有自身的独特性以及重要的教育价值，是学生发展计算思维、提高自身数学素养的基础。

1. 数学公式是数学教学难点之一

数学公式教学是数学教学的难点之一，其难点体现在几个方面：其一理解难，即使教师在教学中创建了对应的教学情境，并花费大量时间引导学生进行公式的推导与证明，但大部分学生对公式的掌握水平仍处于结构记忆阶段，难以实现理想教学效果；其二应用难，对于已学习的数学公式，学生往往困于公式的灵活应用、公式的使用条件以及公式的使用是否正确；其三联系难，数学公式以知识点的形式零星分布于数学课程的各个角落，虽不成体系但公式之间却具有紧密联系，学生往往不能将新学公式与已有知识建立联系，只是对公式的机械记忆。因此，对于数学教学来说，数学公式是教师必须要重点关注和突破的知识点，是教学中要克服的难关与险关。

2. 数学公式是数学基本思想的凝练

数学基本思想包括抽象、推理和模型等，三大数学基本思想凝练于数学公式之中。数学抽象首先体现在数学语言之中，而数学公式则是数学语言的精确运用，其显著特征便是精练而准确；数学推理隐含于数学公式的形成过程之中，未经逻辑推理演绎证明的等式不具备成为数学公式的资格；除此之外，一个数学公式的建立意味着一个数学模型的建立，具有丰富的物理、几何意义等内涵，模型思想是数学公式具有广泛应用性的基石。作为数学认识结果的数学公式，是数学基本思想应用的结晶，背后隐藏着丰富的教育资源，具有极高的教育价值。通过对数学公式教学的挖掘和利用，有助于学生认识数学的抽象性，提高数学语言表达的效用；认识数学的严谨性，克服直觉的偶然性；认识数学模型的重要性，感受数学的广泛应用，数学公式的教学是实现数学基本思想渗透与提炼的重要组成部分。

3. 数学公式教学具有思维训练价值

数学是思维训练的体操，而数学公式在思维训练中具有显著价值。从知识深度看，知识可分为表层知识和深层知识，数学公式是表层知识的重要组成部分，以数学思维为代表的深层知识蕴含并应用于数学公式的学习与应用过程之中。从问题解决看，思维具有问题指向性即指向问题的提出与解决，而数学公式便是实现问题解决的一类通法。从数学教学看，区别于表层知识，以数学思维为代表的深层知识并不能直接通过课堂进行传授，其教学应以渗透作为基本途径，在数学公式教学的各个环节均可有意识地实现数学思维的训练与发展，在数学公式的提出、证明与应用的各环节中，学生数学思维均具有直接应用机会。

二、数学公式的课堂教学设计

教师应树立单元整体教学下的数学公式教学设计意识。大单元教学是站在森林的视角观察每一棵树，每棵树木获得茁壮成长就能获得森林的茂盛。同时，不能因为一棵树而舍弃整片森林。缺乏主线意识是数学公式教学中存在的问题之一，以大单元教学观念为引领，教师可以整体认识教学内容，重新规划教学主线，从而整合零散分布的知识。数学公式教学应辩证认识部分与整体的关系，为实现单元教学目标服务。单元知识之间具有相似性，具有不断循环往复的特点，前前后后的学习可以相互参照。如指数与对数的学习相互参照，指数函数与对数函数的学习相互参照。在学习对数的运算法则时，以指数运算法则为基础的证明方法，能为学生提供解决类似问题的灵感。张景中院士基于指数运算法则证明对数运算法则，十分精彩：$\log_a(M\cdot N)=\log_a(a^{\log_a M}\cdot a^{\log_a N})=\log_a(a^{\log_a M+\log_a N})=\log_a M+\log_a N$。又如，排列数公式与组合数公式相互参照。证明方法的选取应根植于单元内容，能够提供探索类似问题的相似路径。如，全部的排列数、组合数公式及二项式定理都是计数原理在处理具体的“排列”“组合”之“事”时的具体化，排列数公式和组合数公式在逻辑上等价，形成对偶关系。

在数学公式教学中要关注逻辑主线。中学数学教学的显著特点之一，便是具有大量数学公式的学习和运用，公式以螺旋分布的形式散于数学教材的各个角落。零散、缺乏体系的知识点在学生认知网络里难成系统，公式一学就忘的现象屡见不鲜。因此教师在数学公式教学中，必须将零散的公式进行整合，以大单元知识中的内在逻辑来统摄教学，挖掘公式之间的内在联系，组织公式的学习顺序，构建起符合知识逻辑的公式教学主线。

数学公式的课堂教学应以教学原则为底线和指南，通过完善教学过程各环节，实现教学价值的最大化。完整的数学公式的教学包括：引入与唤醒、推导与证明、诠释与欣赏、练习与应用、反思与整合。

1. 引入与唤醒

引入阶段要能唤起学生的学习兴趣，让学生具有此知识非学不可的心理状态。数学公式是学术形态的数学知识，其显著特点即利用形式化的符号语言表达客观规律。此类课题天然具有难度，学生易产生畏惧心理，缺乏学习的兴趣和动力。学生的认知水平与公式的认知要求往往缺乏一致性。学生抽象逻辑思维具有阶段发展特征，数学公式虽根据抽象程度不同分布于不同学习阶段，但如何判断数学公式的抽象水平，构建好学生抽象逻辑思维发展水平和形式化公式抽象水平之间的桥梁，仍是数学公式教学中存在的一大难题。一个公式往往具有多种证明方法，最为简便的方法和学生已有的认知水平往往不一致，导致学生难学。

“良好的开端是成功的一半”，适宜的引入是数学公式教学的重中之重。公式具有抽象化和形式化特点，并不与人的直接需要产生关系，因此在教学中，其引入需要具有合理的内推力，让学生认识到公式产生的内外在需求，感受到公式学习的重要意义。直接的公式教学不易调动学生学习的主动性，因此在公式教学中教师应精心进行教学设计，将学术形态的数学公式转化为教育形态的数学知识，将冰冷的魅力化为火热的思考。应创设教学情境，实现由具体到抽象、由简单到复杂的有效引入，帮助学生在已有能力范围内，发现、提出并解决问题，拾级而上，最终达到培养目标。常用的引入方法包括：史料引入、诱导引入以及探究引入等，通过合适的引入，让学生猜想公式的形式、认识公式存在的可能性。

以教育为导向的数学史已经成为数学教学资源开发的重要来源。在数学公式的教学中同样可以以史为鉴，深入挖掘数学史中蕴含的宝贵教学启示。数学公式教学的一大难点就是公式产生过于突然，学生思维难以跟上，而借助于数学史可以深入剖析知识的本来面目，借助丰富的历史素材帮助学生获得对数学公式的本源性理解。例如，在等差数列前 n 项和的教学中，小高斯所运用的配对求和法就蕴含了公式背后的本质思想，为了避免配对求和时对项数的分类讨论，故改进为倒序相加法。任何一个等差数列的求和都可化归为自然数列的求和，故倒序相加法也适合于等差数列前 n 项的求和。数学史提供了数学公式的多种理解和证明法，琳琅满目、美不胜收，教师可根据实际，择需而取，这是体现数学文化，展示数学思维特点的极佳素材。

2. 推导与证明

既要重视公式的结构记忆，又要关注公式的探究、推理论证。在公式教学中，教师往往会总结出各式口诀帮助学生记忆繁杂的数学公式，如三角函数诱导公式中"奇变偶不变，符号看象限"。借助于口诀记忆，学生获得运用公式的知识基础，但在实际应用中口诀对于学生理解并运用公式作用并不显著。数学公式的提出与凝练是为高效解决问题，其教学的核心不应在于结构记忆，而应获得公式的来源与论证，掌握其背后所代表的一类问题解决的思路，明确形式化语言外壳之下研究对象的逻辑与关联。

数学公式是对数学研究对象本质规律的揭示，是通过具体对象的观察、思考，逐步演变而来。如三角函数诱导公式便是以单位圆的对称性为基础，逐步进行探究与推广的。因此，教师在数学公式教学中应充分调动学生的思维积极性，通过探究活动的安排与设置，帮助学生亲身体验公式产生的背景、缘起，学生不是公式学习的旁观者，而是公式的再创造者。通过学生独立思考、合作学习、探究习得的公式，才更具有活力，更易达到形式的转化与统一，从而实现应用的灵活性。

习得数学公式之后，紧接着就是推导与证明。教师要在教学情境和活动中引导学生自主探寻公式的证明。学生思维受阻处，教师不应直接指明方向，而应重在引导，让学生经历思维过程，发现问题、解决问题，从而获得公式证明思路的来龙去脉。公式的证明方法往往具有多样性，要以大单元的整体视角深度认识教学，使引入、证明、强调等教学过程，环环相扣，逻辑严谨。

3. 诠释与欣赏

数学公式的形式简明扼要，内涵丰富，但在实际教学中容易形成公式结构的记忆背诵以及不合情境的生搬硬套，最后丧失了公式学习的意义以及教育价值。因此在数学公式的教学中，教师要反复强调公式的成立条件、特殊情况，推导思路以及证明过程，诠释公式背后的各种意义：逻辑意义、几何意义和物理意义等。在学生理解、掌握核心知识的情况下，开展公式的深化、应用。

数学公式是人们认识世界的一种结果，是用数学符号语言表达对客观世界的认识，可以用通俗易懂的语言将这种认识和理解讲给初学者。理解得越深，越能表达得形象化。如，独立事件的定义 $P(A\mid B)=P(A\mid \overline{B})$，解释为无论事件 B 发生与否，对事件 A 发生的概率均无影响，正是

“你走你的阳关道，我过我的独木桥”“井水不犯河水”。在基础之上导出$P(AB)=P(A)P(B)$，自然经久不忘。又如，容斥原理不就是生活中的“多退少补”吗？不能为了追求符号化、形式化，而舍弃形象化的描述。

数学具有“以美启真”的美学价值，不同于外在的表象，数学美在于严谨、冷峻以及统一上，数学公式是数学美的集中体现。数学公式教学的重要教学策略之一，便是引领学生认识并逐步学会欣赏、鉴赏数学公式美及美学价值。数学公式美，体现在它的外部结构上，借助于符号语言的使用，将规律隐藏在等式或不等式中；公式美在于它的关联性，以最美公式欧拉公式为例，在简要的形式中沟通了数学中最重要的几个常数；数学公式美在于它形式的多样性，例如，在基本不等式的基础之上，可以转化形成一系列的调和平均数、几何平均数、算术平均数、平方平均数，在形式的转化中，体现了数学的多元魅力。

数学公式美还体现在把美妙的思想变成可以运算的符号，通过运算求解判断真假，避免了意义的论争，引发了人们对数学及数学哲学的思考。

4. 练习与应用

数学公式具有应用上的广泛性、多样性。数学公式的应用能帮助学生脱离情境，掌握解决问题的一般通法，但公式同样具有形式上的多样性和复杂性。如两角差的余弦公式，可以变形为两角和余弦公式、倍角公式、积化和差公式等。形式的多样性给学生提供了解决问题的更多工具，但同样带来了更多干扰。数学公式教学中最难解决，也是最易产生的问题，便是在公式学习与公式应用之间产生的断层现象。学生能记忆并推导公式形成，却缺少将公式应用于其他问题情境的能力。这一困境可通过数学公式教学解题化，得到有效缓解，即在“弄清问题、拟订计划、实施计划、反思回顾”中运用数学公式。数学公式可以理解为对应同类问题的一个解法范式，因此在教学中可以突出强调它具有的解题意味。将数学公式的教学转化为问题情境中的生成提出、思考解决以及回顾反思，由此有效提高学生对数学公式的应用能力。教师在教学中应引导学生正用、逆用、变用公式，多方位的应用、多形态的解读，最大化挖掘公式的应用价值。

应用不能狭隘地理解为在符号运算中的运用，还可以在具体的情境中运用。把公式当作一种数学建模的工具和手段，把公式用到实际场景中，便会发现理论与实践之间有相当大的距离，为了在具体的情境中运用公式，需要采取很多理想化的方法，舍弃很多具体的细节。数学公式和理论只是现实世界的一种近似反映而非精确写照，故数学模型要不断地改进，公式也需要不断地发展和改进，数学的眼光要不断更新。

5. 反思与整合

元认知是对认知的认知，是关于个体自我认识的知识和调节这些过程的能力，元认知策略的运用对学生数学学习的效果具有重要影响。教师在数学公式的教学中，如果能调动并运用学生的元认知学习策略，不仅能发挥学生的主体地位，还能从根本上提高教学效果。一般的公式教学都沿着五个阶段进行，学生若能辨别当下所处的阶段，便能及时明确学习任务，在困惑产生时获得问题解决思路。例如，在元认知下，在公式引入环节学生清晰认知此环节的学习任务在于了解公式的产生背景，以及了解公式可应用于哪些问题的解决；在证明环节，关键在于紧跟教师思路，认清公式是如何通过严谨的逻辑思考、推理论证得到的。

数学公式的教学应以系统的知识体系为基础，以有序的认知进阶帮助学生进行有效学习。其教学安排应满足多个序列，首先要以知识间的内在逻辑顺序为基础，实现知识的承上启下；其次要以学生的认知发展规律，安排知识呈现顺序；最后应根据课程实际实施反馈，进行有序调节。助力学生通过逻辑完备、有层次建构的数学公式学习，实现串点成线、织线成网，最终破除知识的繁杂无序，构建自己的数学认知网络。

数学公式具有形式和内容上的丰富性，教师应以系统性作为教学追求，化丰富性、多样性为统一性，要引导学生适时进行反思总结，将小的、零散的数学模型进行组合，形成较大的数学模型，以知识间的脉络为主线，形成完整的知识体系。如三角函数的一系列公式，在所有公式学习完成后，教师应帮助学生整理总结，以整体的观点认识公式之间的联系——三角函数的各种公式无非是圆的性质的解析表达。

三、小结

在数学公式与法则的教学中，还应注意讲道理。如，有些运算法则是规定的，规定的东西也有内在的理据，也要讲道理。为何 $a^0=1$，$0!=1$？讲清楚为何要这样规定，把规定的合理性讲清楚，从公式到法则的变化也就清楚了。

数学公式与法则是最具有数学特色的教学内容之一，也是数学教学的难点和重点。教师要以数学公式、法则的深入认识为基础，对数学公式、法则的课堂教学设计进行系统分析；以教学原则为指南，遵循学生的认知过程的层次，丰富教学策略，实现科学、有效的数学公式、法则的课堂教学。

第七节　数学建模的认识及课堂教学设计

在数学教学中，数学建模属于六大数学核心素养之一，是一个偏重数学知识应用的模块。《普通高中数学课程标准(2017 年版 2020 年修订)》中，将其定义为对现实问题进行数学抽象，用数学语言表达问题、用数学方法构建模型解决问题的素养。其过程主要包括：在实际情境中发现并提出问题、分析问题并建立模型和求解模型、检验并完善模型，最终使问题得到解决。数学建模主要是一个系统性、整体性的过程，常见的数学模型可按抽象程度分为物理模型和理论模型。无论是哪一种，都是一个对数学化现象的近似表达，建立数学模型的过程就是数学建模过程。通过数学建模，学生能够掌握一定的数学基础，解决实际问题，故教师应将数学建模融入数学教学和学习中。由于考试压力，现今的高中学生学习数学的动机基本都是外在的，而且学习模式习惯于“刷成题”，结果就是题目稍微有一点生活化，或是文字变多一些，就会不知所措。因此，激发学生内心对数学知识的好奇心和求知欲，并形成开放的数学思维与创新意识，成了当下高中数学教学的重点。数学建模这一名词获得了更多关注。

当下的中学数学教学，数学建模并未受到教师足够的重视，教师在讲授建模问题时往往对建模的过程一带而过，将讲授的重点落在涉及的结论及应用上，其直接后果就是学生只会模仿教师的解题过程，机械套用解题的方法，而对如何分析问题一无所知，无法领会解题方法的内涵。产生这些现象的主要原因之一是教师将建模看作分析问题的一个步骤，因此不会特别强调建模过程的思考与产生的过程；此外，更多的教师认为数学建模的教学对考试的帮助不大，因为考试指挥棒的压力，习惯了让学生做条件固定、结构良好的数学问题，但这些问题对提高学生分析与解决问题的能力、理解数学问题的本质以及提高数学建模核心素养的帮助有限。教师应将数学建模融入教学中，将理论知识与实际问题相结合，在二者之间架起桥梁，激发学生的学习兴趣，可以有效培养学生的探究与应用能力以及数学建模的核心素养。如何进行数学建模内容的有效教学已经成为当今数学教育界的热点问题，下面将从数学建模的认识出发，并给出数学建模的教学设计，为数学建模的教学提供参考。

一、数学建模的认识

什么是数学建模？可以从核心素养、方法论、教学的特征与原则几个不同角度认识数学建模从不同的角度剖析数学建模，有利于更好地进行教学设计。

数学建模是数学六大核心素养之一，是应用数学解决实际问题的基本手段，也是推动数学发展的动力。数学建模是基于数学思维运用模型解决实际问题的一类综合实践活动，这种素养也是适应当下人工智能等技术飞速发展的时代所不可或缺的能力。从中学生发展的需要来看，其处于抽象思维能力发展的关键期，因此合理设置教学环节，让学生体会到完整的、系统的"从知识学习到知识应用"的过程，有利于发展抽象思维。数学建模不是一个简单的个人解决问题的过程，学生必须有足够的数学基础知识和良好的沟通与合作能力。教师是培养和提高学生数学建模素养的引导者。例如在线性回归模型的教学中，回归直线这一新模型的引入就是一个数学建模的过程，它的本质是刻画两个随机变量之间相关关系的直线。教师在教学中不可直接把答案公式呈现给学生，而要让学生在一系列散点中发现这条直线的存在，进而主动思考如何精确求解这条直线。教师在引导学生思考的过程中，推动学生的各方面思维能力以及数学建模素养的提升。

"方法论"是哲学意义上的概念，但近些年来，从方法论的角度理解数学教育成为一个研究热点。从方法论的角度看，数学建模的关键在于从发现实际生活中的问题开始，把现实问题通过数学语言这一媒介转化成数学问题，运用数学方法分析问题，建立合理的模型，检验模型的合理性，最终使问题得到解决。数学建模是一项创造性的思维活动，在建模活动的过程中能有效地培养学生独立、自觉运用所学理论知识，探索解决问题的最优策略的能力。整个过程体现了从感性认识(生活中的实际问题)到理性认识(求得最终的答案)的飞跃，同时巩固了学生之前学习过的旧知识，扩展了学生的知识结构，做到新旧知识的同化和顺应。

数学建模本身也可以看作一种数学活动，所以从教学的特征与原则看，其具备数学活动课的一切特征。数学活动课具有知识性、游戏性、技能性、智力性的特征。故在数学教学中，教师应引导学生动手操作，精心设计过程，全面转换教法，促进学生发展，让他们基于对活动内容的理解，用直观的方式，在观察、猜测等方法中完成任务。在问题引入时，教师应提出贴近学生生活、生动形象且学生容易理解的问题，帮助学生在数学建模学习之初，建立解决问题的信心，提高内部学习动机。在建立模型和求解模型的过程中，教师应将时间交给学生，让学生独立思考、合作交流，先尝试用自己的语言归纳，然后过渡到用严谨的数学语言表达。检验模型时，检验的方法也应先让学生探索发现，寻找效率最高的检验方法，然后才由教师点拨方法的本质。完善模型，属于思维发散的过程，教师可采用头脑风暴的方式，引导学生将所得结论推广、泛化到一般情况，并共同探究推广到一般情况下的问题。

在教学原则上，数学建模的教学也遵循数学课堂教学中应遵循的一般教学原则。如，①科学性与思想性相结合原则。数学建模属于一种数学活动，依托的是数学学科这个载体，因此也需具有数学学科的科学性与思想性，通过合适的建模问题，达到既教书又育人的效果。②严谨性与逻辑性相结合原则。提出的建模问题，必须是叙述严谨、有逻辑性、无歧义的，而且符合学生的认知水平。③循序渐进原则。一个完整的数学建模活动，从发现问题开始到解决整个问题，是一个逐步深入探索的过程，特别是求解模型的过程，先做什么，后做什么，必须体现出明显的层次性。

数学建模和数学应用题一样，一定有一个问题情境存在，但二者又有本质的区别。传统的数学应用题通常都是结构良好的问题，条件明确且人为去除了无关信息的干扰，答案唯一；数字经过命题人的精心设计后，答案是容易计算的；只要计算出正确答案就能得分，答案很少需要考虑是否符合现实情况。而数学建模则不同，它需要学生在大量的信息中提取有用信息，排除无关信息的干扰；条件没有经过任何处理，需要进行比应用题更高难度的计算；答案往往不是唯一的，体现了数学建模的开放性；答案需要经过大量的调试、修改，才能使所得模型趋于精致乃至完美，这也是数学建模比数学应用题难的原因。而且因为数学建模本身就是取材于生活的，所以符合现实是衡量答案是否良好的基本要求，这是数学建模与数学应用题的最大区别。从教学目的看，数学应用题的教学是为了让学生巩固知识，知道所学知识在生活中有大量的应用，体现了数学与实际生活的联系，但这种联系是被动的；而数学建模则强调学生的主动性，让学生主动地运用所学数学知识解决实际问题，同时培养学生的团队合作、独立思考、语言表达等多方面的能力。所以二者具有本质的区别，不能混为一谈。

二、数学建模的教学设计

《普通高中数学课程标准(2017 年版 2020 年修订)》指出，数学建模的整个过程可以概括为以下四个阶段：发现和提出问题、建立模型、求解模型、检验和完善模型，经过这四个阶段，解决实际问题。数学建模的教学目标，应聚焦于让学生通过数学建模，了解和经历解决实际问题的全过程，体验数学与日常生活及其他学科的联系；学会信息检索，提高计算机使用能力、科学写作能力和形成良好的合作意识；养成开放、创新的意识和批判性思维，综合运用所学知识和方法解决实际问题。

下面将从这四个阶段各自具有的特征入手，以“线性回归模型”的教学为例，分析其教学设计。

发现和提出问题阶段。在这一阶段，教师应提出一些适应学生知识基础、贴近学生现实生活、能够激发学生学习兴趣的问题，并注重引导学生经历从现实问题背景的分析中，提炼、归纳、总结其中蕴含的数量关系、空间形式，并将其用数学语言进行表达，得出相应数学模型。在这个过程中，就包含了与数学建模有直接关联的内容与环节。例如，对于线性回归模型的引入，2004 年的人民教育出版社 A 版教材(下称旧人教版教材)的处理方式是从人体的脂肪百分比随年龄变化的关系入手，与线性回归方程的课题直接相关，随着身体健康越来越被人们重视，这个例子能够引发学生对自己身体状况的关注，并有利于进行情感、态度与价值观层面的教育。但由于人体的脂肪百分比是一个需要专业方法才能测定的医学指标，不够直观，学生特别是女生存在理解上的难度。因此，2019 年人民教育出版社修订的新 A 版教材(下称新人教版教材)将这节内容改为从儿子的身高与父亲的身高之间的关系引入，是更好的例子，这个例子只涉及身高这个概念，与脂肪含量百分比相比更加生活化，且易于学生理解之后对结论进行分析归纳。

在课堂教学中，教师首先以生物学中的遗传为背景提出问题“父亲的身高在多大程度上决定了儿子的身高?”，并引导学生分析数据，发现“儿子的身高和父亲的身高似乎有一定的相关性，但不可能是严格的函数关系”。而后引出问题“影响二者关系的因素有哪些？如何用一种类似函数的关系来刻画二者之间的关系?”，引导学生考虑到随机因素的作用，用类似于函数的

表达式 $y=bx+a+e$ 表示儿子身高与父亲身高的关系。其中 e 为随机误差部分，我们期望它越接近 0 越好。之后就自然引入"线性回归方程"这一全新的概念。整个教学过程逻辑清晰，易于掌握，具有启发性，同时发展了学生逻辑推理和数学建模的核心素养。

建立模型阶段。在这一阶段，教师应首先引导学生回忆与本节课知识相关的前置知识，并引导学生综合运用这些知识，对数学建模问题中的信息进行整合。在教学方式上，教师适时地启发，允许学生之间进行讨论交流，维持良好的课堂气氛，满足学生的心理需要，为学生能够积极参与数学建模活动打下了良好的基础。

在线性回归方程的教学中，学生已经收集到了与建立线性回归方程模型有关的信息，包括儿子的身高(x)和父亲的身高(y)，教师首先引导学生构建二者的关系，将相应的数据点画在直角坐标系中，得到 $x-y$ 散点图，散点图中各点分布在一条直线附近。画好图后，教师引导学生思考"如何定量地给出一条直线，使得该直线能最准确地对这些点进行近似描绘?"，从而过渡到求回归直线方程这个问题上。教师在整个教学过程中始终不提"回归"，避免突然搬出一个学生不了解的名词使其不明所以；也不能直接给出形式复杂的回归直线方程的斜率和截距公式，而是先引导学生从样本均值和样本标准差的意义——"样本均值刻画了样本的分布情况，样本的标准差表明样本的离散程度"出发，在散点图中画出能刻画各点分布的直线，将回归直线方程模型初步精确化，同时缩小寻找回归直线的范围。而后引导学生借助刻度尺等测量工具，对各组学生所求的直线方程精确度进行初步估计，从中确定相对较为精确的回归直线，但此时还尚未产生最终结论，有助于引发学生进一步的思考。在这一教学过程中，贯彻了数形结合的数学思想方法和从定性到定量的教学原则。

求解模型阶段。这一阶段是数学建模教学的核心环节，关系着数学建模课教学的成败和效果。教师在学生在画出所求的直线方程后，引导学生发现问题"为什么要估计误差?"，因为建模的目的在于预测和控制。预测值和实际值不能偏差太大，要在可控的范围内。如果建模的结果不能指导实际问题的解决，那么这个模型就是无效的，不能用的，没有任何意义。

"如何估计回归直线的误差?"，新、旧两版教材都从多种自然但不可行的思路出发，如：①使各点到直线的距离之和最小；②使直线两侧点的个数相同；③再取几组点，求出多条直线方程并取它们斜率和截距的平均值。

而后，教材才给出“取点到直线距离的平方和”这个正确可行的方法。求解回归直线的斜率和截距的推导过程，是“线性回归方程”这节课的核心部分。在这部分内容的编排上，旧人教版教材必修 3 中一笔带过，直接给出“科学家们研究得出，回归直线的斜率和截距分别为……”，直到选修 2-3 中才给出了详细的推导过程。两本书教学的时间跨度过大，不利于学生有效掌握该内容。而新人教版教材将“线性回归”的知识全部放在必修 3 中，按照知识的发展脉络进行编排，一气呵成，为教师教学和学生学习带来了方便，有助于提高教学效果，这是该内容在教材编排上的一大进步。

教学中，教师应引导学生通过对“建立模型阶段”提出的问题进行深入分析，理解“运用最小二乘法求线性回归方程”的基本思想——在实际应用中，因为直接计算各散点到直线的竖直距离(残差)会出现绝对值，使得计算不方便，所以人们通常用各散点到直线的竖直距离的平方之和(残差平方和)来刻画各样本观测数据与回归直线的“整体接近程度”。而后，引导学生通过计算，得出残差平方和与回归直线截距的函数关系式，并求出残差平方和最小时，回归直线截距的表达式。该计算过程较为复杂，符号很多，转化难度大。教师在教学时应引导学生关注哪些是已知量、哪些是未知量、残差平方和由哪些未知参数决定等对问题解决起着关键性作用的问题，最终把以“整体接近程度”为因变量、以“回归直线的斜率”和“回归直线的截距”为自变量的二元函数关系式转化为以“回归直线的截距”为单一自变量的二次函数，从而求解出整体接近程度最高时，直线的斜率和截距。该环节的教学过程，要将重点落在发展学生的逻辑推理、直观想象、数学抽象和数学运算的核心素养，以及符号意识和转化思想的应用。

检验和完善模型阶段。任何数学模型都不可避免地存在误差，因此检验结果并完善模型也是数学建模教学中必不可少的环节，通过对该环节的教学，可以培养学生的解题反思意识，引导学生养成检验、完善结果的好习惯，培养严谨的数学学习思维。

在教学中教师可以引导学生回忆“相关系数”的概念，并让学生认识到“相关系数”和“距离的平方和”一样，也可以衡量回归直线模型的拟合程度，达到检验回归直线模型是否合理的目的，而且无需进行反复测量，提高了检验模型的方便程度。在新人教版教材中，还提出了检验模型的合理性的另一种方法——残差分析法。它通过绘制残差图来观测模型拟合的精确程度，若残差点比较均匀地分布在水平带状区域中，带状区域越窄，说明模型拟合精度越高，回归方程预报精度越高。与计算相关系数相比，其免除了大量容易出错的乘法运算，而且图像相较于文字更加直观，也体现了其优越性。这部分内容在教学中，教师可以通过启发式提问"影响身高的因素只有一个吗？如果不止一个，我们是如何在回归直线模型中刻画其他因素对身高的影响的？"，引导学生复盘、反思建模过程，并自然地引入随机误差和残差的概念。之后，让学生绘制残差图，并在绘制的过程中体会残差法的思想，以及残差的作用——残差是随机误差的估计值，通过对残差的分析可判断回归模型刻画数据的效果，以及判断原始数据中是否存在可疑数据等，这方面的工作称为残差分析。残差分析可以对模型进行改进，使我们能根据改进的模型，做出更符合实际的预测与决策。

由于在日常生活中，大多数问题并非结构良好的线性问题，故在线性回归方程教学完成之后，教师也可以提出一些不能直接运用线性回归解决、但可以转化为线性回归方程的问题，如两个变量是指数相关 $y=Ae^x$ 的情况。教师通过合理的启发"如何转化为我们学过的模型？"，引导学生认识到"把非线性问题线性化"的过程中蕴含的转化思想是解决问题的常用策略，以及数学在生活生产中的广泛应用。

三、小结

数学建模是重要的数学核心素养，新课程改革增大了该内容的教学比重，虽然与其他内容相比，其占比不是很大，但不能说数学建模是不重要的，通过数学建模，不但可以提升学生的思维能力特别是创造性思维能力，而且是提高学生问题解决能力、提高应用意识的重要渠道。所以教师在进行数学建模课的教学设计时，要以学生为主体，贯彻启发性原则，真正让学生感受到数学建模的巨大作用，提高建模意识。

第八节　大单元教学的认识及整体教学设计

当前的数学教育改革中，核心素养的培养与创新能力的发展是重中之重。然而无论是核心素养还是创新能力的培养，都要扎根于数学知识教学，落实在数学课堂中。章建跃老师指出，想要在数学课堂中真实有效地培养创新精神和实践能力，数学教师要树立数学教育的整体观，即在课堂教学中把数学知识、数学思维、数学方法和理性精神作为一个水乳交融、密不可分的整体，使学生在数学知识的学习过程中学会数学思维，掌握数学方法，培养理性精神。这和当下讨论正热的大单元教学的观点不谋而合。

一、大单元教学的认识

大单元教学的设计理念是从整体的知识结构出发，根据单元知识的内在联系突出内容主线，引导学生把握数学知识的本质并感受知识的逻辑关系，有利于促进学生数学思维的发展；核心思想则体现在设计知识的推导路线时，要充分发挥知识线索的教育价值，使学生学会数学方法的迁移和“反复”运用，体会数学思想，增加学生自主学习的体验；大单元教学理应落脚于核心素养的培养，以重组和优化后的教学内容作为知识载体，在数学课堂的思维活动中，让学生体验和感悟数学理性精神。这启示我们，严谨的知识体系本身并不能让人深入理解数学的理性精神，反而是在经过学科教育的人文化，融入思考的火花之后，才能真正让学生体会到其内蕴。大单元教学在重构数学的基础上重构教学，让学生能够循着自然的逻辑线条学得容易，还能实现融会贯通的教育效果。

1. 数学学习过程的“重复”是大单元教学的前提基础

由数学的本身特点可知，数学知识是结构化的知识，任何知识并不是孤立存在的，它们彼此之间不仅有历史发展顺序的先后，还有内在的逻辑顺序。因此无论是从横向或纵向上，新的数学知识总可以找到已学习的相关数学知识与之联系，学生若根据知识间的关系加以重新组织，便会形成良好的认知结构。从课堂教学看，数学知识内部的传承和进化同样启示着学习的方法，即尽可能地以原有知识与方法作为固着点生长出新知识，这既可以提高新知识的学习效率，又复习深化了旧知识。

新课程改革倡导的理念是要把课堂还给学生，提倡以学生为主体的教学观，然而很多教师并不放心将课堂交还给学生，究其原因，其认为学生既然没有熟练掌握学习的“套路”和方法，又怎么能有效地展开自主学习呢？数学学习要从概念与概念之间产生方法，方法还要通用有力，形成模式。好的模式可以反映一类知识研究方法呈现的共性，学习的过程往往是“重复”使用同样的思想方法来达到对一个新对象理解的目的。学生把握了通法，就可以充分发挥自身的主观性，历经知识的再创造过程，从而实现自我教育。以全等三角形一章为例，从大的整体结构来说，三角形全等的判定是对前面的三角形、全等的定义进行深化学习，而后面全等三角形判定的应用又是对前面几个判定的复习与巩固，知识的前后顺序涵育着内在联系，它们环环相扣，体现知识间的逻辑关系。从小的脉络主线来讲，从全等的定义出发研究判定条件时，可从最少的一个条件，增加到两个条件，到最后三个条件，这种思维历程是学生在今后的学习中会不断反复经历的过程。如在判定直线与平面垂直时就采用了类似的思维方式，学生若是在头脑中留下了印象深刻的思考痕迹，在后面的学习中便只需教师的引导，就能实现真正的自主学习；又如在几个判定定理的导出过程中，尺规作图的方法贯穿始终，一脉相承。在已经学习“边边边”判定的情况下，将其作为尺规作图“作一个角等于已知角”的逻辑依据，那么学生在动手操作验证“边角边”时思路是延续下来的，能很快厘清知识逻辑以接受新知识，又巩固复习了前面的判定。在学习“角边角”时又基于前两次作图的经验与逻辑，更加得心应手，这样的安排能够充分激发学生的积极思维活动和自主学习能力，同时每一次的学习都是对前面内容、方法的熟悉与拓展。

数学教学应该充分挖掘新知识学习中所包含的已有认知内容与方法，把旧知与新知的学习有机融合在一起，让学生真正成为主体，教师真正成为主导，使学生的学习经验能在教师的指导下反复熟悉与体会，这样不仅可以展现知识之间内在的逻辑关系，也让学生在掌握知识的同时掌握研究的基本“套路”和方法，这样每一次新的学习都是在对“套路”、方法进行重复，促进了学生思维能力的发展，这是数学课堂所追求的最佳教育效果。

2. 数学活动的整体统筹安排是实施大单元教学

发展学生的数学核心素养，应当着眼于知识结构的教学。这是由于很难说因为学习了某个知识点，学生就发展了相应的数学核心素养，核心素养往往隐藏在知识体系、知识结构之中。例如，数学抽象是一个对象在另一个对象属性基础上的抽象过程，也就是说，只有在知识的联系中才能有数学抽象过程，因此数学抽象离不开知识之间的联系、离不开知识体系。因此，大单元教学是一种融知识、方法、思想体系为一体的有效的教学方式。

知识体系的学习如何实现数学核心素养的培养呢？斯托利亚尔提出实现发展数学思维的手段是进行数学活动的教学，这也是将学术形态的数学知识加工为教育形态，从而将数学思想方法转化为核心素养的手段。大单元教学包括数学内容精简化、知识逻辑组织化、数学方法应用化、数学精神人文化，在这一过程中，学生的各种数学思维能力将获得有效的发展和提升。这"四化"是学生获得数学抽象、逻辑推理和数学建模核心素养的具体过程。不经历这些过程，空谈作为结果的核心素养，无异于缘木求鱼。例如，在大单元教学设计中，尺规作图在三角形全等的判定中被设计为验证判定的活动，贯穿前几个"公理"或"基本事实"的学习，是一条学习的线索，把知识的学习转化为动手操作。这样设计的用意并不是简单取代不同版本教材中的归纳性操作活动，而是尺规作图本身是数学方法的一种应用，蕴含了丰富的教育价值，对于学生直观想象与逻辑推理的核心素养的培养大有裨益。尺规作图要求保留作图痕迹，这可以展现学生思考的思维轨迹，让学生意识到在作图的过程中也要做到步步有依据、步步讲道理，这个过程不仅包含了规则意识、算法意识，还蕴含逻辑推理意识，充分把几何直观与逻辑推理紧密联系起来。这个角度说明了数学操作活动、数学活动作为内化核心素养的载体的合理性，能达到"四化"教育效果的数学教学活动才是好的设计。

统筹安排"数学内容精简化、知识逻辑组织化、数学方法应用化、数学精神人文化"数学活动，并在不同的课时有不同的体现，课时之间相互衔接、支持，共同指向大单元教学的整体目标。在"数学内容精简化、知识逻辑组织化"活动中，反复实施"学习即复习"的具体技能，使学生反复体会，熟能生巧。在"数学方法应用化"中，不但有数学方法内部的应用，前面的方法作为工具应用于后续知识的再创造获得，而且有数学方法在外部世界的应用。"数学精神人文化"是指在数学活动中，经历抽象、推理、建模，有失败的、成功的经验，其精妙之处往往难以言说，需要学生反味沉潜体会，最后化为内心深处的力量。

3. 知识的教育价值是大单元教学的永恒追求

通过大单元教学设计，从整体观审视知识的价值，并把知识的价值具体化为知识路线图，是大单元教学设计区别于以往课时教学设计之处。此时的课时教学设计不再是各自为政的教学设计，而是大单元教学设计链中的课时设计，有着不同以往的担当和功能。

首先，要厘清大单元知识的主旨。大单元知识的主旨是课程内容所承载的教育价值。数学抽象、直观想象、逻辑推理、数学运算、数学建模和数据处理，说白了就是一些具体的能力，大单元教学当然要使学生获得这些能力，但这还不够，还要在获得能力基础之上获得发现事物间关系的数学活动经验，发展对数学本身的理解。如要通过全等三角形这一单元的教学，让学生初步体会到数学公理化体系的魅力，厘清数学操作经验活动与数学证明之间的关系。要通过大单元教学让学生在具体的知识获取、能力培养中，把这些内生的缄默性知识逐渐化为自己的数学眼光、见识和境界。

其次，要厘清大单元知识的逻辑主线。大单元知识的逻辑主线是知识的脉络和走向，代表着思维的清晰度。全等三角形这一单元的内容很庞杂，但是总的来说遵循了一条逻辑主线。主线中的明线是：全等三角形的概念(“三角形”与“全等”的概念介绍)—全等三角形的判定—全等三角形判定的应用。主线中的暗线是：逻辑推理方法和尺规作图方法。角平分线、等腰三角形、线段的垂直平分线都可放在全等三角形判定的后面，视为判定定理的应用，在教学中作为对判定定理的复习与巩固。

再次，精心安排层次序列教学来体现大单元知识的主旨。如，在全等三角形判定一节课文中涉及几个判定依据的先后问题，教师要考虑如何安排它们的顺序最能体现公理化体系思想的渗透，以及在已知几个判定依据的基础上进行严谨的推导证明。要把尺规作图操作与推理证明有机联系起来，相互验证，让学生初步认知推理的严谨性，步步有依据的理性思维，渗透科学有序建构的公理化精神。全等三角形的判定依据中最先考虑的是“边边边”，然后依次增加角的元素：边角边—边边角—角边角—角角边，这是思维的正常逻辑方向。一般高中教材中把余弦定理的编排放在正弦定理之前，也是出于这种考虑。可以把“作一线段等于已知线段”作为学习公理“边边边”的先导，并以此为基础让学生用尺规作图，作一个三角形使其三边分别等于给定的三边，这体现了直观作图中的逻辑依据，同时引出了“边边边”的基本事实用于判定三角形全等。用尺规作“一个角等于已知角”的基础是“作一线段等于已知线段”及“边边边”的判定，导出把公理“边角边”基本事实用于判定三角形全等。将尺规作图和全等三角形的判定进行有机融合，既能使判定依据与判定依据间、判定与作图间的关系形成逻辑架构，也使章节知识间联系更紧密，符合建构单元知识体系的理念。同时，整个学习过程是一个温故而知新的过程，做到了学习即复习。最后，以前面验证过的判定依据作为基础推导出“角角边”，能使学生体会到真正的逻辑推理是有说服力的、有力量的，与尺规作图验证相比显得严谨而优美，使学生增强数学鉴赏力，感悟数学理性美。

二、大单元整体教学设计

大单元教学的设计理念是全方位地透析全局，将结构中的重要知识放在中心位置，用逻辑分析知识间的联系，从而自然形成一线串通的新体系。这种逻辑关联性主要体现为：聚焦同一类研究对象，单元知识的发生发展过程逻辑一致，内容能自成一个逻辑体系，研究中问题的发现、提出、分析和解决问题能形成一个闭环。这要求数学教师不拘泥于教材中固有的知识序列，要依据自己对数学知识本质的把握和教学上的独特见解，将具体数学内容重新组合与排列，组建另一种通向目的的高效路径，以实现学生思维培养的最佳效果。

1. 确定大单元整体教学设计的知识核心

数学认知结构是存在于学生头脑中的数学知识结构与认知结构有机结合而成的心理结构。良好的数学认知结构必须伴随着知识结构的形成而发展。数学知识间总是相互联系的，这些联系交织成错综复杂的关系网络，而一些概念处于局部知识结构的中心，抓住了它们就可以更轻松地构建新的概念体系。在全等三角形这一章中，最核心的知识是全等三角形的判定：从全等三角形的定义出发逐渐探索能够判定两个三角形全等的条件，是一种在今后学习中经常用的思维方法；在推导出五种判定依据的过程中融合了尺规作图与逻辑证明，体现公理体系下的逻辑推理，契合初中平面几何研究的基本方法；角平分线、等腰三角形、线段垂直平分线等内容拓展深化了三角形全等判定的应用，提高了学生学习新知识的思考深度。还要看到，三角形全等判定后来进化成了正弦定理、余弦定理。

认知结构同样依赖于学生的已有知识经验，即“在学生头脑里找概念”。在学生学习新知识之前，先要分析他们掌握了哪些知识，由直观和经验形成直觉，加入最少的新知识让他们进入一个新的领域、建立新概念。如对于学生而言，在学习全等形的概念之后去研究三角形会比研究其他图形容易得多。在学生已经学习过“三角形”与“全等”这两个基本概念的前提下，由它们组合而成的最简单的图形就是全等三角形。充分理解了全等三角形的定义、性质和判定后，后面相似三角形概念的学习及判定就是水到渠成，教师只需充分引导，调动学生自发的再创造。再比如，学习过全等三角形的性质，接下来的研究“套路”便是聚焦于全等三角形的判定，这是一个自然而然的思考逻辑。性质是由数学概念自然产生的属性，而判定则是性质的逆用，基于几何公理体系的逻辑起点，先讲性质再讲判定是一个循序渐进的过程，因此很多教材在几何知识模块习惯于从性质到判定进行研究，立体几何的学习也是这样的。

2. 构建大单元整体教学的设计路线

分析知识的发生发展过程中的逻辑意义，既是教学单元的设计基础，也是教师“理解数学”的重要环节。以全等三角形这一章的内容为例，在不同教材中知识内容的不同组织顺序表明了其背后的逻辑思路不尽相同：

冀教版教材中的安排分成三节内容：§13.1 命题与证明，§13.2 全等三角形的判定，§13.3 三角形的尺规作图。从命题与证明出发，阐明公理化体系下的逻辑推理是本章的关键，为全等三角形判定间的关系打下基础。在五种判定中，以“边边边”判定为依据归纳推理并验证结论，“边角边”和“角边角”判定采用了《几何原本》中的做法，利用旋转变换将两个三角形重合来证明它们是全等的，“角角边”判定是通过“角边角”逻辑推理得到的，最后尺规作图是全等三角形判定的应用。

湘教版教材则将全等三角形当作一节内容放在三角形这章的内容之中：§2.1 三角形，§2.2 命题与证明，§2.3 等腰三角形，§2.4 线段的垂直平分线，§2.5 全等三角形，§2.6 用尺规作三角形。命题与证明一节是等腰三角形的性质与判定的应用，线段的垂直平分线又是等腰三角形的应用。全等三角形的判定中，是按边角边(运动变换)—角边角(运动变换)—角角边(逻辑推理)—边边边(逻辑推理)的顺序展开，尺规作图是对这一章所有内容的应用与复习。

北师大版教材采取和湘教版教材一样的做法，但将具体内容进行了增删：§3.1 认识三角形，§3.2 图形的全等，§3.3 探索三角形全等的条件，§3.4 用尺规作三角形，§3.5 利用三角形全等测距离。其中对于全等三角形的判定，均是通过动手操作画一画的方式得到结论，最后的尺规作图先介绍一些基本的线段、角、三角形的画法，再验证前面全等三角形的判定。

人教版教材和以上教材相比则显得更加突出重点：§12.1 全等三角形，§12.2 三角形全等的判定，§12.3 角平分线的性质。在三角形全等的判定中，按边边边(尺规作图)—边角边(尺规作图)—角边角(尺规作图)—角角边(逻辑推理)的顺序展开。可见，人教版教材把尺规作图融入三角形全等的判定中，充当验证的作用，尺规作图依据的是逻辑，从而比运动变换、用铁丝操作或者画一画的方式对于学生而言更具有说服力。

3. 划分大单元整体教学设计的课时教学

在对大单元整体内容进行分析的基础上，分析大单元内容之间的关系，明确各课时内容划分及重点，可以制成一张课时安排表：①全等三角形，②全等三角形的判定及尺规作图，③角平分线的性质，④等腰三角形，⑤线段的垂直平分线，⑥利用全等三角形测距离，⑦拼一拼。

其中，①属于基础部分，明确全等三角形的定义是后面学习判定依据的基础；学习②可视作复习①，在这个过程中学习尺规作图与推理证明，这是本单元的核心内容。③、④、⑤和⑥属于强化部分，是三角形全等判定的应用与深化，其中学习等腰三角形可视作复习角平分线的性质，学习线段的垂直平分线是复习等腰三角形，学习利用全等三角形测距离可视作对全等三角形判定的一种另类复习；学习⑦则是跳出三角形，看看两个全等的三角形或者特殊三角形能拼成什么样的四边形，既是寻找新的主题，也是为后面学习平行四边形作铺垫，为后面的学习留下思考的契机，如当把两个三角形拼在一起时，四边形其中一条对角线就自然出现了。经过一轮轮反复的渗透式学习，学生就能在课堂上有限时间内掌握全等三角形。

三、小结

数学知识的发生发展是按照一定的逻辑脉络展开的，并具有推陈出新的特点，因此大教学单元的内容形成和发展过程要具有内在的逻辑一致性，能一线串，其教学要不断地循环上升。大单元教学并不是进行跨章节的知识大拼盘，也不是简单的“蜻蜓点水”追求高容量课堂，不以逻辑为线索、思考为引领的知识糅杂的做法无法发挥其内在的教育价值。只有秉持科学合理观念的大单元教学，才能让学生通过数学思考自主建构知识结构，引发深度学习，形成认知结构，使“双减”与发展数学核心素养的育人目标真正落实到课堂上。

第九节　数学随堂课时作业的认识及设计

“双减”政策深入人心，其明确指出要大力提升教育教学质量，确保学生在校内学好学足、全面压减作业总量时长，减轻学生过重作业负担。作业是课堂教学的重要环节，是对课堂教学效果的重要检测、评价方式。“双减”政策还更具体地指出：提高作业设计质量。发挥作业诊断、巩固、学情分析等功能，将作业设计纳入教研体系，系统设计符合年龄特点和学习规律、体现素质教育导向的基础性作业。鼓励布置分层、弹性和个性化作业，坚决克服机械、无效作业，杜绝重复性、惩罚性作业。国家对作业设计的功能、定位、类型做了深刻而精细的阐述，为作业设计指明了原则和方向。教师对于教育中出现的各种问题的解决有着至关重要的作用。学生的大部分时间都在学校里，不在校内学好而依赖校外培训，这本身就是一种严重错位。故要“确保学生在校内学好学足”，加强课堂教学的深度研究，把课堂后的作业纳入教学研究体系，从教学理论、技术层面上使“双减”政策落地，是我们教育工作者的使命担当。

一、课时作业设计的认识

在大单元教学的整体框架下，统筹思考教材章节的编排及相应课堂作业的功能。

1. 分析教材章节的教育价值

明晰知识的教育价值是做好课时作业设计的指南。从内容上讲，中小学教材内容是几百年前甚至上千年前的人类认知成果。现代中小学生之所以还要学习这些内容，是因为其中凝聚了人类的认知精华，历经锤炼，其教育价值依然熠熠生辉。课时作业设计要从不同程度、不同角度逐步地体现知识的旨趣，与知识进行深度对话，感悟知识的动因、来源与去向，深度地进而自然地理解知识的产生过程，增进对知识的情感。

2. 一线串通教材章节的脉络

《普通高中数学课程标准(2017 年版 2020 年修订)》指出：根据数学学科的特点，关注数学逻辑体系、内容主线、知识之间的关联，重视数学应用。逻辑性、条理性是数学的重要特征，数学内容的编排围绕一个中心，按知识间的逻辑关联，参考知识的历史发展，尊重学生的认知心理，拾级而上，组成一个较为严整的认知体系。故首先要对教材进行深入认识，找到贯穿全章的主线。如，《初等数论》的“整除理论”的基本思想是把复杂的整数分解为较简单的素数之积，这种思想充分体现在算术基本定理之中，这是该章的制高点。该教材的起点是先研究两个整数之间的整除关系，根据逻辑二分法，如果两个整数之间不存在整除关系，就要研究带余除法。把带余除法叠加使用，就是辗转相除法。有了辗转相除法，就可以求出两个整除数的最大公约数。最小公倍数与最大公约数是一组对偶概念，在逻辑上是等价的，这是第一个板块的内容。利用整除概念，对一个整数进行分解，引入素数与合数的概念；素数要么是任一整数的因子，要么与任一整数互素，这是对前面知识的复习。有了这些铺垫之后，对一个整数反复进行分解，就得到了算术基本定理，利用算术基本定理求出两整数的最大公约数与最小公倍数。按照这种思路对特殊的整除阶乘进行分解，这就是高斯函数及应用这一节内容。引入高斯函数后，本章的核心公式——带余除法公式又得到新的解释。$a=bq+r$ 即 $a=b\cdot\frac{a}{b}=b\left(\left[\frac{a}{b}\right]+\left\{\frac{a}{b}\right\}\right)=b\left[\frac{a}{b}\right]+b\left\{\frac{a}{b}\right\}$，引入高斯函数后呼应了前文。

其整体框架如图 1.9.1 所示。

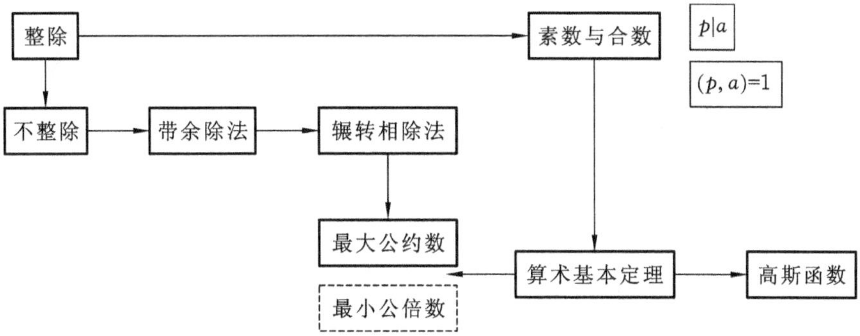

图 1.9.1　整除理论知识图

3. 寻找"一以贯之"的技法

数学教材除了阐述各种概念、原理、规则之外，还会陈述概念、原理、规则的各种应用方法即基本技能和方法，以使概念、原理、规则从陈述性知识变成程序性知识。教材章节中充满了各种技法，如果不用一条红线一以贯之地串起来，那么学生学起来会眼花缭乱、无所适从。作业设计的目的是"减负"，那么就要鼓励学生寻找一以贯之的技法。常言的通性通法具有较为普适的应用性，在具体的数学章节、情境中要有意识地把通性、通法具体化。

从基本原理出发，可生成一以贯之的技法，即具体的技法在深刻认识原理的基础上产生，是原理的外化。如，在"整除理论"这一章中最为核心的内容是算术基本定理，它的要旨是任何整数都有唯一分解方式。在整数分解的观点下，最大公约数、最小公倍数的求解就变成了其指数大小的比较问题。高斯函数的价值也明晰了，原来是为了计算阶乘素因数分解的次数，这样，“抓次数”就成了本章一以贯之的技法。

4. 化问题为习题

数学问题是数学的“心脏”，是推动数学发展的源源动力。数学问题具有科学价值，而习题具有教育价值。习题的作用主要在于“习”，使学生学会习题中蕴含的思考方式。一方面教师要善于化问题为习题，活化原理原则为技能技法，另一方面教师还要有意识地引导学生从习题走向问题，而不是沉溺于题海之中。

化问题为习题有许多具体的技法，也是一些命制试题的具体方法。这些具体方法其实来自数学的核心思想之中。如，通过引入参数，化静为动，可以考查函数、不等式的有关知识；通过代数变换，可以“新瓶装旧酒”，构造不同的数学情境，考查不同的知识。

还原习题为问题可以炼就学生的“火眼金睛”，发展学生抽象、概括能力。当下的现实状况不是学生题做少了，而是题做得太多了，疲于应付。在“双减”政策的指引下，引导学生提炼升华，跳出题海，是应有之义。

二、课时作业设计的实践

基于以上认识，设计“整除理论”一章的课时作业。

【习题 1】 已知 $6\mid(a+b+c)$，求证：$6\mid(a^3+b^3+c^3)$。

设计意图：考查整数的线性表示。

解题技法：设法把整数组合成乘积的形式，把和式变成积式。在本题中就是：

$$(a^3-a)=a(a^2-1)=a(a-1)(a+1)$$

还原问题：先从减项开始，已知 $6\mid(a+b)$，求证：$6\mid(a^3+b^3)$。这太平凡了，直接分解因式即可。然后增项，已知 $6\mid(a+b+c+d)$，求证：$6\mid(a^3+b^3+c^3+d^3)$，这时命题不再成立，即数字 6 的选取与项数有关。再从次数入手，已知 $6\mid(a+b+c)$，求证：$6\mid(a^2+b^2+c^2)$，这个不成立。但若改成，已知 $2\mid(a+b+c)$，求证：$2\mid(a^2+b^2+c^2)$，可见数字 6 与项数有关，也与次数有关。这样形成一个问题，已知 $(m,n)=1$，$m<n$，$mn\mid(a_1+a_2+\cdots+a_m)$，则 $mn\mid(a_1^n+a_2^n+\cdots+a_m^n)$，即本题考查项数、次数与因子之间的整除关系。

命制技法：采用叠加法而生成试题。因为 $(a^3-a)=a(a^2-1)=a(a-1)\cdot(a+1)$，而两个连续整数中必有一个是 2 的倍数，三个连续整数中必有一个是 3 的倍数，故 $6\mid(a^3-a)$，同理，$6\mid(b^3-b)$，$c\mid(c^3-c)$，而 $a^3+b^3+c^3=[(a^3-a)+(b^3-b)+(c^3-c)]+(a+b+c)$，故结论得证。

【习题 2】 设 r 是正奇数，证明：对任意的正整数 n，都有 $(n+2)\nmid(1^r+2^r+\cdots+n^r)$。

设计意图：从反面考查整除性及整数的表示。

解题技法：还是设法把和式变成积式，用配对技法。对任意正奇数 r，都有

$$\begin{aligned}a^r+b^r&=(a+b)(a^{r-1}-a^{r-2}b+a^{r-3}b^2-\cdots+b^{r-1})\\&=(a+b)q,\ q\text{ 是整数。}\end{aligned}$$

$$\begin{aligned}2\sum_{k=1}^{n}k^r&=2+(2^r+n^r)+[3^r+(n-1)^r]+\cdots+(n^r+2^r)\\&=2+(n+2)Q,\ Q\text{ 是整数。}\end{aligned}$$

因为 2 不是 $n+2$ 的倍数，故 $(n+2)\nmid(1^r+2^r+\cdots+n^r)$。

还原问题：已知

$$\sum_{k=1}^{n}k=\frac{n(n+1)}{2},\ \sum_{k=1}^{n}k^2=\frac{n(n+1)(2n+1)}{6},$$

$$\sum_{k=1}^{n}k^3=\left[\frac{n(n+1)}{2}\right]^2,$$

$$\sum_{k=1}^{n}k^4=\frac{n(n+1)(2n+1)(3n^2+3n-1)}{30},$$

$$\sum_{k=1}^{n}k^5=\frac{n^2(n+1)^2(2n^2+2n-1)}{12},$$

前 n 个自然数的幂次和是能够算出来的。如果把 $n+2$ 理解成比项数多 2 的话，那么，项数与次数可能存在的整除关系将彻底不复存在。经观察还可生成：设 r 是正奇数，证明：对任意的正整数 n，都有 $\frac{n(n+1)}{2}\Big|(1^r+2^r+\cdots+n^r)$。

命制技法：由于求解自然幂次数并非易事，为了便于运算，故取幂次和为奇数，于是生成了这道试题。为了表现奇次幂与偶次幂之间的差别，可以类似地分析：设 $3\mid(a^2+b^2)$，证明：$3\mid a$ 且 $3\mid b$。

【习题 3】 用算术基本定理证明：$[a,b](a,b)=|ab|$。

设计意图：突出算术基本定理的作用，沟通最大公约数与最小公倍数之间的关系，让学生感受到两者的对偶性及在逻辑上的等价性，从而实现

“双减”。

解题技法：利用同样的方法可以证明系列有关最小公倍数、最大公约数的有关习题。如，证明：$(a^n,b^n)=(a,b)^n$，$[a^n,b^n]=[a,b]^n$。

$(a,uv)\mid(a,u)(a,v)$；$(a,b,c)(ab,bc,ca)=(a,b)(b,c)(c,a)$；设 a，b，c 为正整数，证明：$\frac{[a,b,c]^2}{[a,b][b,c][c,a]}=\frac{(a,b,c)^2}{(a,b)(b,c)(c,a)}$。

【习题 4】 若 a，b 是互素的正整数，求证：$\left[\frac{a}{b}\right]+\left[\frac{2a}{b}\right]+\cdots+\left[\frac{b-1}{b}a\right]=\frac{(a-1)(b-1)}{2}$。

设计意图：考查高斯函数的作用。在数论中引入高斯函数主要是为了对阶乘的幂次进行计数。本题在几何背景下对格点进行计数。

解题技法：以 $O(0,0)$，$A(b,0)$，$B(b,a)$，$C(0,a)$ 为顶点，作矩形 $OABC$，计算矩形边界上及内部的格点共计 $(a-1)(b-1)$；然后计算对角线 OB：$y=\frac{a}{b}x$ 在矩形内部上、下的格点数，即得结论。

还原问题：直线分区域内的格子点数如何计算？设正整数 $(p,q)=1$，则 $\sum_{i=1}^{\frac{p-1}{2}}\left[\frac{q}{p}i\right]+\sum_{i=1}^{\frac{q-1}{2}}\left[\frac{p}{q}i\right]=\frac{p-1}{2}\cdot\frac{q-1}{2}$。这正是高斯二次互反律中的核心技巧。

命制技法：在特定的区域内计数，算两次。如，设 n 正整数，x 是任一实数，证明：$[x]+\left[x+\frac{1}{n}\right]+\left[x+\frac{2}{n}\right]+\cdots+\left[x+\frac{n-1}{n}\right]=[nx]$。这是一般数论教材中都会提到的厄米特恒等式，其实就是对区域内的点数算两次。

三、效果检验

采用以上做法，能保证学生当堂学会。学生不仅要同时修一些课程，还要参加一些课外活动，如果不采取减负增效的方法，他们很难学会初等数论，也会影响其他课程的学习。按照上面阐述的方法进行教学，学生能当堂掌握知识，也感受到知识间的内在关联，体会到数论知识体系的优美性。本课的设计对“双减”政策的技术性实现做了有益尝试。

第二章　复习课的认识及教学设计

第一节　论基于样例学习理论的习题课教学设计

样例又称例子或范例，是一种能够说明或表征较为抽象的概念、原理的相对具体的实体，能够展示同一类事物性质的样本或值得模仿的样板。样例学习又称例中学，是学习者在对样例的研习中习得样例蕴含的知识、技能的过程。有研究认为，数学样例学习是学生在数学学习过程中获取认知技能的重要手段，数学样例提供了专家解答问题的方法，可供学习者模仿和学习；数学样例中蕴含的数学思想方法使学生数学学习的过程变得容易；数学样例为数学学习提供了原理线索，有效地促进学生数学学习迁移的发生；基于数学样例的数学学习，有效地减轻了学生的认知负荷，提高数学学习的效率。对样例学习效应的研究表明，和学生单纯的问题解决学习(即做中学)相比，从样例中进行的学习不仅可以花费较少的时间而习得相关的知识技能，而且有较好的迁移效果。习题课是一种重要的课型，非常值得研究。以下基于样例学习理论，研究习题中的样例配置，探讨习题课的教学设计之道。

一、习题课的教学设计环节

习题课有四大目的——加深理解和掌握双基；培养和发展能力；查漏补缺；培养学习习惯，学会思考。为了达到以上目的，要注意精心选择好的习题作为样例。好题应具有以下品质：与重要的数学概念和性质相关，体现基础知识的联系性，解题方法自然、多样，具有自我生长的能力等；从培养思维能力的角度，则应有：问题是自然的，对学生的智力有适度的挑战性，题意明确、不纠缠于细枝末节，表述形式简洁、流畅、好懂等。

然而每位教师对何为好题的理解是不一样的，这就需要教师对习题有一定的鉴别和欣赏能力，能围绕习题课的主旨，充分考虑样例的选择、组织、提炼、评价，这是习题课教学设计中要考虑的四个主要环节。

从问题出发，精心选择样例。问题是数学的“心脏”，应以问题驱动，激发学生思考，寻找问题的解决之道，引出样例。对那些有数学天赋的学生，可从培养创新人才出发，紧紧围绕“数量关系”“空间形式”“数形结合”和“公理化思想”这四条主线，让他们有机会体会和认识一些数学本源性问题。而在日常教学中，应以新知识为载体让学生解决一些知识发展中的基本问题，这样的问题才是精心选择的样例。通过解剖“麻雀”的方式说明样例的特征，引导学生理解和掌握样例，让学生通过样例的学习逐渐学会如何发现和提出问题、如何获得数学对象、如何构建研究线索以及掌握解决问题的基本方法，即要让学生通过解题逐步学会认识和解决问题的基本方法。

可把样例编织成一个体系，在体系中进行有层次的训练。有了基本问题之后，通过变式，形成题组，让学生在举一反三中获得基本的数学活动经验。通过变式，前后问题之间的关联性更加突出，个案的本质特征凸显出来，规律得到了明晰。这有助于学生脱离孤立学习个案的弊端，形成进退有序的思维方式，进而把从个案中获得的经验迁移到群组的学习中，尝试寻找一般规律。学习需要一定的重复，但这种重复更需要一定的变化。把样例编织成体系，正是为了使学生在学习中不至于太过枯燥，使其认知结构在有变化的重复之中形成牢固的结点。

引导学生提炼概括，总结一般规律。要在前两个阶段的基础上找出样例背后的规律性，使学生的认识能更深入，化实为虚，超越具体而走向一般。在习题课的教学中要渗透数学的思想和方法，彻底解决学生“懂而不会”的问题，让学生明白“题之解从何处来”，实现教育数学的三大主张——从头脑中找概念，概念要形成方法，方法要形成模式，不追求没有思想的技巧，在吃透基本概念的基础之上寻找自然而然的解法。

引导学生进行价值思索。数学之用究竟何在？虽然华罗庚先生曾说，宇宙之大，粒子之微，火箭之速，化工之巧，地球之变，生物之谜，日用之繁，无处不用数学。但事实上，大多数人对数学之用还不甚了解，数学之用不仅仅在于她是自然科学、社会科学的“皇后”，更在于能把人的心灵引领向上，脱离各种俗念。故要引导学生从关注具体的数学内容转向关注自身的精神世界，使他们在获得知识的同时，能关注知识背后的经验、价值观资源，并转化为自己的认知和经验，指导自己的行为。要树立“大学科”及课程思政的观念，让学生在数学学习过程中的思维过程、方法策略内化为以后走向社会能解决具体问题的素质、态度及思想。

如此，习题课的教学设计就从单纯的知识教育走向了集知识、能力、经验、价值观资源、个性品质塑造于一体的素质教育了。

二、教学设计环节中的样例配置

数学教学研究不能理念化，要能开得出解决具体问题的“处方”。上面从理论上阐述了习题课教学设计的四个环节，要把上述理念转化为具体可操作的教学行为，还需要善于配置习题、选好样例，使理念走向工程化的教学实践之中。从训练思维的角度而言，在习题课中要围绕一个中心，遵循由浅入深、由简到繁、由表及里的原则，从正向思维、逆向思维、发散思维的角度配置习题，使这些习题构成一个系列，形成样例，既能体现学生思维的多向性，也能训练学生架设由已知、经可知、达未知的桥梁，创造新的思路和解法的能力，提高问题解决的科学性和艺术性，增强问题解决的意识和本领。

1. 配置正向思维的样例

根据安德森的理性思维的自适应控制(adaptive control of thought-rational，ACT-R)理论，在样例学习的最初阶段，应该为学生呈现一些典型的样例，当他们掌握了相应的陈述性知识之后，再让学生进行大量的练习，从而帮助他们将陈述性知识转化为程序性知识，形成问题解决的技能。正向思维的样例，大都是概念、定理、公式和法则的直接应用，不算太难，有助于陈述性知识向程序性知识的转化，有助于问题解决技能的形成。

配置正向思维的样例，其操作要点在于“揉”，体现思维的循序渐进性。在配置正向思维的样例时，要注意新旧知识的交叉渗透，就像滚雪球一样，重在一个“揉”字，使学生在不同的情境中、不同的变式中，看到其“形”虽不同，然其“实”一样，明白问题解决的基本之法和一般“套路”。如在一元二次不等式的解法中，可以配置如下样例：①$x^2+5x+5<2x+1$；②$x^2+5x+5<|2x+1|$；③$|x^2+5x+5|>2x+1$。①是单纯地解一元二次不等式，②、③是一元二次不等式和绝对值不等式的交叉渗透，其解法是由绝对值定义去掉绝对值符号这个“紧箍咒”，要求教师能在不同的情境中引导学生

不断地复习、巩固已学的知识，掌握其精神实质。单个的、孤立的习题并不能成为样例，有机联系、拾级而上的习题组才构成一个样例。

配置正向思维的样例，其操作要点还在于“拓”，体现思维的广阔性。根据样例学习的相似性理论，样例学习是通过对多个相似的样例进行总结并归纳出原理而实现的。因此，在样例学习过程中，至少要呈现三个或多个样例。学科的基本思考方法，问题解决的一般思考方法，要通过不同主题、不同情形的样例反复向学生渗透，提高迁移能力和认识能力。如单调性、奇偶性是函数的重要性质，其正向思维的题型大致有：①证明函数的单调性(或奇偶性)；②判断函数的单调性(或奇偶性)；③讨论函数的单调性(或奇偶性)。不管具体的习题以什么函数为背景或由什么函数复合而成，大都是依据定义作答，这就是通法。教师在讲解具体的样例后，要总结规律，不能就题论题，要使学生思维有发展的余地。还可以举一些有关单调性与奇偶性综合应用的例子，把单调性与奇偶性有机地“揉”在一起，如用单调性研究奇偶性。问题解决的基本思路还是要回到定义上去。不妨把眼光放开阔一些，不再局限于一类题型、一个样例，而是习得上述样例中的实质，通过类似样例的学习来归纳经验。如在讲解二次函数在闭区间上的最值时，正向思维的题型有三类：①定直线(对称轴)动区间型；②动直线定区间型；③动直线动区间型。解决这三类问题的关键是考查对称轴与闭区间的相对位置关系——对称轴是穿过闭区间，还是在闭区间的左侧或右侧。讲清楚了第①类问题后，可请学生自行解决第②、③类问题。最后要注意规律的总结。二次函数在闭区间上一定有最值，而且最值在三点(区间的左端点、右端点、抛物线的顶点处)中的某两点处取得。还可以进行探究性学习，讨论当区间不闭时上述结论是否成立。一石激起千层浪，势必激起同学们强烈的探索激情。样例学习本身是一种认知过程，需要运用头脑中已有的知识来理解、同化、归纳、概括样例内部所蕴含的图式或规则，样例的变异性影响着学生学习迁移及迁移程度。上述样例中蕴含的问题解决方法，对考查一般函数在闭区间上的最值问题，有强烈的借鉴作用。对称轴其实是过极值点的、与水平轴垂直的直线，考查对称轴与闭区间的相对位置关系，其实就是考查极值点与闭区间的相对位置关系。处理二次函数的有关技法可以迁移到一般的函数极值问题上，体现了样例对学生迁移心理的正向促进作用。数学教学通过事先设计的样例，将问题的初始状态、中间状态、目标状态，以及从一个状态转换成另一种状态均呈现给问题解决者，问题解决者从样例中归纳出隐含的抽象知识，从而获取认知技能。归结不同主题、不同情形样例中的实质，才能“厚书读薄”。

总之，配置正面思维的样例，不能就题论题，堆砌习题，要围绕一个中心配置习题，要注重通法和基本套路，注重规律的总结；要注意样例内特征及样例间特征，在不同的情境中反复渗透，使学生的迁移能力和认识能力得到提升。

2. 配置逆向思维的样例

样例学习的解释性理论认为，样例学习是通过对一个或几个样例进行解释而实现的。笛卡尔说：我所解决的每一个问题，都将成为一个范例，用以解决其他问题。如何对存储在记忆中的样例进行深刻的解读、解释，获得深刻的见解，对学生迁移能力的形成具有重要意义。

配置逆向思维的样例，其操作要点在于“化逆为正”，体现思维的灵活转换性。任何事物都有两面性，由正面和反面相辅相成。配置了正向思维的题型，还要从逆向思维的角度加深对通法、规律的理解。通常，逆向思维的难度大于正向思维的难度，学生只有既能正向思维，又能逆向思维，才能达到一定的熟练程度。如，解一元二次不等式，即已知参数(系数)的值求解集，属正向思维的题型；反过来，已知解集，如何确定参数(系数)的值。更进一步，已知相应方程根的取值范围，如何确定参数(系数)的取值范围(即一元二次方程的实根分布问题)。又如，已知参数的值，确定函数的单调性，属正向思维的题型；反过来，已知函数的单调性，试确定函数中有关参数的值。再如，已知函数在闭区间上的最值，求有关参数的值，等等。这些都属于逆向思维的题型。由于正向思维与逆向思维总是相对而言的，我们总是设法把逆向思维的题型转化、化归到有关定义、通法上去。解题不过是矛盾的相互转化，把逆向思维的题型看作、组织成正向思维的题型，迁移有关的解题方法即可，这就不是在同一层次上重复了，而是一种螺旋上升。正逆原本是相对而言的，把“逆”解读成“正”，需要跳出思维固着性的圈子，需要有大的图式观。基于此，学生把逆向思维的样例看作、组织成正向思维的样例，在正向思维活动中获得的数学活动经验得以迁移到逆向思维活动中，做到不仅会正向思考问题，也会从反方向思考问题，思维能力得到提升，思维品质得到优化；教师的备课水平、组织教学的能力也得到了提升。

配置逆向思维的样例是数学内在矛盾运动的表现，是一种另类的数学思想方法的普及，有助于发展学生思维的灵活性。数学中充满了思维互逆的矛盾。如积分和微分是一对矛盾，指数函数与对数函数也是一对矛盾，虚与实的矛盾，曲与直的矛盾。在习题课的样例配置中，要以精当的习题表现这种矛盾，这也是另类的数学思想方法的普及。例如，在公式的复习课中，我们启发学生从微分的角度推导三角公式，从逆向思维的角度也可以启发学生从积分的角度推导三角公式。我们可以让学生把指数当作基本出发点，推导对数的基本性质，从逆向思维的角度而言，也可以让学生把对数当作基本出发点，推导指数的基本性质。在习题课的教学中，我们可以尝试改革，在配置了正向思维的样例之后，试着让学生自己编制一些逆向思维的习题，精选其中的一些习题当作样例。这样，若学生既会解题，又会编题，他们的思维就具有相当的灵活性了。

3. 配置发散思维的样例

学会发散思维，是样例配置的应有之义。哲学家歌德曾风趣地说，经验丰富的人读书用两只眼睛，一只眼睛看到纸面上的话，另一只眼睛看到纸的背面。数学概念、公式不拓展、不提升，认识就只能囿于纸面上，局限于一个特定的情境，不能力透纸背。要达到“闻一知十”，就要学会有效的迁移类比，学会数学的一些基本套路。类比迁移是一个结构映射的过程，只是映射的是内在关系而不是具体的属性。结构是数学的重要特征，通过发散性样例的学习，能把表面上看似来源不同实则同源同构问题的实质吃透，提高在丰富的知识领域的问题解决能力。

配置发散思维的样例，操作要点之一是从结构入手，体现思维的概括性。从数学教学的角度而言，以变量代换法为基础的变式是拓展、提升数学公式、法则的应用范围，化简习题难度的常用手法之一，是数学结构化思想的教学表达。教学内容上数学思想和方法的反映，决定了教学的高度和水平。如，对形如$|x|<a$和$|x|>a(a>0)$型的不等式而言，可分别拓展为$|f(x)|<g(x)$和$|f(x)|>g(x)$，经过这样的拓展后，一元二次不等式和含绝对值不等式有机地糅合起来了。如果进一步拓展为$|f(x)|<|g(x)|$和$|f(x)|>|g(x)|$，则可用上述方法转化为一系列的普通不等式(组)。螺旋上升是教材编写的基本原则之一，同样地，数学教学也要有层次推进，要用一以贯之的思想线索把表面上形式不同的材料串起来。如，一元二次方程、一元二次不等式、一元二次函数是中学数学中的三个“二次”问题，剖析典型样例，看清问题的实质，对学生能力的培养非常有必

要。一元二次不等式自身经过变量代换可拓展为具体的不等式，如 $x^4-3x^2-10<0$、$x+\sqrt{x}<6$、$x^2-|x|-3>0$ 等习题。二次函数 $f(x)=ax^2+bx+c$ 在闭区间上的最值问题，经变量代换可拓展为 $f(\sin\alpha)$、$f(a^x)$、$f(\log_a^x)$等复合函数在闭区间上的最值问题。配置这样的发散性样例，学生的抽象、概括能力得到了提升，对问题的认识也不再浮于表面，而抓住了问题的本质。解决此类问题的通法是用换元法等手段让问题回归到最基本、最简单的模型。正如华罗庚先生说的：要善于退，退到已经解决了的问题为止。代数系统的基本通性就是其所具有的运算，是普遍可用的“法宝”。保留运算律，以通性求通解是一种高明的代数思维。教学不是灌输而是启迪，通过配置典型样例，可以让学生迅速领悟这些基本精神。如，解不等式$\log_6(x+3)-\log_6\dfrac{1}{x}<36$ 是一个常规习题，保留对数的运算律不变，可拓展成：$f(x)$是定义在 R_+上的增函数，且 $f\left(\dfrac{x}{y}\right)=f(x)-f(y)$，①求 $f(1)$的值；②若 $f(6)=1$，解不等式 $f(x+3)-f\left(\dfrac{1}{x}\right)<2$。用这种方法还可以编制一系列有关抽象函数的习题。习题课的教学不能就题论题，一题一法。说到底，数学习题由数学家的研究成果改造而来，隐隐约约反映了数学发明发现的一般规律；在习题课的教学中应努力把数学发明发现的规律明朗化、一般化，使学生明白数学研究的基本“套路”。其实，用类比法进行拓展、发散也是一种常见的科学发现的手法。在实际应用中，飞机的流线型造型就是类比鸟的体形而设计制作的。在数学中，离散的量可以与连续的量类比，一元可以和多元类比，低维可以和高维类比，等等。典型的、基本的、有目的重复的样例应能启发学生将相关知识有机地组织在一起，形成连续的、结构化的知识体系，从而为知识的应用打下扎实的基础。

配置发散思维的样例，其目标指向是形成数学的眼光，其操作要点之一是寻找精益求精的解法，培养思维的变通性。如，学习数列的最终目标不在于是否会求解数列的通项公式及其前 n 项之和，而是在于能否把握数列的精髓，能否用数列的眼光看待问题。数列的要义之一是要充分把握前一项与后一项之间的内在关联，通过前后项之间的关联有序地解决问题。在教学中，通过对解法的细致钻研，能把正向思维、逆向思维的样例升华成发散思维的样例。也就是说，配置发散思维的样例并不困难，其操作要点之一是在解法上下点功夫。看一个具体的例子就明白了。求证 $\sum_{k=1}^{n}\cos(2k-1)\alpha=\frac{\sin 2n\alpha}{2\sin\alpha}(n\in N^{*})$ 是一个非常平凡的样例，若在解法上钻研一下，立刻“土鸡变凤凰”，不同凡响了。通常是用数学归纳法来证，在数学归纳法看来此题是一道中规中矩的样例，能用来训练正向思维；但从数列角度看，此题却是训练发散思维的好样例，思路自然，还把数学归纳法中的关键步骤体现出来了，只要令 $a_n=\sum_{k=1}^{n}\cos(2k-1)\alpha-\frac{\sin 2n\alpha}{2\sin\alpha}$，然后证明此数列是一个常数列即可，要证此数列是常数列，只要证 $a_{n+1}-a_n=0$ 即可。学习函数，就要学会用函数的眼光看问题；学习概率，就要学会用概率的眼光看问题，等等。要达到这样的教学目标，在平常的解题教学中，要会从基本概念出发看问题，把概念技能化、操作化。随着时代的发展，信息技术对学科教育产生了深刻的影响，对问题的解决方法也产生了重要的影响，从信息技术的角度配置发散样例将是一个新的研究方向。

为思维而教是数学教学的重要使命之一。数学习题成千上万，从思维的角度可把样例大致分成上述三种题型。在习题课教学中，三种样例(题型)的有机调配，有利于学生从整体上把握解题规律，迅速找到解题的切入口，提高解题能力。经过长期有意识的训练，教师自身的教学能力也会不断提升。

三、样例的教学意义

教学理论应能解释课堂教学中发生的现象，对教学实践有指导力。如，数学建模课的中心主题应该是“建模”，而不是“解模”，一节课应围绕一个中心展开，而不是多中心的。模型的复杂度应逐渐攀升。对建模而言，模型是用来描述世界、解释世界的，其例题的选取、组织可以遵循用一个变量描述的现象 → 用两个变量描述的现象 → 用多个变量描述的现象的思路展开。如果我们对此脉络有清晰的认识，那么对典型样例的配置就能结合学生的实际、教学标准的要求而仔细考虑。课堂教学中的许多现象和问题，并不是理念更新后就能解决的，特别是在知识内容丰富的领域，更应注意对内容的深层次解读。在习题课样例配置中获得的经验，完全可以迁移到数学建模课的教学中来。

深入研究样例有助于教师把握数学学科的基本结构，为学生提供有生长力的知识。我国的“双基”教学理论，以及新近的“四基”教学理论都强调教给学生基本概念、基本规律和学科的基本结构。这就要求教师能从题海中遴选蕴含着本质因素、根本因素、基础因素的样例，使学生通过样例掌握数学知识和数学学科方法。教师成长在出真知实践的课堂，绝不仅仅是听一两次洗脑式的报告而成就。题海式的大批量、低效训练等客观现实倒逼着有进取心的教师深入研究数学学科的基本结构，然后采取适当的方式把这些奠基性的要素传递给学生。样例学习中始终包含着一种内在的逻辑、一种内部的概念结构；学生习得的是一种能动、有生发性的知识，这在发散型样例的配置中能看得很清楚。

深入研究样例有助于教师切实考查学情，培养学生的独立学习能力。样例设计的基础性原则要求样例承载的内容是最基础的东西，适应学生的智力发展水平，接近他们已有的数学活动经验和生活经验。这就要求教师在设计样例时，不能太难也不能太简单，要对学生的数学发展水平、数学现实基础能准确地评估。“上陡坎”“深挖洞”是不足取的，要优先考查样例对学生发展的价值和意义，而不是比拼题目的繁难度。有了这样的思考次序后，习题课的教育价值及表达方式将有新的变化，就能引导学生在最近发展区内对样例的本质进行寻找和提问，并能独立解决问题，这在正向思维的样例配置中能看得很清楚。

深入研究样例有助于教师深刻领悟“例中学”的真谛，引导学生选择合适的学习方式。“书中学”“做中学”“例中学”是三种不同的学习方式，“例中学”最为人们熟知。“例中学”的要义在于让学生获得本质的、结构的、原则性的、典型的、规律性的认识和关系，而不是获得这些知识。“例中学”要求教师将重点内容进行加深和强化，突出数学的核心思想和方法，而不在细枝末节上“兜圈子”，使之能在学生头脑中生根。每一个样例都有一定的代表性，都是反映整体的一个窗口，这个窗口的“视界”究竟能有多大，就要求学习者能主动地把自己置于不断受教育与培养的状态之中，努力寻求从个案样例到题组样例背后的真知灼见，这在上述样例配置的案例中，能看得很清楚。

第二节　数学单元小结课的认识及课堂教学设计

概念课、命题课、习题课、单元小结课是数学课堂教学的重要课型，这些课型有序组织，有机配合，相互作用，从不同方面达成了单元教学目标。“头难起，尾难收”，单元小结课不是新授课的简单重复，也不是习题课的简单“翻录”，单元小结课有着自身的内在价值和功能。深化对单元小结课的认识，加强对单元小结课课堂教学设计的研究，是上述研究的自然延伸；这些研究共同构成了数学课型的认识及教学设计的理论与实践体系，是数学教学研究关注的核心问题之一。

一、单元小结课的认识

单元小结课所面临的教学条件与新授课完全不同，其目标和价值取向与新授课也不一样。故首先要对单元小结课的功能有一个清晰而明确的认识，才能有针对性地采取措施使其更有实效和价值，真正做到温故而知新。

可以从教学研究的角度认识小结课的功能。裴光亚先生认为，小结课至少要做到三点：把各个局部知识组织成整体，使学生获得的知识系统化；从知识整体中确定出核心内容，建立起核心内容与其他知识的联系，将知识和方法进一步深化；掌握知识的用途和适用范围，将知识转化成能力。上述表述从知识梳理、方法深化和知识技能化等方面指出了小结课的功能。向立政等认为，小结课的基本任务就是通过全面系统地回顾、归纳概括本章(单元) 主要知识，提炼主要数学思想方法，进而厘清知识脉络，建立完整的知识网络，并能运用所学知识分析和解决问题，是学生澄清疑点、突破难点、升华认知、提升能力的重要教学环节。周远方等认为，单元小结课不只是将所学的数学知识机械地重复和简单地罗列，而是将知识、思想和方法融入问题情境之中，在问题探究的过程中加以归纳总结，使其动态化、系统化、网络化和结构化，形成一个完整的知识结构库和一幅动态的思维导向图。这两种表述也是围绕知识梳理、知识运用等方面展开的。基本知识、基本技能，以及新增的基本思想方法和基本活动经验，无不以知识习得为基本前提。上述教学研究的结论直接指向知识的结构化、技能化，因此从各种角度深入认识知识及其学习，从而认识单元小结课，既切合课堂教学的实际，也能使认识更接近小结课的本真面目。

教育心理学认为，知识是主体与其环境相互作用而获得的信息及其组织，知识的本质是信息在人脑中的表征。根据学习结果和学习过程这两个维度，知识的学习分为三个阶段：新知识的习得阶段；知识的巩固和转化阶段；知识的迁移和应用阶段。在新知识的习得阶段，通过新旧知识的相互作用，使新知识进入个体的认知结构，但由于学习的遗忘规律等多种因素的作用，习得的知识还需要通过认知结构的重建与改组，才能在心理上形成比较稳固的联系；还要通过变式训练，使知识从静止的存储状态转化为产生式系统，获得各种智慧技能。如果能从习得的知识中获得改造世界的方略，能够在对习得知识进行反思的过程中，获得对自身认知方式、行为方式的认识，获得各种认知策略，能调控自身，这就实现了知识的迁移和应用。新知识的习得主要在新授课中完成，虽然新授课也能部分地完成知识的巩固和转化，但要完成知识的巩固、转化、迁移和应用还要充分发挥复习课的功能。故不仅有纵向的复习课，还有横向的复习课。纵向的复习课是单元小结复习课，横向的复习课就是通常所说的专题小结复习课。因此，从教育心理学的角度看，单元小结课不仅应在新授课的基础上完善学生的认知结构，用一条主线把单元知识彩线串珠地贯穿起来，还应在其基础上继续实现知识的技能化，使学生的认知上升到一个新的台阶，获得各种智慧技能，能顺利地解决问题，获得各种认知策略，发展反思、元认知等能力。

教育学角度的知识有三个维度：符号表征、逻辑形式和意义。任何知识都是以特定的符号作为表征的，但不能把符号表征看作知识的全部，还要追问符号表征背后的故事。逻辑形式是指获取知识的方式和过程。知识的意义是其内具的具有促进人的思想、精神和能力发展的力量。基于知识的这种内在结构和功能，符号表征的传递、逻辑形式的生成、知识意义的生成应该是知识教学价值的三个重要维度。如果采取丰富性教学、回归性教学、关联性教学和严密性教学，在新授课能完成作为认知结果的符号知识的传递，能使学生获得获取知识的各种方式和方法，甚至能使学生部分地生成知识的意义。学生的认知有一个螺旋上升的过程，把知识置于整体脉络之中认识，与剥离出来认识有着完全不同的意味。故单元小结课要采取以上教学方法使知识教育走向深刻。按丰富性教学的要求，单元小结课不仅要把点状知识结成一个整体的网络，还要在结网的过程中阐明知识得以产生的过程和方法，以及知识之于人的意义。作为结果的知识是可以量化的，存在于知识的整体网络之中，然而知识得以产生的方法和过程，以及由此蕴含的意义则是难以言说的，不同的人有不同的感悟。这就要求学生在教师的帮助下，把知识的背景依存、经验依存、逻辑依存以及通过形式化、理性化而揭示的知识间的内在关联融为一个整体，通过多层次的反思，获得知识之于个体的意义。可见，单元小结课还要提供丰富的情境—问题，触动学生经验的调动、方法的领悟、批判反思等精神的形成，从而使个体获得知识背后承载的东西。

从知识论的角度看，知识有内容、形式和旨趣三个维度。数学知识是问题解决之后的结晶，可以是数学内部的问题，也可以是生产、生活实践中产生的问题，以及来自其他学科的问题。数学家也许是创造性地利用成法解决了问题，但更多地是创造了新方法解决了问题。问题解决之法常和数学家的世界观、方法论有关，数学家的灵气和思想深藏其中，可以作为思想资源，激发各种不同水平的理解与创造。教学中用的数学的展开过程与科学的数学展开过程是不一样的：教学用的数学展开的过程试图要求学生通过形式到内容到旨趣而掌握数学，而科学的数学却是由旨趣到内容到形式的。从形式上讲，要学习数学知识的思维探索方式、检验方式与表达方式，要学习各种从经验中去粗取精的数学化、模型化方法，数学区别于实验科学的逻辑演绎的推理方法，数学的符号化、公理化的表述方式。从内容上讲，数学知识的学习不仅要掌握数学的研究对象与问题，以及作为认知结果的数学概念与原理，更要通过反思，认识数学的学科性质与特点。从旨趣上看，要了解数学知识创造过程中的目标追求与价值取向，因为数学是目标明确的，每个数学概念和方法都有其目的，而且，旨趣制约着知识创造的方向、内容及形式，是知识创造者在知识中赋予的内涵，其思想、情感及价值观能通过教学这种知识再创造、再传递的方式而释放出教育价值，成为教学中情感、态度及价值观的源泉所在。总之，由于数学学习的特殊性，学生学到的概念、公式、定理都是数学知识的表达形式，要在这个过程中学会数学的语言及思维方式，用数学的语言及思维方式开展探究性学习，还原知识的形成过程，学会数学地观察、思维与探究，形成数学的眼光。在新授课中强调探究性的学习，是在知识形式上做文章，形式背后的内容是什么、内容背后的旨趣是什么，新授课或许能涉及一些，但这些还需在单元小结课中继续深化。数学与其他学科相比有一个非常不同的特点，数学可以构成一个形式系统，从形式系统中跳出来、追求形式背后的东西可以说是单元小结课的重要任务之一。

单元小结课不是“炒剩饭”。从上述各种角度的对比分析中，我们可以明确单元小结课的功能。首先，要梳理作为认知结果的知识，把它们编织成一个整体，使学生学会数学的表述方式，在其中体现数学的逻辑化、系统化精神，其目标指向是塑造学生整体认知结构。其次，要从不同角度认识作为认知成果的知识，使学生能品味其独特性，在其中体会数学的奥妙、独特与伟大之处，其目标指向是培养学生的理性批判、反思等独立个性。再次，要深化认知过程的方法，将它们形成一个系统，学会数学的思维方式，其中体现的是数学化、符号化的精神，其目标指向是培养学生的探索发现精神。最后，要挖掘作为认识源头动力的精神力量，用适当的载体表达出来，体现数学的人文之美、理性之美、精神之美，其目标指向是用数学的内在力量影响学生数学观及世界观的形成，体现数学科学的教育性。

二、单元小结课的教学设计

单元小结课不能演变成题组训练课、单元检测讲评课、依托资料式的练习课，而应在单元小结课中努力体现知识的思想性和创造性、逻辑性和实证性、工具性和功利性、文化性和精神性。这些目标的达成取决于单元小结课的别具心裁的设计。基于上面的认识，进行单元小结课的教学设计。单元小结课的设计从根本上说可以分成两大块：知识、方法的梳理和问题链的设计。

1. 知识、方法的梳理

根据关联性教学的要求，知识的符号表征、逻辑方法及思想应融为一体。作为知识梳理的典范，当推《几何原本》。公理化、形式化、系统化说白了不过是一种编织知识体系的方法。公理化、形式化、系统化作为一种数学思想，其实可以蕴含在学生组织知识网络的过程中。以核心知识点为结点，以知识的发生发展为主线，构建多元联系、前后相依、自然连贯的知识序列是知识梳理的内在要求。知识梳理的外在要求是知识结构可视化、知识脉络清晰化，或用图、或用表、或用口诀，对知识进行信息加工。引导学生对知识的精要进行浓缩、提炼，以固化的方式表现出来，诊断认知结构的完备性、连通性与稳定性，以采取有针对性的查漏补缺。

方法附着于知识之中，知识梳理的过程也即方法提炼、精神升华的过程。当用一条线把知识贯通起来时，能看到知识间的演化发展、认知视角的变迁，以及人类精神思想的进化。以“复数”为例，在梳理这一章的过程中，我们不但看到知识层面的数系扩充过程中的各种不同类型的数，还看到了方法层面的数系扩充的基本原则，推动数学发展的内在动力，以及人类在"方程与解"的过程中追求数学和谐统一的精神。复数概念的建立艰难而曲折，复数有多种表示法，这其中就包含了方法论。在梳理方法时，既要注重方法的独特性，更要沟通方法的内在关联性，以基本方法为核心构筑方法库。"虚数不虚"，"眼见为实"，自高斯在复平面上建立复数的几何表示之后，复数就成了人们心目中的"实数"，可以算，可以画。这其实启示学生，数与形是数学的两大支柱，从多种角度阐释理论是加深认识的重要方法，也是发现新知识的重要方法。复数的代数形式、三角形式、指数形式、向量形式其实是从不同侧面言说同一件事情，这也体现了数学家不轻下断语，多方求证，多向相求的治学精神。

2. 问题链的设计

教学的过程应当结合数学知识的发生、发展过程，在单元小结课中更应如此。当学生对知识、方法有了一定的认识后，要使知识熟稔于心、方法纯熟于手，对知识和方法有个人的感悟，还需要学生在问题解决的过程中升华认识，从经验中引导心灵向上，促发精神世界的变化。其中，问题及问题链的构造是非常关键的一环。

问题及问题链的构造应反映知识的来源，复演知识的产生过程。一门学科的逻辑，或许不能对学生怎样才能发现或学习它提供任何有用的指导，因而，教育学的任务是把一门学科的发展历程(即该学科的问题史)与解决这些问题的种种尝试的结果联系起来。好的问题可以促使一个学科的诞生，可以再现知识产生过程的曲折性、艰巨性，故在单元小结课中应努力再现推动学科或知识产生的动因。如复数源于解三次方程的求根问题，意大利数学家邦贝利(Rafael Bombelli)用$\sqrt{-1}$使无意义的数变得有意义，标志着复数的产生，这就是复数的源头。复数既然源于解方程，那么就要在"解方程—构造方程—根与系数的关系"的方法链中，选配精当的问题，充分揭示方程与复数的关系、方程的解与数域的依存关系，弄清楚推动复数产生及数域扩充的根本原因，并弄清楚复数与实数的区别与联系，从而获得对复数之源的充分认识。数学史上有很多历史名题，这些本原性问题经过教学法的加工简化之后，可以成为揭示问题之源、思想之威力的好素材。上述素材，不管是解二次方程，还是解三次方程，只要是解方程、与方程相关联，就揭示了复数之源、方程思想方法的威力。

问题及问题链的构造应反映知识的发展历程，展示知识的独特性、发展性、关联性。当数学知识作为一个实体存在之后，可以不依赖其实际背景而运行，能在一个形式系统中独立运行和繁衍，最终形成枝繁叶茂的理论体系。单元小结课的问题及问题链的构造应反映学科或知识发展的规律。以复数为例，当复数因其“可视性”而获得承认之后，人们就从各种角度展开了研究，如从几何的、代数的、三角的、向量的、函数的等角度，凡此种种努力，都在于使复数“化虚为实”，让复数“看得见，摸得着”。从几何的角度而言，复数的独特性在于复数有模，能刻画距离，复数有共轭复数，反映了某种对称性。从代数的角度而言，复数的发展性在于复数就是建立在实数域上的一个有序实数对，凡是与复数有关的问题均可以转化为与实数有关的问题来解决。从向量的角度而言，复数的发展性还在于复数是向量的母体，可以由“其子识其母”。从三角函数、指数函数的角度而言，复数的关联性在于它深刻地揭示了三角函数、指数函数、复数和向量之间的内在关联性，把人们的认识引向深入。上述各种表示法可以相互转化，结成一个网络，体现知识的关联性、逻辑性。依据课程标准的教学要求，教师在单元小结课，既可以牢牢抓住复数的独特性，用精当的问题体现复数的几何特征；也可以牢牢扣住复数的发展性，用精当的问题揭示复数化为实数运算的代数特征。最后，还要让学生明白，如此种种，其要旨都在于充分运用复数的多种表示法，由多种路径化归到实数问题。这样就揭示了复数的特征：多元表征，化虚为实，由实探虚；同时揭示了数学化归思想的威力。

问题及问题链的构造应体现知识的应用性，展示知识的工具性和功用性，把知识转化为见识。当知识、方法成为认知结构中的有机组成部分并融会贯通之后，就应当活化知识，充分发挥知识的工具性和功用性，感受知识的价值。上述“化虚为实”反映的是数学的一般思维方法——化归，把不熟悉的复平面上的问题化归到与实数有关的问题。当复数成为我们认识结构的有机组成部分时，就可以用复数的眼光审视与实数有关的问题。这样，虚与实的双向关系就沟通了，既可以化虚为实，也可以化实为虚；既可以由实探虚，也可以由虚探实。形成用复数的眼光分析和看待问题，是复数教学的目标所在。这就要求学生能对复数方法与其他方法有所鉴别和欣赏。在单元小结课，教师可以选配恰当的问题及问题链反映复数在代数、三角、向量、几何等数学领域的应用。从思维方式和方法上讲，这和上面所述恰是一正一反，相得益彰。教师还可以配置一些能用复数解决的实际问题，表现复数在科技领域中的巨大威力，初步感受知识的意义和目的，体验求知的快乐与价值。历史素材库有很多这样的问题，著名的“荒岛寻宝”就是一个例子。特别是在情境中运用知识解决问题，学生对知识所承载的内容、方法和精神的认识会升华，对知识的理解是全面的，见识就在这样的过程中逐渐形成。

三、小结

单元小结课是引导学生梳理、对比、欣赏、思辨、升华知识的重要课型。在知识、方法的梳理过程中，要让学生树立知识的整体观、系统观，体现知识发生发展的内在张力；在问题及问题链的构造中，要让学生感受知识发生发展及应用的全过程。有了合理的认知结构、恰当的问题及问题链，辅之一定的训练，定能实现知识技能化、情感体验内在化的教学目标。

第三节 数学微专题复习课的认识及课堂教学设计

在“双减”背景下，教师要考虑减负增效。在复习备考的过程中，各科任教师组成一个合作团队，故某科教师不能过多地占用学生的课外时间。诚然，把学生抓得紧一些，某科的效果会好一点，但从整体来看可能会因此影响学生的总成绩。在复习备考的过程中，教师要思考如何有效地提高课堂教学的效果，在课堂教学中减负增效。如何围绕一个主题，进行有效的微专题设计，就成了一个要从理论上思考、技术上实现的课题。

一、微专题设计的整体思考

教学设计及教学要有整体观、系统观。

1. 微专题复习课的认识

为何要进行微专题的教学，是在进行微专题教学设计之前首先需弄清楚的一个问题。微专题侧重于一个专题、一个主题进行深度学习，既具有帮助学生找回失落的知识、淡忘的知识的任务，更具有化实为虚、升华认识的作用。微专题考虑到学生的实际学情，突出了思想、方法对具体知识的点化、升华作用。在这种类型的微专题设计中，以某个具体的知识为核心，用其他知识工具从不同角度进行不同维度的认识，进行深度学习，评鉴知识和方法所长所短何在，体味各种观点和方法的竞争性，获得具有个人特点的理解，对知识和方法融入自己的情感，可发展辩证思维和批判性能力。

微专题还能发展探究能力。对知识进行深度理解，仅仅是开始，如果能从理解走向探究，进行专题研究，发展探究能力，将凸显课程教材的基础而重要的地位。这种类型的微专题以某个知识点为出发点，尽可能地对其进行引申拓展，泛化处理，使学生获得一些基本活动经验，发展创新性思维。

微专题侧重于一个专题、一个主题，围绕某一主题把散见于不同章节中的知识重新按某种主旨聚类。微专题突出思想、方法的辐射性和包摄性作用，内蕴在知识中的脉络得以打通，思维之流运行其中，灌溉散布在不同板块中的知识，使其活化，支持认知结构的生长和发育。设计微专题在于串通知识，克服知识孤岛现象，升华认识，感受知识、现象间的统一性、和谐性，体味数学的美妙，发展学生对数学的理解与感悟，实现从知识理解、技能掌握到素养形成的嬗变。

2. 微专题夯实知识的内核基点

教师需要基于教材而统整教材，分类剖析知识脉络主线上的知识点。有的知识点处于核心位置，是具有认知枢纽的节点，是需要突破的关键点；有的知识点处于基础位置，其他知识皆由此生发，是需要突出的重点；有的知识点处于认知脉络的转折点，是需要攻克的难点。对这些作为认知结果的知识点进行深度解读，定点突破，用不同的观点浸润已经固化的结果性知识，帮助学生进行深度学习。

结果是相对于过程而言的，过程和结果都重要。对于作为终点的结果，可以从不同的过程和途径到达；结果也可以作为起点，走向不同的终点，故要把知识置于一个框架体系中，知其来龙和去脉。对作为结果的知识认识不清、掌握不牢，就会形成断裂的认知链，这时，如果明晰认知过程，也能弥补断裂造成的罅隙。如果作为认知结果的知识处于多条认知路径的交汇处，在多种角度互相碰撞、冲击，更有助于冲破思维路径上的阻塞，填平罅隙。

3. 微专题贯通知识的脉络主线

此类微专题没有现成的教材可以参考，需要教师站在全局、整体的高度研读教材，读出教材的“精气神”，开发出具有个人独特理解、展现个性特色的教学材料。这种课程是教师教学智慧的结晶，是理论见之于经验，见之于实践，见之于具体学生、具体课堂的成果。

微专题的组织具有“草蛇灰线，伏脉千里”的特点。分属于不同板块的知识，居然能用一条线串通起来。这种串通需要教师在看似没有联系处找到关联，找到一棵知识的“生成树”，体现方法的“穿透力”。如果能构建另外的一条或数条线，条条线纵横交织，就会形成一个具有互补功能的立体认知网络。当一条线路不通时，可以从另外的线路切入，认知结构的抗干扰性、稳定性具有了现实意义，这是一个化隐为显的过程，也是教师整体架构课程能力的反映。

4. 微专题诱发知识的生命活力

知识中所蕴含的各种养分，如基本活动经验、思想方法、核心素养，要通过微专题的有效设计，转化为学生进一步成长的养分。这时的微专题不再关注学生对知识的深度理解，而从理解走向探究，将从课程教材中习得的素养展示出来，从单纯的知识获取走向知识创造。

这种类型的微专题，基于教材又超越教材，体现了经典教材的生命活力。知识的教育价值在于它能增值，能激发学生的火热思考，使学生获得源源不断的创造能力。这种微专题通过巧妙的问题驱动，使学生学会思考，学会把不熟悉的问题转化为熟悉的问题，学会用数学的思考方式提出问题、解决问题。

二、微专题设计的实践

和差术是古巴伦人的杰作，看似平常，实则大巧若拙。下面围绕和差术进行微专题设计。

1. 微专题深化对和差术的认识

微专题分为不同的类型。第一种类型的微专题首先要使学生熟悉知识，熟到滚瓜烂熟的程度，只有熟了才能生巧。微专题的任务之一是强化认知结构，寻找认知结构之间的有意义关联。和差术的想法很自然，先取两个数的平均值$\frac{a+b}{2}$，并把它作为基本量，并用之来表示 a、b。比如，a 在$\frac{a+b}{2}$的右边，用$\frac{a+b}{2}$表示 a 时，就要增加一点；b 在$\frac{a+b}{2}$的左边，用$\frac{a+b}{2}$表示 b 时，就要减少一点，即$\begin{cases}a=\frac{a+b}{2}+\frac{a-b}{2}\\ b=\frac{a+b}{2}-\frac{a-b}{2}\end{cases}$，这十分自然。在等差数列中之所以要引入差中项的概念，与此有异曲同工之妙，然后这种观念稍泛化一下，等比中项的概念也得到了。这样，和差术这种观念和方法就在教材中找到了根基。

还可以用和差术表示各种量，如下面的例子：

$$\begin{cases}\alpha=\dfrac{\alpha+\beta}{2}+\dfrac{\alpha-\beta}{2}\\ \beta=\dfrac{\alpha+\beta}{2}-\dfrac{\alpha-\beta}{2}\end{cases},\quad \begin{cases}\max\{a,\ b\}=\dfrac{a+b}{2}+\dfrac{|a|-|b|}{2}\\ \min\{a,\ b\}=\dfrac{a+b}{2}-\dfrac{|a|-|b|}{2}\end{cases},$$

$$\begin{cases}f(x)=\dfrac{f(x)+g(x)}{2}+\dfrac{f(x)-g(x)}{2}\\ g(x)=\dfrac{f(x)+g(x)}{2}-\dfrac{f(x)-g(x)}{2}\end{cases}$$，特殊化一下得到，

$$\begin{cases}f(x)=\dfrac{f(x)+f(-x)}{2}+\dfrac{f(x)-f(-x)}{2}\\ f(-x)=\dfrac{f(x)+f(-x)}{2}-\dfrac{f(x)-f(-x)}{2}\end{cases}$$。

然后，配置以下典型例题，使学生学会这种思考方式。

【案例 1】 设 a，b 是正整数，求证：$[a,\ b](a,\ b)=ab$。

【案例 2】 任何一个定义在对称区间上的函数，都可表示成一个偶函数与奇函数之和。

【案例 3】 若 $4x^2+xy+y^2=1$，求 $2x+y$ 的最大值。

分析：令 $\begin{cases}2x=m+n\\ y=m-n\end{cases}$，$(m+n)^2+(m-n)^2+\dfrac{1}{2}(m+n)(m-n)=1$，

$5m^2+3n^2=2$，$\dfrac{m^2}{\frac{2}{5}}+\dfrac{n^2}{\frac{2}{3}}=1$，$2x+y=2m$ 的最大值为 $\dfrac{2\sqrt{10}}{5}$。

此例充分体现了和差术的妙用，是把交叉项正交化的一种非常好的技法，这是它的精髓所在。

2. 微专题以和差术为主线串通知识

此类微专题强调和差术的串通作用，通过和差术把散布在不同章节中的知识串起来，形成一种连通性的认识。

【案例 1】 和差术推导和差化积、积化和差公式。

利用和差术攻克三角函数中难度较大的公式，化解学生学习的困难。

和差化积、积化和差公式曾因学生“记不住”“繁难”而被逐出了教材，但在大学数学的学习中这些知识是必备的，大学教师只有重新给学生补一下。利用和差术，和差化积、积化和差公式其实是在深度复习两角和的正余弦公式。

利用和差术结合推导和差化积公式：

$$\sin\alpha+\sin\beta=\sin\left(\frac{\alpha+\beta}{2}+\frac{\alpha-\beta}{2}\right)+\sin\left(\frac{\alpha+\beta}{2}-\frac{\alpha-\beta}{2}\right)$$

$$=2\sin\frac{\alpha+\beta}{2}\cos\frac{\alpha-\beta}{2},$$

$$\sin\alpha-\sin\beta=\sin\left(\frac{\alpha+\beta}{2}+\frac{\alpha-\beta}{2}\right)-\sin\left(\frac{\alpha+\beta}{2}-\frac{\alpha-\beta}{2}\right)$$

$$=2\cos\frac{\alpha+\beta}{2}\sin\frac{\alpha-\beta}{2},$$

$$\cos\alpha+\cos\beta=\cos\left(\frac{\alpha+\beta}{2}+\frac{\alpha-\beta}{2}\right)+\cos\left(\frac{\alpha+\beta}{2}-\frac{\alpha-\beta}{2}\right)$$

$$=2\cos\frac{\alpha+\beta}{2}\cos\frac{\alpha-\beta}{2},$$

$$\cos\alpha-\cos\beta=\cos\left(\frac{\alpha+\beta}{2}+\frac{\alpha-\beta}{2}\right)-\cos\left(\frac{\alpha+\beta}{2}-\frac{\alpha-\beta}{2}\right)$$

$$=-2\sin\frac{\alpha+\beta}{2}\sin\frac{\alpha-\beta}{2}。$$

这组公式是圆的对称性的反映，有着鲜明的几何直观，不难记忆。即使记不住，利用和差术也能很快地推导出来。

利用和差术也可推导积化和差公式：

$$\sin\alpha\cos\beta=\frac{1}{2}[\sin(\alpha+\beta)+\sin(\alpha-\beta)],$$

$$\cos\alpha\sin\beta=\frac{1}{2}[\sin(\alpha+\beta)-\sin(\alpha-\beta)],$$

$$\cos\alpha\cos\beta=\frac{1}{2}[\cos(\alpha+\beta)+\cos(\alpha-\beta)],$$

$$\sin\alpha\sin\beta=-\frac{1}{2}[\cos(\alpha+\beta)-\cos(\alpha-\beta)]。$$

以最后一个公式为例，其余的类同推导。

$$\sin\alpha\sin\beta=\sin\left(\frac{\alpha+\beta}{2}+\frac{\alpha-\beta}{2}\right)\sin\left(\frac{\alpha+\beta}{2}-\frac{\alpha-\beta}{2}\right)$$

$$=\left(\sin\frac{\alpha+\beta}{2}\cos\frac{\alpha-\beta}{2}+\cos\frac{\alpha+\beta}{2}\sin\frac{\alpha-\beta}{2}\right)\cdot$$

$$\left(\sin\frac{\alpha+\beta}{2}\cos\frac{\alpha-\beta}{2}-\cos\frac{\alpha+\beta}{2}\sin\frac{\alpha-\beta}{2}\right)$$

$$=\sin^2\left(\frac{\alpha+\beta}{2}\right)\cos^2\left(\frac{\alpha-\beta}{2}\right)-\cos^2\left(\frac{\alpha+\beta}{2}\right)\sin^2\left(\frac{\alpha-\beta}{2}\right)$$

$$=\sin^2\left(\frac{\alpha+\beta}{2}\right)\left[1-\sin^2\left(\frac{\alpha-\beta}{2}\right)\right]-\left[1-\sin^2\left(\frac{\alpha+\beta}{2}\right)\right]\sin^2\left(\frac{\alpha-\beta}{2}\right)$$

$$=\sin^2\left(\frac{\alpha+\beta}{2}\right)-\sin^2\left(\frac{\alpha-\beta}{2}\right)$$

$$=\frac{1-\cos(\alpha+\beta)}{2}-\frac{1-\cos(\alpha-\beta)}{2}$$

$$=-\frac{1}{2}[\cos(\alpha+\beta)-\cos(\alpha-\beta)。$$

以此设计练习题，是训练运算能力、推理能力的极好素材，也深化了对基本内容的理解。

【案例 2】 和差术推导向量的极化恒等式。

从代数变形，或从图 2.3.1 中很容易观察得到$(a-b)^2+4ab=(a+b)^2$，变形得到$ab=\frac{(a+b)^2-(a-b)^2}{4}$。

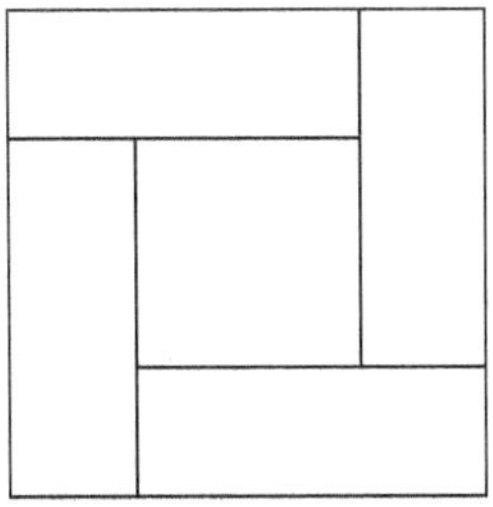

图 2.3.1　平方和平方差公式一体图

用和差术变形，$ab=\left(\frac{a+b}{2}+\frac{a-b}{2}\right)\left(\frac{a+b}{2}-\frac{a-b}{2}\right)=\frac{(a+b)^2-(a-b)^2}{4}$。

完全类似地，$(\vec{\alpha}-\vec{\beta})^2+4\vec{\alpha}\cdot\vec{\beta}=(\vec{\alpha}+\vec{\beta})^2$。变形得到，$\vec{a}\cdot\vec{b}=\frac{(\vec{a}+\vec{b})^2}{4}-$

$\dfrac{(\vec{a}-\vec{b})^2}{4}$。

用和差术变形，$\vec{a}\cdot\vec{b}=\left(\dfrac{\vec{a}+\vec{b}}{2}+\dfrac{\vec{a}-\vec{b}}{2}\right)\cdot\left(\dfrac{\vec{a}+\vec{b}}{2}-\dfrac{\vec{a}-\vec{b}}{2}\right)=\dfrac{(\vec{a}+\vec{b})^2}{4}-\dfrac{(\vec{a}-\vec{b})^2}{4}$。

直径所张的圆周角为直角，用向量表示即$\overrightarrow{PA}\cdot\overrightarrow{PB}=0$。如果向量的乘积不为零，动点 P 的轨迹是什么？如图 2.3.2。

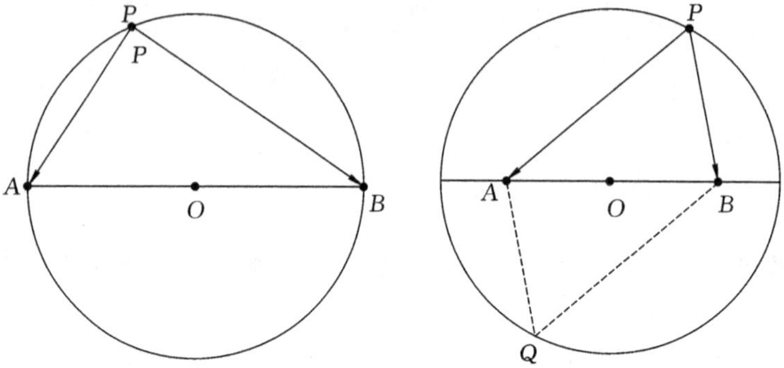

图 2.3.2　用向量点乘刻画圆

$\overrightarrow{PA}\cdot\overrightarrow{PB}=\lambda$，利用和差术变形，

$$\begin{aligned}\overrightarrow{PA}\cdot\overrightarrow{PB}&=\left(\frac{\overrightarrow{PA}+\overrightarrow{PB}}{2}+\frac{\overrightarrow{PA}-\overrightarrow{PB}}{2}\right)\cdot\left(\frac{\overrightarrow{PA}+\overrightarrow{PB}}{2}-\frac{\overrightarrow{PA}-\overrightarrow{PB}}{2}\right)\\&=\left(\frac{\overrightarrow{PA}+\overrightarrow{PB}}{2}\right)^2-\left(\frac{\overrightarrow{PA}-\overrightarrow{PB}}{2}\right)^2\\&=\overrightarrow{PD}^2-\left(\frac{\overrightarrow{BA}}{2}\right)^2=\lambda。\end{aligned}$$

$\overrightarrow{PA}\cdot\overrightarrow{PB}=\lambda$，即$\overrightarrow{PD}^2=\left(\dfrac{\overrightarrow{BA}}{2}\right)^2+\lambda$，在满足非负性的条件下，其轨迹为圆。

和差术结合平方差公式，把交叉项拆开了，这是一种十分有用的变形技巧。

【案例 3】 用和差术证均值不等式链$\sqrt{ab}\leqslant\dfrac{a+b}{2}\leqslant\sqrt{\dfrac{a^2+b^2}{2}}$。

$ab=\left(\dfrac{a+b}{2}+\dfrac{a-b}{2}\right)\left(\dfrac{a+b}{2}-\dfrac{a-b}{2}\right)=\left(\dfrac{a+b}{2}\right)^2-\left(\dfrac{a-b}{2}\right)^2\leqslant\left(\dfrac{a+b}{2}\right)^2$，

$\frac{a^2+b^2}{2}=\left(\frac{a+b}{2}\right)^2+\left(\frac{a-b}{2}\right)^2\geqslant\left(\frac{a+b}{2}\right)^2$，开方即得 $\sqrt{ab}\leqslant\frac{a+b}{2}\leqslant\sqrt{\frac{a^2+b^2}{2}}$。

【案例 4】 用和差术推导椭圆方程。

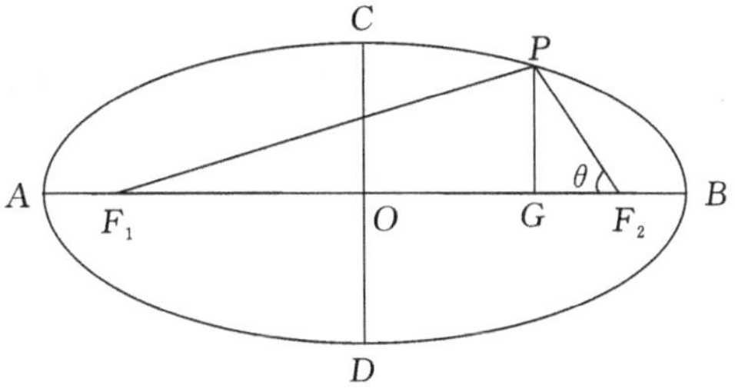

图 2.3.3　和差术推导椭圆方程

设长轴 $|AB|=2a$，短轴 $|CD|=2b$，焦距 $|F_1F_2|=2c$，点 $P(x,y)$ 为椭圆上任意一点，因为 $|PF_1|+|PF_2|=2a$，设 $|PF_1|=a+d$，$|PF_2|=a-d$，对两式进行平方，

$|PF_1|^2=(a+d)^2=(x+c)^2+y^2$，$|PF_2|^2=(a-d)^2=(x-c)^2+y^2$，两式相减，得

$4ad=4cx$，$d=\frac{c}{a}x$，代入 $|PF_1|^2=(a+d)^2=(x+c)^2+y^2$ 中，化简，

$a^2+2cx+\frac{c^2}{a^2}x^2=x^2+2cx+c^2+y^2$，令 $a^2-c^2=b^2$，得椭圆方程 $\frac{x^2}{a^2}+\frac{y^2}{b^2}=1$。

这种推导椭圆方法的做法实则是把椭圆视为两圆交点的轨迹，一是突出了圆的基础性，二是这种观点还可以利用信息技术实现，是信息技术背后的数学原理。

3. 微专题以和差术为工具进行探究性学习

此类微专题强调学生不再是知识的消费者，而能主动地运用已习得的知识、经验去开发新的知识，不断成长。

【案例 1】 为何反比例函数 $y=\frac{1}{x}$ 的图像是双曲线？

分析：有许多方法能证明 $y=\dfrac{1}{x}$ 的图像是双曲线，但用和差术来得更简明扼要。令

$\begin{cases}x=m+n\\y=m-n\end{cases}$，则 $xy=1$，即 $(m+n)(m-n)=1$，$m^2-n^2=1$，即是双曲线。

【案例 2】 化二次型 $f=2x_1x_2+2x_1x_3-6x_2x_3$ 为标准型。

分析：令 $\begin{cases}x_1=y_1+y_2\\x_2=y_1-y_2\end{cases}$，

则 $f=2(y_1^2-y_2^2)+2(y_1+y_2)x_3-6(y_1-y_2)x_3=2(y_1-x_3)^2-2(y_2-2x_3)^2+6x_3^2$。

这样就把二次型化成了标准型。

此例虽然是线性代数的内容，但对高中生而言也能看懂。

【案例 3】 证明：$\cos\dfrac{\pi}{7}+\cos\dfrac{3\pi}{7}+\cos\dfrac{5\pi}{7}=\dfrac{1}{2}$，

$\cos^3\dfrac{\pi}{7}+\cos^3\dfrac{3\pi}{7}+\cos^3\dfrac{5\pi}{7}=\dfrac{1}{2}$，$\cos^5\dfrac{\pi}{7}+\cos^5\dfrac{3\pi}{7}+\cos^5\dfrac{5\pi}{7}=\dfrac{1}{2}$。

分析：和差术提供了一种对称式的思考式，用于三角函数上，可以把三角函数的超越运算转化为复数的代数运算。令 $z=\cos\theta+i\sin\theta$，则 $\bar{z}=\cos\theta-i\sin\theta$，则 $\cos\theta=\dfrac{z+\bar{z}}{2}$，$\sin\theta=\dfrac{z-\bar{z}}{2i}$。进一步，$\cos n\theta=\dfrac{z^n+z^{-n}}{2}$，$\sin n\theta=\dfrac{z^n-z^{-n}}{2i}$。

用此法很容易解决题中三个问题。

令 $z=\cos\dfrac{\pi}{7}+i\sin\dfrac{\pi}{7}$，

则 $\cos\dfrac{\pi}{7}=\dfrac{z+z^{-1}}{2}$，$\cos\dfrac{3\pi}{7}=\dfrac{z^3+z^{-3}}{2}$，$\cos\dfrac{5\pi}{7}=\dfrac{z^5+z^{-5}}{2}$，

$$\begin{aligned}\cos\frac{\pi}{7}+\cos\frac{3\pi}{7}+\cos\frac{5\pi}{7}&=-\frac{1}{2}(z+z^3+z^5+z^{-1}+z^{-3}+z^{-5})\\&=-\frac{1}{2}(z^{-5}+z^{-3}+z^{-1}+z+z^3+z^5)\\&=-\frac{1}{2}。\end{aligned}$$

用和差术还可以解三角方程$\cos^2 x+\cos^2 2x+\cos^2 3x=1$。

【案例 4】 在工程技术中经常要用到双曲函数。双曲正弦 $\sinh x=\frac{e^x-e^{-x}}{2}$，双曲余弦 $\cosh x=\frac{e^x+e^{-x}}{2}$，双曲正切 $\tanh x=\frac{\sinh x}{\cosh x}=\frac{e^x-e^{-x}}{e^x+e^{-x}}$。试类比三角变换中的有关公式，自行给出一些有关双曲正弦、双曲余弦及双曲正切的有关公式。

这也可看作和差术的一种应用，正由于有了这种应用，三角函数与双曲函数相映成趣，拓展了我们的眼界。

三、小结

微专题设计的教学目标是以发展学生的数学思维为旨归。从数学教学实践及选拔性考试对学生的要求来看，不仅要培养学生的逻辑思维能力，更要培养学生的计算思维、辩证思维能力。上面的实例，其实是强调了可算性，把逻辑推理能力用计算的方式体现出来。辩证思维的培养一方面要求学生对具体的内容、方法辩证地分析，另一方面还要辩证地看到“微”与整体间的关系，通过“微”与整体的互动，在局部与全局的平衡中，形成完整的认知，全面提升思维能力。

第四节　数学试卷讲评课的认识及课堂教学设计

《普通高中数学新课程标准(2017 年版 2020 年修订)》指出：评价的目的是考查学生学习的成效，进而也考查教师教学的成效。通过考查，诊断学生学习过程中的优势与不足，进而诊断教师教学过程中的优势与不足；通过诊断，改进学生的学习行为，进而改进教师的教学行为，促进学生数学学科核心素养的达成。考试是一种重要的评价手段，试卷讲评课作为一种重要课型，能及时反馈测试评价的结果，便于教师根据学情调整教学，让学生了解自己的知识与能力水平，弥补缺陷，纠正错误，完善知识系统和思维系统，提高分析和解决问题的能力。

一、试卷讲评课的认识

1. 试卷讲评课是培养学生非智力因素的过程

试卷讲评课要以学生为本，分析学生失分原因，重视对学生非智力因素的培养，达到讲评后能减少这方面失分的效果。每次考完后都有学生反馈不少题目自己都会做，但由于粗心导致没有做正确。究其原因主要有：知识性错误，如公式、定理记忆错误；逻辑性错误，如书写过程中思维混乱、推理不严密；策略性错误，如审题不清，看错或漏看条件，答题时间分配不均。试卷讲评课的重要目的是帮学生纠正错误，寻找失分原因。教师在进行试卷评讲课时要认真分析错因，将一些典型的非智力因素失分情况予以展示，引导学生进行反思，从而打破学生对原有错误的认知平衡，建立正确的认知平衡，这样既给因这些情况失分的同学予以警醒，也给其他同学予以警示，下次考试时可以减少甚至避免出现类似的错误，试卷评讲的功能也就得以体现了。

2. 试卷讲评课是引导学生回归教材，进行一题多变，培养创新能力的过程

试卷讲评课要重视教材，以教材为依托引导学生分析试题，从教材中找寻题源，从教材的角度重新认识试题进而解决相关问题。教材是学生学习的中心，教材中的每一道例题和习题都是精心选编的，里面包含着许多数学知识和思想。很多试题都是对教材原题的改编或提升，有些甚至是教材原题，因此要回归教材找题源。例如 2022 年新高考全国Ⅱ卷数学第 18 题：记$\triangle ABC$ 的内角A、B、C 所对的边分别为a、b、c，分别以a、b、c为边长的三个正三角形的面积依次为S_1、S_2、S_3，已知$S_1-S_2+S_3=\frac{\sqrt{3}}{2}$，$\sin B=\frac{1}{3}$。(1)求$\triangle ABC$ 的面积；(2)若$\sin A\ \sin C=\frac{\sqrt{2}}{3}$，求$b$。其第(2)问就是来源于人教版高中数学教材的一道题，学生若掌握了此题的题源和基本原理，就可轻而易举地解答这道题。因此在进行试卷讲评课的教学时，要善于挖掘试卷中源于教材的试题，发挥教材习题对试题的引领作用，这样的讲评课是对教材的再创造，引导学生回归教材，重视对教材的再学习，看清试题与教材习题之间的联系，这样，既看清问题的本质，又学会思考，培养创新能力，达到事半功倍的讲评效果。

试卷讲评课要重视变式教学，将试题稍做改变，开展一题多变，使学生加深对试题及解法认识，做到“学一会三”。数学变式教学就是通过不同角度、不同侧面、不同背景从多方面变更数学对象的某些内涵及数学问题的呈现形式，使数学的非本质特征时隐时现而本质特征保持不变的教学形式。通过变式教学，学生突破了原有试题的束缚，从更高的角度来认识此类问题，从而完善和拓展了原有的思维空间。教师在进行试卷讲评时，可以借助其中某道试题，在原题基础上进行深度挖掘，总结此类问题的通性解法，通过题根的确定和变式的寻求，结合新课程标准和考试评价的要求，拓展出有价值、有代表性的变式题。例如，讲解 2022 年新高考全国Ⅰ卷数学第 17 题：记 S_n 为数列 $\{a_n\}$ 的前 n 项和，已知 $a_1=1$，$\left\{\frac{S_n}{a_n}\right\}$ 是公差为 $\frac{1}{3}$ 的等差数列。(1)求 $\{a_n\}$ 的通项公式；(2)证明：$\frac{1}{a_1}+\frac{1}{a_2}+\cdots+\frac{1}{a_n}<2$。讲完之后让学生思考：公差若变为 1，$\frac{1}{2}$，$\frac{1}{k+1}$ 时，分别求解 $\{a_n\}$ 的通项公式，进而发现一般规律，以此来培养学生分析、归纳和推理的能力。当学生再次碰到类似的数学问题时会思考，能做全面、做正确，达到了提高试卷讲评的效果。

3. 试卷讲评课是培养学生关键能力和提升个性品质的过程

试卷讲评课要重视解题方法引导，做到一题多解，拓宽学生的解题思路，培养关键能力。数学解题中蕴含了不同的思维方法，不同的解法会产生不同的解题效果，因此解题方法是关键、培养学生思维是核心。在进行试卷讲评时，要教给学生用几何直观简化一般性运算的方法，重点突出解题方法，根据题目的类型渗透不同的数学思想方法。教师在进行试卷讲评的教学时，对于一些具有多种解法的试题，除了讲授常规解法外，还应进行拓展，将其他解法一一展示，也可通过提问，引导学生给出不同的解法。学生是教学过程的主体，要尽一切可能调动其主观能动性，挖掘学生潜能。让学生说题，说出自己不同的解法，调动参与课堂的积极性，增加学习数学的成就感，增强对数学的探索欲望。除了要发现学生不同的解法外，教师自身还应寻找多种解法，并对不同解法的思路进行对比分析，总结不同的特点，从中找到适合学生的解法。这样，既增加了学生的学习兴趣和探索欲望，又拓宽了思维，加深了对知识的理解，优化了解题习惯。例如，讲评 2022 年新高考全国Ⅰ卷数学的第 21 题：已知点 $A(2,1)$ 在双曲线 C：$\frac{x^2}{a^2}-\frac{y^2}{a^2-1}=1(a>1)$ 上，直线 l 交 C 于 P、Q 两点，直线 AP、AQ 的斜率之和为 0。(1)求 l 的斜率；(2)若 $\tan\angle PAQ=2\sqrt{2}$，求 ΔPAQ 的面积。在设计时引导学生对不同解法的优劣及适用范围进行比较，使学生对知识的理解更加透彻，讲评的效果自然而然得到加强。如果有可能，还应引导学生学会自行编题。

试卷讲评课要引导学生迎难而上，培养坚韧不拔的品格，增强学习数学的信心，从而有效提升个性品质。每张试卷上或多或少都会有一些拔高的难题，这些题综合性较强，需要学生综合运用所学知识和方法，有些题还需要一定的技巧才能解决。在进行试卷评讲时，对于这些难题，教师可以层层引导，将复杂的问题拆分成多个简单的小问题，化繁为简；对于一些偏难问题，可以借助数学中常见的函数与方程、数形结合、分类讨论、化归转化等思想方法，将问题变成学生能理解的形式，再循循善诱，使学生完全掌握该问题的解决方法；对于一些技巧性题目，教师可以在讲评过程中完善学生的解题思路，发展学生思维的灵敏性，渗透解题技巧。从而，既培养学生解决难题的能力，又提升其个性品质，讲评的效果也得到显著的提升。

二、试卷讲评课的教学设计

试卷讲评课不同于新授课，要求教师对考试情况有一个宏观的把控。在讲评前，教师要统计学生的答题情况，找到易错题、典型题、难度较大题，然后对这些试题进行相应的分析，明确其考查的知识点和数学思想方法以及学生的错因，最后进行有针对性的教学设计。

通过讲评教学设计使学生找到适合自己的解法，增强解决问题的信心。对于一题多解的讲评教学设计，教师首先给出此题的常规解法即参考答案给出的方法。接着教师展示给学生答题中不同于常规解法的其他解法，同时教师可以通过对试题研究给出自己独特的解法。最后教师要对所展示的方法过程进行归纳总结，让不同的学生选出适合自己认知规律的解法，增强解决问题的信心。例如，在讲评 2022 年新高考全国Ⅰ卷数学的第 21 题的第(1)问时，除了给出常规的联立方程，借助韦达定理经过一系列运算得到答案外；还可以展示部分学生利用替换的思想方法以及平移齐次式法的求解方法，教师也可以给出利用曲线系方程的求解方法。最后归纳总结：常规解法虽然计算量大一点，却是解决此类问题的通法；平移齐次式法和曲线系方程方法计算量小、操作简单，但需要学生深刻理解此两类方法原理，才不会出错。需要注意的是，不能把学生引导到不重视原理只追求技巧的歧途上。

通过讲评教学设计使学生看到试题的编制方法，增强寻根究底的决心。对于一题多变的讲评教学设计，教师先给出标准答案，紧接着改变试题中的条件得到一系列的变式，引导学生完成这些变式，最后对变式进行归纳总结，即深化某种题型或某种解法甚至可以得到更一般的规律，如引导学生找到试题的编制规律，看到教材中的原理化为操作性技能的生成过程，使学生看到好的试题如同好的作品一样，是一个不断立意创新与变式表达的过程，自己也能为之，强化寻根究底的决心。例如，在讲评 2022 年新高考全国Ⅰ卷第 17 题的第(1)问时，通过改变题中公差这一条件得到一系列的变式，借助这个变式加深学生对于累加法的理解，同时可总结归纳出数列$\{a_n\}$通项公式的一般规律，进而使第(2)问也得到进一步的拓展与升华。

通过讲评教学设计引导学生回归基础，增强研读教材的恒心。对于回归教材的讲评教学设计，教师首先展示试题并让学生拿出教材翻到指定的页面，接着引导学生观察教材习题与试卷试题之间的关联，回顾当初解决教材习题的过程，进而解答试卷上的试题。为了加深理解，教师再给出一道由教材习题改编的练习题让学生独立完成，最后对该试题以及教材习题进行升华提炼，指出“万变不离其宗”，不被教辅遮望眼，在平时学习中重视教材习题，复习时回归教材，从教材中寻找一些有用的知识为己所用。例如，在讲评 2022 年新高考全国Ⅱ卷数学第 18 题的第(2)问时，让学生将人教版高中数学必修 2 教材拿出来，翻到第 54 页看习题 6.4 的第 18 题：证明三角形的面积公式 $S=\frac{1}{2}a^2\frac{\sin B\sin C}{\sin A}$。借助这道习题，学生自己就能独立完成试题第(2)问，然后教师给出 2017 年全国高考Ⅰ卷数学第 17 题：$\triangle ABC$ 的内角 A、B、C 的对边分别为 a、b、c，已知 ΔABC 的面积为 $\frac{a^2}{3\sin A}$，(1)求 $\sin B\sin C$；(2)若 $6\cos B\cos C=1$，$a=3$，求$\triangle ABC$ 的周长。第(1)问让学生完成，最后总结这道教材习题的适用条件及范围，让学生掌握并能熟练运用。

试卷讲评课还要引导学生建立自己错题本，及时小结，化错生智，增强细心和耐心。错误具有惯性，把典型错题收集起来，分门别类地整理好，仔细分析命题教师在考查知识时的精心布局，吃透解题与命题、表征与本质、知识与能力之间的辩证关系，增长见识，培养良好个性品质，跳出题海。

"信心、决心、恒心、细心、耐心"五心既定，则考试结果自然不会差。"解题、说题、编题"三"题"既明，则解题能力自然会高些。

三、小结

试卷讲评课虽然不是新授课，但它是数学教学中的一个重要环节，因此要充分发挥试卷讲评课的评价、指导作用。鼓舞学生，强化学生的基本功，转变学生对讲评试卷的看法及学习方式，让他们以饱满的激情参与课堂，构建高效的数学课堂。同时试卷讲评课应考虑到学生的实际情况，因材施教，激发学生的自主性、积极性，增强数学教学的实际功效，提高讲评课的效率和质量。

第五节　数学"综合与实践"活动课的认识及教学设计

"素养导向"和"实践育人"已成为新一轮基础教育课程改革的主旋律，以"培养学生综合素质"为导向的"综合与实践"活动开展确有必要。为使核心素养在"综合与实践"活动中落地生根，需深化对"综合与实践"活动课的认识，加强对"综合与实践"活动课设计的研究。

一、"综合与实践"活动课的认识

从育人功能、育人逻辑、育人导向等不同角度认识"综合与实践"活动课，有助于厘清其实施路径。

1. 育人功能指向素养本位

"综合与实践"在课程标准中的育人功能逐步完善。2001 年，"实践与综合应用"首次写入《全日制义务教育数学课程标准(实验稿)》(后简称《标准(实验稿)》)，并指出"实践与综合应用"将帮助学生综合运用已有知识和经验，经过自主探索和合作交流，解决与生活经验密切联系的、具有一定挑战性和综合性的问题，以发展他们解决问题的能力，加深对相关内容的理解。《标准(实验稿)》开始关注是否向学生提供了具有现实背景的数学，但由于课程标准关注的重点在于：是否向学生提供了系统的数学知识，因此，"综合与实践"活动成为相关内容运用的载体，旨在搭建平台让数学知识得到充分运用，从而培养学生运用数学知识解决问题的能力。《义务教育数学课程标准(2011 年版)》将"实践与综合应用"更名为"综合与实践"，删去"应用”一词，并调整了实践与综合的先后顺序，强调先“综合”后“实践”，明确了“综合与实践”是一类以问题为载体，以学生自主参与为主，综合运用相关知识和方法解决问题的学习活动，旨在帮助学生积累数学活动经验，培养学生的应用意识和创新意识。《义务教育数学课程标准(2022 年版)》明确提出“综合与实践”以跨学科主题学习为主，设计情境真实、较为复杂的问题，引导学生综合运用数学学科和跨学科的知识与方法解决问题。《普通高中数学课程标准(2017 年版 2020 年修订)》要求学生经历数学建模活动和数学探究活动的全过程，重点提升数学建模、数学抽象、数据分析、数学运算、逻辑推理和直观想象素养。从“解决与生活经验密切联系的问题”转向“设计情境真实的问题”，从“综合运用已有的知识和经验”转向“综合运用已有的知识和方法”最后转向“综合运用数学学科和跨学科的知识与方法”，问题解决过程中思维的广度和深度获得提升，“综合与实践”活动的育人功能从学科本位、知识本位逐步转向素养本位。

2. 育人逻辑指向学生的参与度和体验感

育人逻辑能反映课程育人的根本规律。从语义上理解“综合与实践”，“综合”：①把分析过的对象或现象的各个部分、各属性联合成一个统一的整体。②把各种不同而互相关联的事物或现象组合在一起。“实践”：①履行(诺言)；实施(自身的主张)。②指人类有目的有计划地改造自然和社会的行动。根据以上释义，“综合与实践”活动是一种集综合、自主、实践、开放、生成于一体的活动。《中小学综合实践活动课程指导纲要》(简称《纲要》)明确指出：综合实践活动是从学生的真实生活和发展需要出发，从生活情境中发现问题，转化为活动主题，通过探究、服务、制作、体验等方式，培养学生综合素质的跨学科实践性课程。先提“综合”后提“实践”，表明了知识习得、内化与外显过程中的层次感，即学生应在知识关联、综合化的基础上再进行高要求的实践和应用。

从育人逻辑的角度看，首先，“综合与实践”要基于学生的真实生活和发展需要来设计，回归学生的生活世界，方能产生身心合一的深度体验，而切身体会才能实践出真知。其次，“综合与实践”强调以自主探究为学习方式，“自主”即强调学生为活动的主体，“探究”则突出问题为活动的主线，因此，“综合与实践”是以实践为主题的自主探究活动，关注学生的参与度和体验感并鼓励学生积极实践，其中，学生的自主探究活动包括观察、猜想、推理、抽象、归纳、验证和实验操作等多样性活动。在实践过程中，学生的学习能力、表达能力、应用意识、创新意识等获得提升。最后，实践过程与结果是“生成”而非“预设”，因此，在经历“综合与实践”活动后，不同认知水平和发展需求的学生，产生的思维结果各不相同；与此同时，由于活动本身(如条件或者问题)具有开放性，也将使学生选择形式各异的实践过程。交流多样的思维碰撞，分享各异的实践感悟，对培养学生综合素质、发展学生核心素养不无裨益。

3. 育人导向指向学习内容和方式的变化

从育人导向的角度看，随着“素养导向”和“实践育人”的贯彻落实，指向核心素养的综合实践活动课程在学习内容和落实方式发生改变。《义务教育数学课程标准(2022年版)》进一步明确和细化了“综合与实践”的学习内容与学习方式。在学习内容上，一方面，充分彰显出跨学科的课程属性，增加跨学科的“综合与实践”内容，“综合与实践”的主题大部分基于现实背景、解决现实问题，这是背景、内容上的跨学科；学生在解决问题时，调动的不仅是数学知识、思维和方法，还要根据问题解决的需要，灵活运用多学科的知识、思维和方法，这是学习过程中的跨学科。跨学科是“综合与实践”中最重要的变化之一，由以往过于关注数学内部知识的综合运用转向关注综合运用数学学科知识与其他学科知识解决问题。另一方面，将部分数学新知识内容移到“综合与实践”领域。如初中数学将常见的量、方向与位置、负数等内容安排在“综合与实践”领域学习。在学习方式上，“综合与实践”作为发展核心素养的良好平台，《义务教育数学课程标准(2022年版)》明确并细化“综合与实践”在各个阶段的落实方式，如小学低年级侧重主题式学习，小学高年级和初中阶段侧重项目式学习，高中阶段侧重课题研究性学习，通过“综合与实践”活动，确保给学生提供充分的“做中学、用中学”的机会，以发展学生的核心素养。

育人功能、育人逻辑、育人导向虽然自成角度，但三者的关联紧密，育人逻辑在育人导向下产生，而厘清育人逻辑，方能发挥育人功能。

二、“综合与实践”活动课的设计

义务教育数学课程标准中“综合与实践”的内容主要分为：跨学科融入数学知识学习，跨学科知识与方法的综合。高中阶段的数学综合实践活动包括数学建模活动、数学探究活动和文献阅读与写作活动。从育人功能、育人逻辑、育人导向的角度对“综合与实践”活动课进行深刻解读之后，进行“综合与实践”活动课的教学实践。

1. 跨学科融入数学知识学习设计

小学低年级的数学学习多是“基于经验的感悟”，重点关注活动体验中的知识学习和运用，多采用主题式学习的方式，在单个或系列主题下，将知识融入综合与实践活动，进行知识的学习或应用。如人教版二年级数学教材中有《克和千克》，语文教材中有《曹冲称象》，因而可借助语文课文中的故事作为主题，引导学生运用数学思维配合科学实验来进一步强化对物体轻重关系的认知；人教版一年级科学教材中有《位置和方向》《做个指南针》，人教版三年级数学教材中有《位置与方向》，因而可借助科学学科的情境作为引入，设置问题串，用数学思维来进一步强化对位置关系的认知。由于这些学科中的教学内容都指向同一个主题，由此进行融合有助于学生体会数学知识的价值。学生在操作、探究、交流的过程中，学习和理解数学知识，感悟知识的意义，其中主要涉及量、方向与位置、负数等知识的学习。“综合与实践”活动课可以为单个主题也可以为系列主题活动，以“曹冲称象”的主题活动为例，引导学生主动参与、查阅资料、深入思考、得出结论。可以设计成以下 5 个课时。

第 1 课时，结合经验提出主题学习要解决的问题。引导学生回顾测量物体质量的工具，如电子秤、杆秤、台秤、天平等，引导学生查阅曹冲称象的故事，结合轻与重的生活经验，设置感兴趣的问题：你有更好的办法帮助曹冲测量大象的质量吗？第 2 课时，以小组为单位，设置探究活动，小组交流方案，指导学生深入思考，提出优化方案，如寻找质量相同的石头则只需称一块石头的质量，但石头形状不规则、大小不统一，因此引发进一步思考：能否找一些形状规则、大小均等的替代物来替代石头，如正方体？至此，最小单位得到统一。第 3 课时，经历测量过程，引出质量单位。分别提供相同质量的大正方体和小正方体进行测量，设置问题：为什么用到的正方体数量不相同？至此，引出质量单位。第 4 课时，建立质量单位克与千克之间的关系。通过用手掂量、用天平称量，体验和感受克、千克等的质量差别。思考如何运用“总量等于各分量之和”称出一个庞然大物的质量，鼓励探究度量的策略。第 5 课时，回顾与反思主题活动。分析度量策略的数学原理，分析在度量大象质量时找到合适中介物的重要性，感知“等量的等量相等”的基本原理，丰富度量的活动经验。

2. 跨学科知识与方法的综合设计

小学高年级和初中的数学学习逐步上升为"基于概念的理解"，更加关注问题解决的全过程，体会数学知识的价值。因此，多采用跨学科项目式学习的方式，以问题解决为导向，整合数学与其他学科的知识和思想方法，让学生从数学的角度观察与分析，思考与表达，解决与阐释社会生活以及科学技术中遇到的现实问题，感受数学与科学、技术、经济、金融、地理、艺术等学科领域的融合，积累数学活动经验，体会数学的价值，提高发现与提出问题、分析与解决问题的能力，发展应用意识、创新意识和实践能力。如控制变量法是分析、解决多因素影响问题的科学研究方法，物理学科中可用来探究影响导体电阻大小的因素，生物学科中可用来研究光照对植物生长素分布的影响，化学学科中可用来比较金属活动性强弱，旨在通过使用控制变量法发现变量间的因果关系，验证变量间的函数关系，挖掘变量间的本质联系。因此，控制变量法在物理、化学、生物、数学等学科中频繁使用。以"体育运动与心率"的主题活动为例，任务的核心应明确、精准、简化，如研究运动类型、运动时间与心率的关系；研究运动时间、性别与心率的关系；在有氧或无氧运动中，研究运动时间与心率的关系等。调查研究过程中，控制变量法是核心方法，在核心方法的指引下，进行数据的收集、整理、描述和分析，以获取变量间的内在关系，活动全程以跨学科主题学习为载体，综合运用体育、数学、生物学等知识，研究体育运动与心率问题，作为函数主题中的项目学习。跨学科知识与方法的综合也体现在高中数学教材中，如教材中要求用计算机绘制函数图像，用信息技术探究指数函数的性质、点的轨迹等，将数学与信息技术应用进行充分融合，看似旨在借助信息技术将数学知识化抽象为具体，实则让学生经历用信息技术研究函数图像与性质的过程，掌握研究路径和研究方法，以便解决生活现实中的其他相关问题。

3. 数学建模活动、数学探究活动、文献阅读与数学写作的设计

《普通高中数学课程标准(2017 年版 2020 年修订)》中明确指出：数学建模活动是基于数学思维运用模型解决实际问题的一类综合实践活动，数学探究活动是运用数学知识解决数学问题的一类综合实践活动，教材编写要落实数学建模活动与数学探究活动，要实现内容与数学文化的融合。在人教 A 版普通高中数学教材中，数学文化内容广泛分布在章节引言、正文、例题、习题、阅读材料等板块，因此，文献阅读一方面体现在阅读教材、理解教材中的文本材料，另一方面体现在阅读其他书籍、文献，从中发现数学相关知识的介绍。数学写作即在阅读的过程中将所思、所想、所悟用自己的语言形成文字表达，用文字或符号的形式呈现出来。因此，高中阶段的“综合与实践”活动主要包括数学建模活动、数学探究活动、文献阅读与写作活动。活动以课题研究的形式开展，基本范式相同，经历选题、开题、做题、结题四个环节。基本流程为：资料收集→教师示范→学生体验→中期交流→学生体验→成果分享→成果完善。虽然基本范式相同，但由于具体操作过程的差异性，综合实践活动也各具特色。

设计数学建模活动的基本路径是：实际问题—函数模型—模型应用，具体过程：观察实际情景→发现和提出问题→收集数据→选择函数模型→求解函数模型→检验函数模型，若符合则得到实际问题的解，若不符合则重新回到函数模型选择。首先，问题的选取应基于学生的生活现实，基于学生目前建模认知水平。如在学习运用函数理解和处理问题的过程中，发现茶水的口感随着时间的变化而变化，如果能够建立茶水温度随时间变化的函数模型，就能解决“茶水大约需要放置多久才能达到最佳口感”的问题。在确定主题后，以研究小组为单位，进行数据收集和数据分析。为收集数据，可以布置“长作业”，解决时间和空间的限制问题。在课余时间，选用相同类型的茶叶、用同一温度的水泡制，每隔一定时间测量水温，收集水温随时间变化的数据。然后，借助 Excel、R 软件等工具展开模型选择、模型求解和模型检验。为深入探究变量间的相关性“强不强”“有多强”，一方面，通过关联函数的拟合，独立性检验等，确定变量的相关性强弱，凸显主要变量，忽略次要变量及无关变量；另一方面，为确定相关变量涉及的具体参数，需要查阅资料，综合运用跨学科知识与方法，必要时可求教相关学科教师。最后，通过多次选择模型—求解模型—检验模型，获取最优模型。数学建模活动最终回归生活现实，因此，建模活动的最后应验证模型的有效性，借助模型来解释生活中的一些现象。

在数学探究活动设计中，问题串的设计是关键，问题本身的设计要切中要点，既要切中知识点也要切中思想方法；问题衔接的设计要合情合理，既要讲逻辑也要讲道理。以用“信息技术探究概率分布图，计算概率”为例，用计算机演示高尔顿板试验，设置如下问题串：在投放小球之前，你能知道这个小球落在哪个球槽中吗？随着试验次数的增加，落入球槽中的小球又将如何分布？能否借助图形工具来呈现球槽中小球的分布规律？学生观察试验次数增加时小球的分布情况，思考所有可能出现的结果以及每一个结果出现的概率，而这也是研究随机现象的方法，由此引出二项分布和超几何分布。过程的设计要确保充分自主探究，如通过小组合作绘制正态曲线，探究正态曲线的特征，探究的方法与探究对勾函数的图像与性质的方法保持一致，研究的角度、路径都是开放性的，通过研究一个函数的图形与性质继而得到一类函数的研究范式。有利于学生进一步理解数学，提升数学学科核心素养。

文献阅读与数学写作活动可分为教材内容的阅读与写作及拓展内容的阅读与写作，教材内容的阅读与写作操作简捷，教师可直接分配任务到个人或小组，在课内限时进行或课外以长作业形式进行。针对教材中的知识结构、经典例题、变式习题进行研究，研究成果以概念图表达、典型题分析、变式题分析等形式呈现，或进行反思提出疑问或进行叙述加以记录，用数学语言和符号表达自己的学习心得。拓展内容的阅读与写作活动具体设计过程为：选题→分组→分配任务→收集资料→素材整理→交流讨论。首先结合个人兴趣，确定选题范围、分配具体任务。其次，通过互联网、图书馆等多种途径，或利用周末时间进行走访调查，收集资料，收集的素材不限于文字、图片、音频、视频、数据等，然后根据写作的主题提炼相关素材，把素材按照一定逻辑进行组织，运用数学语言进行合理表达。最后，展现自己的研究成果，表达自己的见解，分享学习经验，如我是怎样想的？怎么想到的？是否还有需要改进的地方？因此，文献阅读与写作活动是学生理解和运用数学语言的良好训练平台，同时，也助力于数学建模活动与数学探究活动的实施。

三、小结

“综合与实践”活动存在的本体价值在于回归真实生活和发展需要，用生活逻辑来统整知识逻辑；实现自主—合作—探究式学习方式的深刻变革；发展、培养学生的核心素养。在“综合与实践”活动课中，围绕真实生活和发展需要中要解决的问题，学生充当数学家、体验者，教师成为引导者，在自主探究、合作交流、反思改进的循环过程中，收获知识，培养能力，发展核心素养。

第六节　数学一轮复习课的认识及课堂教学设计

高三数学复习一般大致分为三个阶段，即一轮、二轮及三轮复习。其中，一轮复习属于梳理与重组的关键期，占用的复习备考时间最多，重要性不言而喻。一轮复习是对知识的系统性重构，不应仅仅是“重复昨天的故事”，而是一个再理解、再运用的过程，需要教师做深度的加工和再创造。

一、一轮复习课的认识

一轮复习不同于二、三轮复习，主要强调对考点知识全覆盖基础上的学科体系构建。要求全面考查，又突出重点，既要揭示数学本质，又注重内在联系。基于教学的基本原则，以“立足教材—融通高考—回归教材”的活动线，透析一轮复习的各环节，有利于更好地开展课堂实施。

1. 树立大单元整体观念，深度认识教材

在单元设计里体现导向性原则。一轮复习，要重视教材的导向性和示范性。认真研读教材，领悟知识内涵是一轮复习课的正确导向。立足教材，研读教材，将知识技能安放在恰当的认识序列，透过现象窥本质，加以运用、拓展、再创造。结合数学教材的章节和目录，合理串联起知识点、重难点等零散要点，形成网络回路的框架体系，将一轮复习体系化、脉络化、渐进化与全面化，有效连接相对独立的基础知识、基本技能，使得内容、要求与学情之间尽可能达到和谐统一。当前市面上的一轮复习教辅繁多，大多版面制作精美，考点题型分门别类，由此导致一线教师往往轻教材重资料，舍本逐末。教辅内的知识梳理常以填空题的形式罗列，以识记为主，易造成知识的零散化、碎片化。倘若不能深入教材，忽视知识发生发展的自然过程，一味刷题，学生就难以真正提升素养，当面对陌生甚至前沿的试题背景，会茫然失措。其实仔细研究试题不难发现有迹可循，虽然内容形式有所创新，但知识、方法和技能等本质始终不离教材，“植于教材情理之中”，故脱离教材是极端错误的做法。一轮复习的实施，站在整体高度审视教材，着重强化对知识的梳理，优化结构、构建网络，以教材中的核心概念、典型例题、定理推导等为蓝本进行重温、变式、引申，激活教材并适时融入高考真题，变罗列式为生长式的学习路径，做到“既见树木，又见森林”，才能最终实现“以不变应万变”。

在结构编排处体现整体性原则。数学知识绝非孤立的“点”，而是围绕基本概念的命题体系，是内在联系的“整体”。教师可立足于单元整体视角，明确单元的逻辑主线，凸显单元的核心内容，厘清单元各部分之间的内在关联，形成综合运用单元内或单元间多元知识结构与方法解决问题的意识，增强学生的整体观与系统观。应从全局看待知识间的相互联系，对结构相关的系列知识再加工，以核心概念为线索贯穿诸多教学内容，有机重组形成单元整体逻辑链条。通过整体性组织学习主线、整体性预设学习活动、整体性评价指导，以“事实—概念—性质(关系、结构、联系)—应用”为知识明线，以“事实—方法—方法论—数学学科本质观”为素养暗线，体会研究一类数学对象的一般路径，探寻更具普适性和本源性的思维逻辑以解决问题，将知识整体连成线、铺成面、织成网，最终对整个大单元形成宏观与微观相结合的、立体化的发展架构。可根据学生的认知能力，特色化、有差异地使用教材开展单元整体复习。在二次开发数学教材的基础上，深入剖析教材的生动情境、逻辑阐述、科学呈现、深刻思想等各方面，分析挖掘问题情境线、知识技能线、思维反思线和表达交流线，统筹规划、建立完善一轮大单元复习的四基建构体系。

2. 融通高考，寻根教材

在一轮选题上体现融通性原则。高考注重对通性通法的考查，而高考命题的依据之一就是教材。教材是历年高考命题之源、母题之根。不少高考题选材于教材的典型例题、课后习题、复习参考题，甚至部分来源于教材的阅读材料、数学探究栏目。教材中渗透的数学文化和课程思政，也逐步成为新高考的热点素材。面对新高考全国数学卷的回归主干、淡化技巧、降低难度、考查素养等试题特征，我们必须做出理性的评估。高考命题基于教材而高于教材，离开教材的一轮复习犹如无本之木、无源之水。教材中的题目往往是一个章节、一个单元乃至一个学科的典型问题。相当一部分的高考试题都能在数学教材中觅到影踪，寻找到相关的试题背景、知识本源、技巧策略、变式拓展等。通过对教材习题的有机分解与高度整合，进行二次开发和利用，融读、融思、融通，从“解一道题”上升到“解决一类问题”，适当设置以社会生活、数学文化为背景的情境题，多角度、多层面挖掘教材习题潜在的教学功能、发展功能和应用功能。

在复习定位时把握适切性原则。定位过高过低都会导致难度的失衡，难度过高，不利于学生把握复习重点，进而忽视基础的夯实，出现眼高手低的失分现象；难度过低，易让学生停留在初级阶段，难以获得进阶提升。因此在设计上要有一定比例的思维拔高，在最近发展区设问，让学生“跳一跳、够得着”，而非简单的重复。教师在备考复习阶段指导学生复盘基础知识，用好教材的例题和习题，可在极大程度上优化“题海战术”。在一轮复习的过程中，根据实际反馈情况，随时调整复习定位，因势利导，提高复习课堂效果。此外复习入口要小，将重心倾向基础知识、基本技能的积累，以及基本思想和基本活动经验的习得，由静态的知识呈现方式转变为动态的知识生成过程，讲求通性通法。扎根于教材，找准绝大多数学生的痛点与盲点，适当分解，逐个突破，注意进行必要的循环训练。当然，完成单一知识点的训练之后，还需要结合高考真题进行一定程度的综合实战演练，要求学生推理严谨，表达完整，书写规范，颗粒归仓，循环往复，螺旋上升。

3. 升华教材，把握考试的导向性

新高考全国数学卷在考试题型上推陈出新，文理合卷，主要体现出低起点、多层次、高落差等特征。低起点，即系统设置选择题、填空题、解答题，在起始题中均设计了较低的知识起点，以回归教材中的基础知识为主。多层次，即新高考数学试题更凸显层次性，试题难度与思维层次明显丰富，对应教材习题中的复习巩固、综合应用、拓广探索等分层组织。此外，新高考数学试题整体上形成高落差，在思维灵活性、深刻性以及方法的综合性、创造性、探究性等方面做出了创新突破，充分体现数学学科知识综合性、应用性等特点。面对新高考带来的种种变化，教师应围绕教材有序地开展复习指导，同时强化对知识技能的综合复习。

在内容组织中彰显梯度化原则。低起点、缓坡度，确保每一位学生在一轮复习都有所发展。从合适的知识生长点出发，分层设计，细致引导，有利于满足不同层次学生的提升需求。正如波利亚所言，一个专心认真备课的教师能够拿出一个有意义的但又不复杂的题目，去帮助学生挖掘问题的各个方面，使得通过这道题，就好像通过一道门户，把学生引入一个完整的领域。在知识纵向联系的“联结点”上，在方法归纳总结的“关节点”上，在思想形成过程的“关键点”上，在容易出现误区的“错误点”上，适时提问，适当追问，升华教材，引导学生再思考。升华教材的关键在于“变”——变问、变式、变通。变换问题的非本质特征，变换命题的条件和结论，变换问题的内容和形式，由浅入深，凸显典型性、层次性、变化性和实效性。

在“变”中探求“不变”的本质属性，在“不变”中寻找“变”的内隐规律。通过变化习题，巩固训练基础；类化例题，催发意义联结；一般化解法，展现通性通法；深化题组，培养思维的概括性、广阔性、灵活性和深刻性，逐步将学生思维引向深入。

在解题反思时秉持省思性原则。解而不思，如同“入宝山而空返”。正所谓知其然更要知其所以然，一轮复习不是简单的知识罗列，也绝非机械的死记硬背，而是升华所学、活学活用。因此，回归教材时教师应有计划、有目的地指导学生开展解题反思，引导学生充分经历由“误”到“悟”的思维过程，并将这种习惯顺延到二、三轮复习当中。例如，可要求学生思考：①已知条件是什么？问题是什么？②已知条件与问题间的联系是什么？③根据条件和问题如何建立较为合理的求解方案？还有别的方法吗？④是否隐藏着更一般化的解题策略？结论如何推广？等等。融诊断、导学、巩固于一体的解题反思，适时引航高考导向，纠正偏差，不仅能给学生提供“黄金”，更给予学生“点金术”。

二、一轮复习课的教学设计

基于上述原理分析，对于一轮复习视域下函数章节单元复习课的教学，采用“立足教材—融通考试—回归教材”的实施路径，按照“整体—部分—整体”的教学序列，进行教学设计。

重基础，通概念，围绕定义，厘清核心概念。查漏补缺、提升能力是复习课的主要功能。对于单个知识点的基础内容可采用习题化复习策略，以练习的形式回顾知识要点，适当辅以图线、表格、口诀等，有侧重地重温教材。其中，概念的内涵与外延属于应知应会内容，必要的记忆不可缺少，但知识梳理的重点应是明晰“缺”与“漏”。以函数为例，函数是刻画现实世界的有力工具，一轮复习可以实际问题引入研究对象。从现象到本质，抓住事物的本质属性，进而认识生活中的函数模型。复习函数的概念，应着重概念的关键词，包括函数的三要素、表示法，强化对核心概念的认知凝聚。立足教材，以单元设计教学，突出函数主线，并对具有共同特征和关联性强的课时内容加以动态整合和统筹重组。总结其设计重点有四：由学生自行提供典型的函数实例，意图是考查学生是否基本理解函数的概念；让学生将已学的函数按照不同标准进行归类，总结不同类型函数的要素与表征，意图是考查学生是否真正掌握函数的本质，以及抽象概括水平；让学生对已学的函数，尝试总结解决问题的思想方法或具体策略，意图是考查学生是否对函数的各类问题具有正确的思路，明确还有哪些问题及解决问题的方法需要补充完善；让学生对函数已有的错题开展纠错分析，找准规避错误的方式，意图是帮助学生将错误转化为教育资源。上述四点可根据复习课时的总体安排，分别进行。

重过程，导思维，嵌入载体，感悟数学内涵。梳理基础知识是一轮复习的起点，但梳理的目的除了唤醒记忆，更重要的在于从新的视角再认识。研究路径是问题解决的方向标与主干道，立足单元整体视角，系统明确研究对象的一般化过程，完整经历“获得对象→研究性质(结构、关联等)→应用拓展”的过程，示以学生思维之道，利于塑造学生良好的数学认知结构。比如，在函数单元，已知不同函数的类型，还要进一步琢磨内在联系。厘清函数研究主线，“现实背景→概念与表示→图像与性质→函数应用”，梳理基本初等函数并整合相关性质，注重知识概念的条理化、系统化，有层次地推进不同函数模型间的纵向衔接。幂函数、指数函数、对数函数、三角函数等都是以教材为蓝本的重要函数模型。研究一般的连续函数，基本上就是抓住几个关键点，以关键点去控制函数，如零点、最(极)值点、驻点、拐点、顶点、切点等。在此基础上，反过来，应用已有的经验和方法，对新函数、新问题加以研究，深化数学研究的一般方法与策略。同时要在新的情境再认识函数，并结合具体的情境让学生体会具体与一般的辩证关系。为充分调动学生一轮复习的主观能动性，可尝试主观构建问题情境描述变量关系，例如设问“如何构建一个问题情境，使其中的变量关系能用解析式 $y=\frac{1}{2}ax^2(a>0)$ 来描述”等。如此，打造了过程开放、问题开放、方法和手段开放的自主型课堂生态环境，适时将提炼的“去情境化”与引入的“情境化”有机耦合。此外，导读、导思、导通，有机整合文化情境，自然渗透函数的发展史，莱布尼兹、欧拉、柯西、狄利克雷等大数学家勇于探究、质疑求真的理性精神无形推进数学学科的育人功能。事实上，复习只有打破应试的狭隘追求，回归对知识的研究、对问题的探索，拥有对学习过程的丰富体验，才可以实现在掌握知识、发展素养中提升兴趣与自信的目的。

重训练，多变化，结合变式，拓展思维宽度。变式的设置是剥开呈现知识的表象，抓住核心要点的不变性，进行的本质再认识。针对思维难点，一线贯穿，对题目加以改装和变化，精细"再加工"可以减少不必要的信息摄取。从函数的不同性质多侧面、多角度、多渠道地剖析问题，掌握通性通法的同时，发现不同问题间的意义联结，进而构建起解决一类问题的路线图，典例的探究成果得以巩固和拓展，从而获得举一反三、触类旁通的效果。新教材增加了"探究与发现"栏目，涉及"探究函数 $y=x+\frac{1}{x}$ 的图像与性质"，教材习题多次涉及函数 $y=x+\frac{k}{x}(k>0)$，对勾型函数一度成为话题热点。一轮复习中，可在回顾幂指对等基本初等函数的基础上，以对勾函数为例设置变式，应用研究函数的一般路径。可选取教材原题中出现的函数 $f(x)=x+\frac{9}{x}$，采用多种方法系统研究其单调性、最值、奇偶性、凹凸性以及图像等，启发学生思考该函数是否具备对称轴，引导学有余力者课后开展自主研究。合理变式，推广至函数 $f(x)=x+\frac{k}{x}(k>0)$，将函数 $f(x)=x+\frac{k}{x}(k>0)$的研究成果作为探究函数 $g(x)=x+\frac{k}{x}(k<0)$的先行组织者，构建一类问题的研究体系，以一当多，进一步引发学生思考"你还想研究什么类型的函数?"，例如，$y=x^2+\frac{1}{x^2}$，$y=e^x+e^{-x}$，$y=x^3-\frac{1}{x^3}$等，适时结合高考真题来发散思维。在一题多解、多题一法中，做到"会一题通一类"，问题的延续推广能使教师的"教"与学生的"学"持续进行迁移，这种方式下的"教"与"学"超越了知识水平，上升到方法论水平，实现"授之以渔"，而非"授之以鱼"。回顾概念形成过程中的分析、比较、抽象、综合、应用与评价等一系列高阶思维活动，本质上是对问题背后的思想方法(抑或数学核心素养)等本原性问题的挖掘过程，是对"做中学，做中悟"的入微诠释。此外，训练过程中应当结合学生各自的实际情况，分层设计巩固训练，实现多维能力的良性发展。思考运用栏目的设置，注重对课程基本思想方法的实践应用，结合高考真题，弄清"怎么考"的问题。探究拓展栏目具有一定的难度，可体验探究的开放性、不确定性和证明的严谨性、简洁性。甚至可以由学生自行研究高考真题、改编教材习题，深入学习解题规范，设计自主学习任务单，凸显数学问题探索研究的理性精神，进一步提升发现问题、提出问题、分析问题和解决问题的能力。

重评价，设互动，调动学生，激发主观能动性。美国心理学家科勒(J. M. Keller)提出的 ARCS 模型，强调教学过程中影响学生学习动机的四大要素 attention(注意)、relevance(相关)、confidence(信心)、satisfaction(满足)，即课堂引发并维持学生的注意、构建学习内容与学习主体间的有效关联、持续生成参与学习的自信心以及最终满足学习者多样化的体验。以 ARCS 模型为理论指导，一轮复习时应当充分经历研讨，组织学生板演示范，开展自评互评，引发解题反思，创设让学生全身心投入的复习情境。具体而言，课堂实施可尝试由不同的学生从推理的严谨性、表达的完整性、书写的规范性等角度评价书写作品。在信息技术的加持下，利用技术平台的数据可视化功能为学生建立"活动档案袋"，存储学生的过程性作品，统计学生的在线活跃度，为最终的复习评价提供可量化的阶段性评价依据。课堂总结阶段，小组评分、弹幕评论的开放，极大程度丰富了场域对话模式。移动终端可随机生成评价对象，推送给不同学生，学生间互评，搭建有效的评价支架。待单元复习活动结束后，学生将复习成果付诸文字、表格、框图等多样化形式，开启新一轮的头脑风暴，以班级成果圈的形式分享，达成成果共享。

重小结，炼思想，总结概括，形成结构导图。一轮复习要帮助学生养成反思提炼、总结升华的学习习惯，但应避免"贴标签"式的小结方式，由学生系统提炼出思想策略；避免"一闪而过"式的小结方式，黑板上应板书课堂要点；可将"最后集中"与"一题一结"的两类方式有机结合，化零为整、化整为零。值得注意的是，教材在每一章的小结部分都设有本章知识结构栏目，其中教材内容的知识结构图实则起导学图作用。在一轮复习课中，建议在整体把握知识逻辑的关联和走向的前提下，由学生自行绘制单元复习结构导图，宏观审视知识"从何而来""向何处去"以及"该如何去"，从学习过程到知识方法，再提炼观念思想，最后延拓结构体系。思维导图和框架网络的构建，其实质在于从不同的视角去整合概括知识、优化思维途径，连点成线，最终指向认知结构的整体观形成。

三、小结

一轮复习切忌好高骛远、漫无目的，应避免知识的线性叠加和课时的简单压缩。在"源于教材，高于教材"的基础上，登高溯源，既要正向回归教材的基础知识、基本技能，又要追溯高考真题由教材母题生成的逆向过程，形成“探寻问题情境—回顾定义性质—梳理常用方法—设计拓展训练”的认知线，达成“激发思考—锻炼思维—形成思想”的目标线，完成“立足教材—融通高考—回归课本”的活动线，透视教材的基础性，把控高考的导向性。

第七节　数学二轮复习课的认识及课堂教学设计

复习作为学习活动中一个重要的环节，人们对它的功能认识多停留在巩固新知识和重构认知结构的层面，从而导致在复习课教学中出现种种困境。数学复习是一个系统工程，需要经历一轮复习的全面撒网、二轮复习的整合优化、三轮复习的调适回归的过程。从知识学习的历程来看，一轮复习强调知识的由来和发展逻辑，更贴近知识本身；三轮复习侧重于测试状态下知识的提取与应用，更靠近考试本身；而二轮复习强调知识的内化、深度理解及有效保持，更接近复习本身。二轮复习有比较明确的复习目的和任务，其复习目标和策略没有太多的规定，往往需要在具体教学中结合高考的考向以及学生的学情有针对性地展开，极大的自主性蕴藏了复习的任意性和经验性，还有创生的无限可能性。

一、二轮复习课的认识

对于数学二轮复习课的内涵特征，从复习的根本目的、复习的内在运行机制以及复习的价值诉求三个层面进行解析。

1. 复习目的达成的策略与方法

在日常的教学中，很多教师仅仅看到了复习的重要性，却没能体会到复习的要义还在于对教学方式的促进和改变。复习的目的在于：复习旧知为获取新的领悟；既复习旧知又获取新知；以新知识与新理解回顾旧知，并更新认知；复习旧知以寻求解决问题的新方法。荀子将学习过程概括为闻—见—知—行的过程，并将复习视作博知和笃行的中间承接环节，反复学习可以达到前后联系，用心思考可以达到融会贯通的目的。复习应对知识进行深入理解和加工，否则光靠死记硬背是难以把握其实质的。复习的内涵不是简单的重复，复习要达到成效应强调复习的策略与方法。

数学二轮复习的主要旨趣在于与一轮复习互补，共同形成融诊断、导学、巩固为一体的复习体系。它将高中所有数学知识按照多种重组形式建构成知识网络，为知识的综合运用做充分的准备。具体而言，二轮复习不仅要对一轮复习中出现的问题及时进行补充或纠正，还要对一轮复习中的核心概念和思想方法，尤其是理解难度较大的主干内容重点突破。在复习方式上，二轮复习如果没有新观念的产生和新知识的扩充，那么它更倾向于是一种集中复习方式。集中复习方式在某种程度上劣于分散复习的原因就在于学习活动和学习内容的重复性让学生失去了学习的新鲜感，从而降低学习效率。

2. 复习的心理学内涵是能经久不忘

在心理学范畴内考查复习的内涵特征也是非常有必要的。知识遗忘是正常的心理行为，而复习是有效的应对办法。奥苏贝尔认为，在真正有意义的学习中，前后相继的学习是相互促进的，后面的学习一定是前面学习的加深和扩充。使数学知识由符号表征走向意义联结，这本质上就是知识结构的建构过程，是学科知识结构和观念形成的过程。布鲁纳强调学习学科的基本理念和观念、基本结构。懂得基本原理可以降低理解难度；学习基本原理、观念，有助于长期记忆，即使遗忘部分也能重新构思起来；领会基本原理和概念能促进有效的正迁移；能缩小抽象程度较高的“高级知识”和抽象程度较低的“低级知识”的差距。学科的基本结构能降低将感性材料转化为理性思维的难度。因此，二轮复习的主要目的不只是呈现知识本身及原有认知过程，而是重构知识网络。只有经久不忘的知识，才是真正属于自己的知识。

3. 破除复习的悖论要遵循课程标准理念

复习的本质具备两层含义：因为重复才能熟练，熟练才会走向深度理解，才能达乎精通；重复又不能完全重复，因为重复容易消解好奇心、消解创新意识，把高层次的能力降为低级水平。可见，复习本身就是一个悖论。因此，辩证地看待复习的含义才能破除悖论，让复习彰显独有的价值。在高一、高二的数学学习中，为了促进知识记忆、理解及结构化，教师已经带领学生做了课时复习、主题（单元）复习或模块复习等“循环复习”工作，那高三为何还要花将近一年的时间进行复习呢？有人认为，是高考对知识的掌握、理解及应用要求过高，所以倒逼着我们的教学要无条件地配合它，而当今“以学习为中心”或“以学生为中心”的教学理念强调的却是“教和学”指向“考和评”，这似乎又是一个悖论。实则不然，复习作为数学课程的有机组成部分，理应遵循课程标准的基本理念。《普通高中数学课程标准(2017 年版 2020 年修订)》指出，教材的编写要体现整体性，具体包括习题中的复习题要关注单元知识的系统性，帮助学生理解数学的结构，提高复习的有效性，达到相应单元的学业要求；复习题也要关注数学内容主线之间的关联以及六个数学学科核心素养之间的协调，有利于学生整体理解、系统掌握学过的数学内容，实现学业质量的相应要求。该课程标准在“案例 16　用向量方法研究距离问题”中专门谈及复习素材的积累与准备。由此可见，课程标准视域下的复习课与概念新授课等课型具有相同的地位并发挥着同样的功能，在复习内容的选择和组织上更具灵活性和自主性。

二、二轮复习课的教学设计

寻求数学二轮复习的路径，根本在于观念上的转变。理论和实践表明，注重多样生成性的课堂能不断激发学生的学习兴趣，以问题为导向的省思性教学能让教学永远处于辩证分析和持续优化之中，以整合和创新教学内容为指向的主题式学习能让学生进行主题式的思考和探究。

1. 以激发与保持兴趣为根本，注重课堂多样化

苏霍姆林斯基曾说过，教育技巧的全部奥秘就在于如何爱护儿童。爱护儿童必然要感受他们的内心世界并满足他们的真实需求。快节奏、滚筒式的复习方式消解了学生的获得感，因此，复习要有新意，需再次激发学生的求知欲、探索欲、创新欲。在课程内容选择上，教师应改编或重组现有课程知识及其结构。如对圆的基础性进行深入研究，可以以圆为线索把三角函数的概念、三角恒等变换、直线、圆、圆锥曲线的内容“一线串”起来，通过增强内容之间的内聚性来凸显主题内容。或者通过师生共同协商开发以延拓类知识为主的课程知识，如初等数学的高等数学背景揭示、基于数学史的文化内涵解析等。在课程组织方式上，也应追求多样化。如以学生为主的探究学习、以教师为主的讲授式学习及以师生研讨为主的交流学习等。当兴趣拥有最重要的优先权时，教学活动开展过程中的自主组织功能也就愈强。通过数学史料或者解题活动等外部条件的驱使，学生能初步感知圆锥曲线定义的无穷魅力。当教师提供合适的平台和机会后，学生就会产生主动探索的内在学习需求。我们曾给学生布置过探究圆锥曲线的定义这一开放式探究任务，以教材的例题、习题和阅读材料等为出发点，他们竟能抽象概括出椭圆的 12 种生成定义。为充分调动学生复习的积极性，教师应和学生协商，打造过程开放、问题开放、方法和手段开放的自主型课堂生态环境，如组织学生自拟试题并参与评卷活动。

值得注意的是，对兴趣的控制要掌握合适的度。学生一旦获得学习的成就感，就有展现自己的信心和欲望，这一点在数学解题展示活动中体现得淋漓尽致。学生通过对探究方法、探究成果的展示，不仅为其他学生呈现不一样的学习式样、思维方式，也对自己的认知逻辑过程重新审视以达至反思性理解。囿于学生思维的系统性和整体性仍有待提高，教师应根据具体教学内容考量学生展示教学活动的可行性和有效性。

2. 以问题—策略—反思为导向，坚持省思性教学

问题教学是数学教学的主旋律。问题教学的核心在于问题及问题链的构造，既要复演知识的产生过程，又要展现知识的发展性、关联性以及应用性且后者是二轮复习的主要旨趣所在。二轮复习要直面学生数学学习中的困惑和疑难问题，以及一轮复习中的新生问题，所以二轮复习应更加注重数学问题的质量。

首先，问题应体现导向功能和诊断功能。问题的导向功能体现在问题从质疑到提升，直至其本质的全过程。问题提出、问题解决的策略以及问题的反思导向协商交互的教学关系，导向以合作和探究为本的学习方式、导向深层次的数学高阶思维。“没有完全解决了的数学问题”“解决问题的同时，又发现了新问题”，这是问题的诊断功能。确切地说，数学问题的合理选择是为发现学生数学学习中的现实问题并成功解决而服务的，因而数学问题的解决过程要能充分暴露学生的思维过程，这样的教学才有针对性。其次，问题应体现激励与评价功能。问题之所以要形成问题串，是因为问题本质上是辩证且关联的，问题教学的逐级推进过程也是激发学生探究的欲望，发掘内蕴丰富的数学思想方法的过程。问题承载着教学的主题，对问题的激励、诊断等功能的省思便是自觉地践行主题探究和展示的评价功能。

问题一旦被提出，就必须要被解决。如果教学过多地关注“解决问题”层面，那势必会削弱“问题的解决策略”的教学效益。因此，教师要引导学生解决的不是某个问题，而是一类共性的问题，即上升到了策略层面。通过每一轮的复习以达到对问题解决策略的概括与归纳，其本质上是对问题背后的思想方法、抑或是数学核心素养等本原性问题挖掘的过程，是对“做中学，做中悟”的入微诠释。如在复习解析几何中的中点弦存在问题时，点差法为什么适用于椭圆而不适用于双曲线，教师如果仅仅给出"椭圆是封闭图形，双曲线是开放图形"的直观解释，学生似乎难以真正理解，只有回到代数变形的属性特征上去，才能揭示出点差法是一种非等价变形方式。之后教师还应对该数学运算中的算法和算理做进一步的剖析，以归纳出代数，尤其是方程或方程组变形的一般策略。值得注意的是，这里的策略既注重宏观上的整体把控，也强调微观上的针对性，即问题的解决策略指的是大观念下的具有可操作性的有效办法。

弗赖登塔尔指出，反思是数学思维活动的核心和动力。问题解决策略形成过程中的反思是为了新策略的产生，它有助于复习效率的提高。具体表现为学生在已有的认知基础上对 CPFS 结构(喻平教授提出的数学学习中特有的由概念和命题组成的知识网络结构)的不断重组和优化，以提高数学理解、数学模式识别与构造，以及问题表征的能力。反思不能仅仅停留在方法与策略的比较与优化阶段，还应在数学观念的转变上，如认识到数学方法的辩证性、思考问题的优先性等。因此，数学复习中的反思不能也不应成为可有可无的教学环节，它应成为师生自觉的必备性学习行为。在借鉴布鲁巴赫关于四种反思方法经验(写反思日记、观摩和分析、职业发展、行动研究)的基础上，教师可开展对复习课中的典型问题进行行动研究，可基于"复习课优化"的教师间听评课观摩与分析，也可以以复习课为视点重新审视各种数学课型的教学特点以及对教师专业发展的可能性。学生的数学学习反思性活动则主要体现在对解题全过程的回顾、对问题解决策略的优化、对问题本质的探寻和剖析以及对思维水平的监控和调节等方面。

3. 以整合和创新教学内容为指向，贯彻主题式学习

数学教学的根本目的是谋求思维的发展。不可见的数学思维往往用知识网络结构来刻画，因此对原有知识网络结构的整体或细节进行补充、纠偏以及更新的过程就是发展数学思维的过程。

变式教学，作为中国数学教学的主要特征，在促进学生学习的主动性，培养学生思维的全面性、深刻性和灵活性以及创新性方面有着显著的效果。顾泠沅先生曾对变式教学进行过系统而深入的实验研究和理论分析。在对"概念变式"进行多角度理解的基础上，顾泠沅先生还将"概念性变式"推广到"过程性变式"，从而使变式教学既有利于数学概念的深度理解，又有助于数学活动的多层次推进。如复习函数的单调性，就可从函数图像和代数式结构变式上引入函数单调性概念，既凸显了定义法的基础性，又彰显了数学概念“数”与“形”的双重性，也可通过函数单调性与函数概念、奇偶性等概念之间的逻辑关系这类非概念变式有效地推进教学活动，以促进数学基本活动经验的积累。章建跃老师认为，变式教学是回归数学本质的有效途径。变式就是变更对象的非本质特征的表现形式，变更观察事物的角度或方法，以突出事物的本质特征，突出那些隐蔽的本质特征。如复习基本不等式时，对典型不等式问题的一题多变、一题多解、多解归一有助于基本不等式内涵及价值的回归。基本不等式的内涵体现在“基本”二字上：属于最少的代数基本对象(二元对象)；围绕“和式”“积式”“平方和式”三种结构的基本运算方式；为其他不等式的证明和应用奠定基础地位。从基本不等式的应用层面分析，一般涉及求函数、代数式的最值和放缩到另一代数式两种情形，即应在问题变式中掌握这两种功能。从综合变式教学的价值意义中可以发现，变式的过程本身就是多向比较与必要优化的过程，是寻求问题本质的反思性探索过程。于贯通知识的横向联系而言，一次次问题变式犹如一次次知识整合和一场场基于学习成就感驱使的有益尝试。实践表明，将变式教学和情感教学通过课堂互动有机地融合在一起，能有效提高高中数学复习课的效率。

从课时到单元，从模块到主题，教学内容逐渐呈现出整体性、结构性和有机关联性的聚焦化态势。主题式的内容能让学生静态的知识“流动”起来，能自觉建构起横向或纵向的知识发展逻辑体系。通过主题研讨，学生能主动地参与到主题探究以及主题成果评价中，能切实感受到自己是课堂教学活动的重要推动者和教学内容的创生者。这种高度参与课程的主人翁意识会驱使他们追寻知识的关联性，从而概括并归纳出更为基础、更为核心的探究主题。以“主题—主线”式的学习逻辑指导数学学习的每一个环节，不仅能让学生养成自觉主动思考的思维习惯，还能让思维结构清晰化、有序化和结构化。如在复习“解三角形”时，仅仅认识到用定量的方式代替定性的方式是远远不够的。解三角形，需求解边和角中的未知量。研究对象三角形本质上是几何图形，因此，复习应秉持几何要素分析优先的基本原则，考虑到向量是刻画数与形的典范，故主题可确定为“利用向量探究三角形的性质”。

三、小结

二轮复习是以知识整合为手段、以问题解决策略化为诉求的重要复习模式。只有正视复习现状，并对其困境进行充实的理据透析，复习策略才能得法且得道，发挥其应有的教学价值。教师只有具备问题研究的自觉意识和科学研究能力，以及实践性和批判性的行动研究能力，才能达到"育知""育人"的目标。

第八节 数学三轮复习课的认识及课堂教学设计

三轮复习是模拟训练，查漏补缺，回归基础，调整学生状态，提升学生的应试水平，使学生在高考中正常发挥或超常发挥。

一、三轮复习课的认识

三轮复习应查漏补缺，掌握应试策略。三轮复习侧重于考试状态下知识的应用，基于教学的基本原则，以下从"立足训练—融通高考—回归基础"的活动线，透析三轮复习的各个环节，有利于更好地开展课堂教学。

1. 把握考试改革方向，深刻认识考试评价体系

在新高考改革中，核心价值与关键能力成为高考考查的重点，情境是高考命题的核心载体。教师需要准确认识"核心价值金线、能力素养银线、情境载体串联线"和"无价值，不入题；无思维，不命题；无情境，不成题"的考查要求和命题规则。新高考综合改革背景下，应以提升学生的学科素养和关键能力为主要的教学目标，通过学科思维训练，让学生从知识与技能的习得转向思维能力的学习与训练，从浅表的零碎信息的获取到深层次的理解与应用，从机械重复式学习转向主动思维训练；通过多元、灵动、开放的情境式、探究式教学，培育学生发现问题、分析问题、解决问题的能力，引导学生培养综合运用所学知识和关键能力解决实际问题的水平，培养学生独立思考、敢于质疑、信息加工、逻辑论证、科学探究和批判性思维的能力。

2. 立足科学训练，培养高阶思维能力

遵循最近发展区原则，科学组织模拟训练。模拟试题的命制遵循最近发展区原则，注重基础、能力立意、凸显素养，合理控制难度和区分度，让不同层次的学生在训练中有思维能力的发展，提升不同层次学生的数学能力和素养。模拟训练的目的是提高学生的审题能力、综合运用知识的能力、应试能力。应以思维为中心，突出思维过程的训练，提升思维的能动性、灵活性和穿透力，提升思考能力、高阶思维能力。数学复习备考应力求注重基础、能力、应用意识和创新精神的培养。

3. 融通高考，回归基础

复习设计体现导向性原则。三轮复习，要重视教材的导向性和示范性。回归教材是高考数学复习的基础，三轮复习是高考的冲刺阶段，回归教材显得尤为重要，这个阶段主要以做难度适当的试题为主，主要是提升学生的考试水平和能力，并在解决问题的过程中特别注意对基础知识进行夯实。回归教材可以再次加强学生对核心基础知识的理解和掌握。高考注重对通性通法的考查，命题的依据之一就是教材，数学教材是命题之源、母题之本。教师要引领学生依托教材对知识进行梳理，构建知识结构体系，融合高考试题，打造探究式、生长型高效数学课堂。

复习设计体现整体性原则。数学知识的教学要注重知识的“生长点”和“延伸点”，把每堂课教学的知识置于整体知识的体系中，注重知识的结构和体系，处理好局部和整体的知识的关系，引导学生感受数学的整体性。需要教师带领学生以核心知识为主干，对知识进行梳理、归纳、串联、整合、拓展，促进学生建立起合理的知识网络，提升学生对知识的迁移和综合应用能力。回归教材时，不仅要关注教材中重要的概念、核心定理等内容的阅读和理解，还要关注目录、章引言、图表、课本旁白、阅读材料、拓展内容等。教材正文部分主要是对核心知识点的描述，而教材中的旁白、插图及“探究、思考”等辅文隐含对核心知识的解读和延伸。对核心概念的阅读，教师要引领学生以核心概念为中心，以横纵联系为阅读视角，结合隐含在图表、旁白、探究栏目中的概念等内容，进行精细阅读。对教材例题的阅读，主要是有意识训练学生的答题规范，引导学生对教材中的例题进行“说理式”阅读，针对例题的解答过程，弄清楚每一步的因果关系和逻辑关系，能说清所运用的概念或定理等，学会解答问题时突出重点，规范答题，加强书写表达。

复习设计体现补短性原则。经过了前两轮的复习，大多数学生已经知道哪些内容存在问题。三轮复习阶段，学生还有进一步提升的空间，关键是温故知新、寻找弱点、回归基础，针对弱点进行专项训练，若基础知识和通性通法存在问题可以回归教材，组织学生进行微专题探究，通过探究让学生在此过程中对相关的知识和方法进行整理，通过变式训练让学生在解决问题的过程中融会贯通，提升高阶思维能力。高考命题秉承突出考查数学知识本质和通性通法原则，只有体现数学本质的方法才能体现学生的数学素养，而体现学生数学素养的方法往往就是思想观念层面的方法，这才具有基本性和普适性。

二、三轮复习课的教学设计

基于上述原理分析，采用"立足评价—融通训练—回归教材"的实施路径，按照"整体—部分—整体"的教学序列，来进行教学设计。

基于深度学习理论，进行整体性教学设计。深度学习是对核心内容的分析和教材的整合以及学生高阶思维的参与，获得知识、过程、方法、价值的深度情感，完善和发展认知结构，形成学习能力并能够将这种能力迁移到新的情境问题中，有效解决问题的学习。数学整体性教学设计是将具有结构关联的知识学习作为一个系统，以学生的"学"为中心，以"用"知识和方法学习新知、解决问题为目标，把具有相同或类似结构的一类课进行关联思考和整体设计。将孤立的知识点教学变为学习主线统领下的教学，学习主线将知识发生、发展、知识运用串联起来。如，解析几何的每一种曲线的研究基本都经历了"情境—几何特征—代数表示—代数运算—几何解释"这一路径，不仅贯穿于几种曲线的研究过程，而且贯穿于每一个具体问题的研究。在解析几何三轮复习教学时可以核心知识为主线，按照"整体—部分"设计框架做整体性设计，椭圆微专题的教学设计可遵循"事实—概念(本质)—性质(关系—结构—联系)—应用"的路径设计，设置情境问题串，层次推进，步步为营，师生互动，探究交流，总结规律，拓展应用，培养学生掌握通性通法的一般思维能力。

基于"再创造"理论，进行深入性的教学设计。教师进行教学设计不仅要有整体观，而且要引导学生在具体的问题上进行研究。引导学生经历"观察试验，引发猜想—类比模拟，积极联想—发散求异，多方设想—直觉顿悟，突发奇想—群体智力，交互成长"的过程。如，在掌握了解析几何的一般研究程序之后，针对具体的曲线要有具体的解决方法。同为有心曲线，双曲线的处理难度要大于椭圆，要深入研究开放有心曲线与封闭有心曲线究竟在哪些地方不同、渐近线的控制作用如何把握，然后选择典型问题进行深入研究。有心曲线与无心曲线的区别在哪里，抛物线的处理与椭圆的处理有何异同，同为开放曲线，抛物线的处理与双曲线的处理有何异同，这些问题均需要再创造地进行深入研究。

基于深度学习和再创造学习，进行结构性的教学设计。三轮复习全面强化对各个知识点及其联系的数学理解，加强前后知识点之间的联系，构建知识结构网络，形成个体网状认知结构，提升复习效果。在整体复习和深入复习的基础之上，三轮复习要引导学生深化认识，形成牢固的、结构化的认知结构。如，解析几何是用代数的方法研究平面曲线，联立方程组，解方程组，然后对解进行几何解释，这是最通用的方法。然而，在具体问题上，还有一些具体技法，如平移后进行齐次化法、曲线系的方法，这些方法的原理是什么，是否逻辑等价，在知识结构、认知结构中处于什么位置，与之关联的方法、思想有哪些，能否用平面几何的观点和方法简化解析几何的计算，这些均需要教师引导学生深入认识，形成结构化的知识体系和认知体系。

整个教学设计应有全面整体观、深度学习观和整体结构观。

三、小结

三轮复习应注重素材选取的基础性、普遍性、综合性、应用性和创新性，突出知识体系的完整性和知识间的联系，要使学生能够基于情境深入思考，整合所学知识得出结论，触类旁通、融会贯通。引导学生对数学本质进行充分欣赏、理解，从“解题”逐步走向“解决问题”，形成批判性、创新性的思维能力。

第三章　课堂教学之论

第一节　论数学学与教中的复习

一、“双减”政策需要落实在课堂教学之中

在数学教育中，实现减负增效是提升学生数学素养的关键。重视巩固、训练和记忆是我国数学教学的传统特色，俗话说熟能生巧，熟练了就能掌握技巧或找到窍门，这是我国一直以来的数学学习基本立场。许多教师秉持这一原则来指导学生的学习，在教学中表现为布置大量的常规解题训练，这使得学生的数学基本功十分扎实，我国学生多次在国际性评估中取得名列前茅的成绩便足以证明这一点。然而，若教师对熟能生巧中的“熟”过于偏重，就会使学生陷入“题海战术”，渐渐丧失对数学的兴趣，也导致师生的负担难以承受。针对这种现状，我国出了“双减”政策，数学教育者应该意识到“双减”的目的就是要实现学习的减负增效，最终改变传统数学教育中基础训练过剩、创新不足的局面。从另一方面看，熟能生巧对于如何帮助学生实现有效的数学学习有一些启发。“巧”是由“熟”到“通”的过渡阶段，即由大量的解题训练达到灵活运用需要对知识有着深刻的理解。因此，所谓“巧”的实质应为理解了知识的本质和运用知识的方法，它源于“熟”，是在熟练运算操作的基础上发生了思维飞跃，即由扎实的操作性训练上升到真正理解知识的本质，从而最终实现对知识的灵活运用，理解的本质是在新旧知识之间建立联系。因此，学生只有真正理解了所学数学内容，知识才会内化于认知结构之中，才有可能沉淀为数学素养。如何由“熟”到“巧”？是通过大量的训练吗？显然这与“双减”的精神格格不入，要把“双减”的精神落实到课堂教学中，需要基于学科特点找到数学学与教的减负增效的有

效方法。

数学具有区别于一般学科的高度抽象的特点，对于学习者来说，理解数学并不是一件容易的事情。因此，很多学者深入研究了学生的认知过程，以期摸索出一些有效学习的经验。如杨骞认为数学学习是一个认知的过程，主要分析了个体的认知经验及其结构是影响数学学习的五种因素之一。冯德雄等研究了数学学习的感知和理解，讨论了以数学语言为媒介，无论是数学概念或命题的学习均需要与原有认知结构相联系。喻平等阐述了数学学习心理特有的认知结构 CPFS 对学生学习数学的影响。朱长江等在大学数学教学中寻找认知的固着点的目标、路径和成效。韩云桥论述了数学学习的经验性思维，指出原有认识水平对于新学习的需要就是学习意义上的经验性思维成果。随着研究的不断深入，深度学习在教育领域的研究引起了教育工作者的高度重视。郑毓信先生指出数学深度教学的重要环节是注重“联系的观点”，这与理解教学有直接关系，即只有从更广泛的角度，也即用联系的观点进行分析思考才能达到更大的认识深度。于然以小学数学为例，明确了教育学里的深度学习是在教学实践中通过激活学生已学知识以及明确新旧知识之间的关系来实现教学目标的。

各家之言具有共性，越来越多的学者认识到在数学学习中，寻找认知的固着点可以有效帮助学生更好地理解新知识。从数学的本身特点看，数学知识是结构化的知识，任何知识并不是孤立存在的，它们彼此之间不仅有历史发展顺序的先后，还有内在的逻辑顺序。因此无论是从横向或纵向上，新的数学知识总可以找到已学习的旧的数学知识与之联系，学生若根据知识间的联系加以重新组织，便会形成良好的认知结构。

基于上述研究，从知识间的内在联系与学习心理学两个维度出发阐述数学学与教的过程中复习的内在涵义，探索如何在数学教学中寻找学习的认知固着点，优化原有的认知结构和认知方式，以达到在数学课堂教学中减负增效的目的，把“双减”政策落实在数学课堂教学之中，可缓解数学学习中的焦虑。

二、数学学习中的复习

数学学习的过程也包含着复习的因素，两者并不是前后割裂的，而是融合进行的。平时所说的复习多是指以回顾和重温旧知识为主的学习活动，从这个意义上讲，复习似乎仅是对已有知识的重复学习。孔子说“温故而知新”，即温习学过的知识能得到新的理解和心得，数学学习过程中的复习特性表明“知新”的过程也是“温故”的过程，是“故”的升华。复习的内涵具有发展性和灵活性，是在反思、改进的基础上进行的思维活动，而不是一种机械的重复过程。从思维角度看，复习指的是沿用已有的思维方式来学习新知识，这也是皮亚杰所说的同化，即主体用原有的认知结构去学习新知识的过程，这对原有认知结构来说是一次复习。从知识角度看，复习是指对以往的知识进行巩固和深化，经过这种反复的再认识以达到更高层次的理解。这和顺应的观点一样，即在把新知识纳入原有的认知结构时，对原有知识又有了新的认识和理解的过程。

行为主义认为人的动作是可重复的，实际上人的心智活动也是可以“重复”的，这里指用原有的认知结构来学习新知识，构成了数学学习的基本条件。由于数学认知结构具有个体性，心智的“重复”并不等同于完全的复制，在元认知的参与下，主体通过评价和调整认知策略，会在自身已有的认知基础上对新知识进行建构，这使得每个人头脑中重组的认知结构都是有差异的。另外，良好的数学认知结构必须伴随着知识结构的形成而发展，不可能脱离知识而形成，而知识发展的脉络是重复的，这就为数学学习的过程包含复习的过程提供了必要条件。因此，从数学学习心理学与知识间实质性的、非人为的联系两个维度出发，可以揭示数学学习过程中复习的内在涵义。

1. 知识间的对偶性使得数学学习具有复习特点

奥苏贝尔认为，学习的实质是符号所代表的新知识与学习者认知结构中已有的适当概念之间建立实质性联系的过程。他曾说，假如让我把全部教育心理学仅仅归结为一条原理的话，那么，我将以一言蔽之：影响学习最重要的因素就是学生已经知道了什么，要探明这一点，并应据此进行教学。因此，数学知识不是无源之水，学习的新知识是以旧知识作为固着点生长出来的，旧知生新知；而在新知识中又内涵与之相关联的旧知识，新知蕴旧知。

在数学历史的长河中，人们发现或发明知识多是基于现实的需要，但是随着对知识本质更深入地洞察，人们逐渐意识到有些知识就像卯与榫，内部存在着对偶关系，由它们构成的逻辑脉络交织成了一张知识网络。新知识若是循着逻辑关系从已有知识中找到固着点，便可在学生头脑中建立起更稳定的认知结构。这是从知识内在关系的角度来理解数学学习中包含复习要求的原因，也启示我们若在新知识的学习中能重视从旧知识中寻找经验或知识基础，那么充当固着点的旧知识会在学习中得到复习，这样新旧知识就融合在一起了。如在数学史上，对数概念的出现是早于指数的，但由于学生有乘方的知识基础，接受指数比对数要容易得多，现行的中学数学教材从指数和对数互为逆运算的逻辑关系考虑，通常以指数作为学生学习的固着点来引出对数的概念。另外，学习对数也可以看作对指数的内容进行复习，在证明对数运算法则时，总要先进行指数对数的互化，根据ACT-R理论，这为学生将指数从陈述性知识转变为程序性知识提供了训练机会。如此一来，知识间的对偶性使得从运算关系的角度引入对数是水到渠成的，也对学过的指数知识进行了巩固，即利用知识的对偶关系，在新知识的学习过程中实现了对原有知识的复习。知识的内在发展顺序决定了后面学习的知识中包含着前面学习过的知识，于是沿着知识的逻辑脉络，新知识的产生是自然而然的，也是符合学生的认知规律的。

从数学的本质来理解知识间的对偶性，数学不仅强调知识间内在稳定的逻辑结构，还有知识形成的思想方法，因此表面上看似不同的理论，可能在思想方法上有着对应关系。如极限理论的建立为微积分的发展提供了强大的工具，同一门学科思维方式基本上是一脉相承的，受到微分采用“无限细分”方法的影响，积分采用“无限求和”的方法解决问题，两者在本质上都体现了极限思想。学生若在学习微分时领悟了极限的思想，那么也可以用同样的思维方式来学习积分。学生可以借助已有的理解迅速掌握新知识，认识到微分与积分是一种对偶关系，有一个微分公式就有一个积分公式，同时在新知识的学习中复习深化了对极限理论的理解。从经济性的角度来看，知识间的对偶性给数学的学习与复习带来了一种互惠关系，把握好知识间的这种关系，学习就可以不通过删减内容而减负，在课堂教学上往往就能达到事半功倍的效果。

2. 知识间的层进与拓展使得数学学习具有复习特点

根据认知主义的观点，学习就是在新的认知活动与认知结构的相互作用下，学习者认知结构的重新组织。认知结构为新的认知活动提供了必要的认知框架，当新知识经过内化被主体接受后，原有认知结构会得到扩展和推广，具有更强的包容性和解释性，即在更高的层次上对已有知识进行了重新构建。这种构建的拓展性既体现为主体将新知识表征为熟悉的形式，建立基于个体经验的特定意义，这便是学习的过程；又体现为原有知识的内涵在新的认知结构中得到了丰富，这便是复习的过程。由此，知识的层进与拓展使得数学学习是不断进行复习的过程。

实现知识的拓展，需要新知识在原有知识的基础上从横向与纵向上层层递进，突破原有的认知框架，从更宽广的视角对知识进行继承和创新。数学学习是一个用原有知识经验赋予新知意义的过程，看似是用头脑中同一认知结构不断反复地去理解新知识，其实是一种更高基础上的再认知，每一次对新知识的内化必然会实现对原有认知结构的螺旋式拓展。在哲学意义上，这种螺旋式上升的认识规律是从一个事物到另一事物的转化，既是对原来事物的否定，也是对原来事物更高级的认识。可以说每一次的数学学习都是对复习的延伸和突破，“接知如接枝”，新知产生于旧知，却能够不拘泥于旧知，在原有基础上得到新的发展，这种发展才是学生数学认知结构不断得以优化和拓展的内在动力。如引入复数之后，学习复数的过程也就是重新复习实数域上有关知识的过程。可以用复数重温代数式的加、减、乘、除、乘方、开方、二项式定理，可以用复数重新认识几何变换，可以用复数重新认识向量、三角，可以用复数重新认识不等式、解析几何等，几乎可以用复数把整个中学数学的内容重新梳理一遍。教材把其放在课程教材的最后一章是有深意的。在课堂教学中，教师要让学生体会到旧知与新知的相似性，对已有知识再体验，也要感受到差异性，这既是旧知识的新生，也是新知识的特殊性。知识间的层层递进与不断拓展，使得学生学习和内化新知的过程是螺旋式发展的，也决定了学习的过程必然包含对旧知的复习与超越。

3. 知识间的传承与进化使得数学学习具有复习特点

数学知识的进化意味着旧知和新知实现了知识间的融合，知识融合被认为是一个创造过程，新旧知识可以在更高水平上进行分析组合，从而促进认知的发展。这和皮亚杰的观点相印证，他认为数学认知的进一步发展可以看成自反抽象的反复应用，即在更高的层次上对已有东西进行重构，从而使前者成为更大结构的一个部分。从知识体系的结构来看，这种层次关系使得更大体系内容的学习中包括对更小体系内容的复习。如数系的发展，经由扩展后的新数系总是把原来的数系作为一个部分包含在自己内部，并且每一次扩展新数系会得到不同于原有数系的新特征。再如函数概念的历史发展也体现了融合的特点，函数概念在原有定义的基础上经历了七次扩张，逐步抽象化，变成了现在非常广泛的概念，同时使得其本质越来越明晰。

数学知识的进化也意味着新知对旧知的完善与深化。俗话说，站位越高，看得越远，当数学知识进化到新的、更高的抽象程度时，对原有知识体系的审视才会更深刻。这在现代心理学中也能找到理论支撑，具有积极作用的逆向迁移可以使已学内容不断被更新、改造、整理和重组，形成更合理的知识结构。数学学习的新知识会使学生对原有知识的理解更加深入透彻，数学学习在复习中得到深化。如初中所学的圆的知识在高中进化成了三角函数，以至于所有三角函数的变换无非是圆的性质的解析表达。学习三角函数在某种程度上是在重温圆的知识，重温圆的知识也是习得三角变换的一种途径。初中所学的相似三角形的知识在高中进化成了数列，学习数列如果缺乏初中的知识基础，很难得心应手地习得数列的本质。高深数学的学习也是如此，如实变函数最初是为了解决数学分析理论的缺陷，在研究病态函数的过程中逐步精致化而发展起来的一个数学分支，是对数学分析思想和方法的提炼和总结。教师在课堂上应注意类比，使学生认识到旧知识框架中的内容与方法是研究新知识的重要手段，从新知识框架重新透视旧知识体系，会对旧知识框架中的知识与方法有着更进一步的发现、理解与体悟，从而使旧知识在认知结构中得到深化，变成更为稳定的固着点。因此，从知识进化的角度来讲，研究新知的方法与“套路”可视作对旧知的复习，而学生一旦掌握了更抽象、更深刻的知识体系，也是对以往知识结构的二次复习。

学科的发展特点使得数学学习过程具有复习特点。不同于自然科学的新学说推翻旧学说、不断证伪的发展特点，数学的发展具有累积性，新学说在旧学说的基础上“添砖加瓦”而不是推翻，正是数学的这种发展特点使得数学的学习过程具有复习特点。新知与旧知的对偶关系，使得旧识与新知之间形成一种“镜像”关系，旧知中的结论与方法可以映射到新知中；新知与旧知的层进关系，使得旧知与新知之间形成一种“衍生”关系，旧知中的结论可以类比迁移到新知中；新知与旧知的传承关系，使得旧知与新知识形成一种“进化”关系，旧知中的结论与方法脱胎换骨般地变化成了新知，从而使得新知的学习具有复习特点。

三、数学教学中的复习

如何把数学学习的复习特点在数学教学中体现出来，以学定教，需要回到数学的本原加以思考，并提出合适的方法。上面从数学学科发展的角度解读了数学知识的特点，认为学习作为结果的数学知识的过程具有复习特点。从知识产生的全过程来看，数学知识产生、发展的思维方式也具有复习特点。这种复习特性蕴含在作为结果的知识之中，在教学中要尽可能地揭示出来，减轻学生的认知负担。

对数学学科知识深刻的认识本身就能产生教学上的独特见解：数学是一门以问题为核心的学科，数学教学自然从提出问题开始；在不断地分析与解决问题的过程中，数学概念经历了具体化、符号化及形式化后被抽象创造出来，这使得数学知识的发展脉络是可“重复”的；数学基于已有概念不断逐级抽象产生新概念，而概念与概念之间的内在关系逐渐形成了知识体系；随着认知结构的构建与完善，已有的知识体系便可对新的数学内容进行多角度的、有意义的建构学习；最后，知识“重复”的学习方式总结升华为抽象的思想方法模式，这时才形成了知识的本质。由此，教师需要基于数学学科特点，融合数学学习的过程包含复习特性的理念，衍生相应的教学法，揭示知识发生、发展的过程，使学生领悟发现、研究数学知识的精神和方法，从而达到数学教育的真正目的。这是基于学科特点的以学定教，有助于“双减”政策在课堂教学中的实现。

1. 知识产生的动力方式使得数学教学具有复习特点

问题在数学发明创造活动中占有重要地位，数学是在不断提出问题、分析问题、解决问题中发展起来的。因此，数学课堂教学围绕着问题而展开不仅展现了知识之间内在的逻辑关系，也让学生同时掌握知识研究的基本“套路”和方法，这样每一次新的学习都是在对“套路”、方法进行复习，促进了学生思维能力的发展，这是数学课堂所追求的最佳教育效果。

问题提出的基本“套路”有很多，这些问题提出方式要反复教、反复学习，直至学生自己能提出科学上的问题。第一，围绕基本概念提出问题。如引发数学三次危机的三个问题都是围绕理解起来十分简单却足以摧毁整个数学理论大厦的基本概念而提出的。教师可以围绕基本概念提问“是什么”或“如何理解”，根据反馈来了解学生对于概念本质的理解程度。第二，围绕核心概念提出问题。如极限是微积分的核心概念，极限与微积分各部分内容有什么联系。捋顺了核心概念和其衍生的知识间的关系，学生就能体会到对连续、微分、积分和级数的学习也是对极限进行复习的过程。第三，围绕物理事实数学化提出问题。数学中相当多的创造源于物理问题的推动，如微积分的发明就是为了解决基于物理学的发展而提出的四个主要问题。向量就是一个带有物理背景的典型数学概念，仿照这种手法，在引入向量运算法则时便可基于物理事实来提出问题。第四，围绕特殊情形的猜想提出问题。如在立体几何的证明中，引导学生基于直观感知，沿着猜想的方向探索求证，如果出现思路阻塞或者矛盾，再回到前面的猜想做调整，从而在认知与元认知的反复调控下得出严谨的证明。

由此可见，学生要向数学大师学习提出问题的方法和思维，数学学习即是在相似的问题提出模式下不断复习和深化的过程。教师应帮助学生学会提出问题。

2. 知识运行的自然脉络使得数学教学具有复习特点

数学知识的发展是循序渐进的。数学来源于现实，数学知识不是靠数学家突发奇想创造出来的，而是由于社会实践的需要。数学又超越现实，知识最初用来解决现实中的具体问题，后来可以脱离现实背景解决一类相似的问题，人们就使用符号语言从特殊的现实原型抽象出了一般的数学概念。数学知识形成和发展的脉络是不断重复的，数学学习无非就是复习这些脉络的发展过程来获得对新知识的理解。从这个逻辑意义上出发，David Tall 建立了数学三个世界理论，总结了数学知识脉络重复的结构。

在教学中，教师可以基于数学三个世界理论来进行知识分析：对于具有现实原型的概念，应该尽可能构建现实问题情境，让学生在具体化世界中感知并操作学习对象，帮助学生建立感性经验和直观经验，再经过辨别、比较、分类、概括，用数学语言对概念进行定义。这是在经验层面进行的教学，同时是对学生在接受新概念前相关内容和已有认知的复习。对于经过知识间的逻辑关系自然推演出的概念，需要侧重在符号化世界中理解概念在过程和对象上的数学意义。从过程上来理解，根据 APOS 理论，学习一个概念要经过一系列的操作活动将新概念和头脑中已有知识经验建立联系。从对象上来理解，一个概念是一串概念链索的一个环节，后面概念需要建立在前面概念的理解上，这里概念被当作一个整体对象看待。这是在理论层面的教学，概念被赋予数学意义并获得了符号表达，而将概念由过程压缩为对象，也实现了对经验层面的复习。最后，数学知识体系中处于中心位置的核心概念往往是在形式化世界中经过了高度抽象得到的，它们背后蕴含了数学创造的基本思想，往往是一门数学分支产生的重要标志，如函数、方程、极限等知识都是这类知识。揭示这类概念引入的合理性就是注重概念内在的思想内涵，要把概念的提出建立在学科思想方法上解析基础上，从宏观层面形成对高度形式化的定义的理解。这即是概念最高形式层面的教学，它基于前两个层面使得概念的广度和深度得到了极大发展，但要理解其抽象形式下的思想，又需回到对前两个层面的复习。

教师引导学生从具体化世界到符号化世界，再到形式化世界，经历概念不断螺旋上升、提炼抽象的过程，而对于学生的认知来说，则是在经验、理论、形式三个不同层面对概念进行深化复习。

3. 知识形式的逐级抽象使得数学教学具有复习特点

教学要打通抽象与具象之间的关系，不能以抽象讲抽象，而要使抽象栖居在具象之上。数学最突出的特点是逐级抽象，它是数学中的深度信息加工方式。个体为了更好地保存知识，需要对具体对象的知觉信息进行编码，这种编码即是数学抽象的过程，它帮助个体捕捉到数学对象中的特征本质或原理，把其加工后重组到认知结构中，同时完成编码的知识又是进行更高水平信息加工的具体对象，编码的次数越多，知识的抽象水平也就越高。由上述加工过程可以看出，数学的逐级抽象特点使得数学的教学包含着复习的意味：任何数学概念，对于包含这个概念的更高层次的概念而言，它是信息加工的具体对象，反之对于包含在它里面的低层次的概念而言，它又是信息加工后的抽象形式。

抽象这种深度信息加工方式不是一次就可以学会的，要在多次的学习中反复经历从具体到抽象这个过程，才能逐渐明确知识在抽象形式下的数学意义，在这种不断反复的抽象中实现数学认知的发展。当然，这里的具体也是相对抽象而言的，并不是要为抽象的数学概念直接找到感性经验作为学习的基础，而是在思维中用已经掌握了的知识将抽象的概念转化为熟悉的、直观的内容，快速领悟到抽象概念的意义。如高等代数中的欧氏空间是比较抽象的概念，它研究的是平面几何经过推广抽象得到的高维向量空间。那么对于欧式空间来说，平面几何中的相关知识就是具体的，在教学中用它来类比理解欧式空间中距离、内积等定义，就是在具体化的基础上认识新对象，这个过程同时是对平面几何的深度认识与复习。

4. 知识内涵的多元理解使得数学教学具有复习特点

布鲁纳提出认知结构有动作的、图像的、符号的这三种水平的表征形式，这个理论对数学领域的概念学习具有一定的指导意义，数学学习强调的多元表征就是在布鲁纳的理论基础上结合数学学科的特点发展而来的。由于数学的研究对象是脱离现实的抽象思维的产物，这就要求人们首先要在头脑中形成对概念的心理表征，建构相对独立的数学对象，这是由“内”到“外”的过程；而与这个过程相对应，主体借助不同的外在形式对概念进行更深入的理解，必然会重构或重组认知结构，这是由“外”到“内”的过程。在心理表征和外部表征的双向转化中，主体可以从不同角度复习已有知识来解读新知识，这是一个通过不断复习来加深学习的过程。

多元表征强调概念不同方面意义的相互渗透和补充，在一定程度上可以减弱由于只强调知识的某个方面而形成的思维定势。如在高中引入函数概念时，数学教材中分别给出了解析式、表格、图像等例子，揭示了函数的本质是映射，而不是解析式表示。另外，概念的多元表征不是一成不变的，因为个体的认知结构处于不断的发展之中，吸收和内化了新知识的知识网络会得到重组与拓展，从而会在更高层次的思维结构中丰富对于原有概念的表征。例如，对数函数在中学是作为指数函数的反函数来学习的，在大学数学的知识体系中，对数函数可以表征为积分形式突出其几何意义，也可以表征为级数形式，学生发现对数函数可以由一些早已熟悉掌握的函数构成。因此，对数学知识进行多元表征的教学也是多层次的复习，是随着知识的丰富逐渐理解知识本质的过程。

5. 知识本质的模式凝练使得数学教学具有复习特点

实现对所学内容的真正理解往往还要充分挖掘知识背后体现的精神、思想和方法。教师要善于在数学教学中渗透数学思想方法，引导学生在学习中不断感知，最终以上位学习的形式将它们从具体知识中抽象出来，这样做又使得之后对于相关知识的学习变成可不断复习的下位学习，从而既有利于学生从更高层面把握新知识，又能增进对思想方法的理解与领悟。

也就是说，一旦在思维层面找到固着点，学习新知识就是对思想方法不断复习的过程。

模式化的数学思想方法形成了一个有秩序的、可不断重复的结构，教学应顺应结构不断重复的特点。如向量中的基本定理之间有着一脉相承的思想方法，空间向量基本定理其实是把平面向量基本定理连续叠加使用了两次，都是在平面上不断地降维。而平面向量基本定理又是把共线向量基本定理连续叠加使用了两次，都是在直线上反复进行降维。在教学中，要反复地强调降维、化归的作用，让学生充分体会到，他们并非在学习新知，而是以一种新的方式在复习旧知。降维的方法在数学内容的学习中是不断复习的，在立体几何、解析几何中尤为常用，进一步将其模式化后，就可以在更高的概括水平上认识到降维是一种化归思想。化归作为一种更普遍的思想，在更广泛的迁移中不断得以复习。如“关系映射反演方法”(RMI)就是化归原则的一个具体应用。显然，这些内容不是一两次课就能教会的、学会的，而是不断地反复循环，树立学与教的复习观念，时时重温，时时获新，才能化为已用。

四、小结

“学习即复习”这个观点在“双减”背景下为数学教师提升课堂教学的质量和效率提供一个新的视角和思路，笔者以该观点为指导，进行大学数学、中学数学的教学，取得了良好的效果。

第二节　论教学设计是矛盾对立的统一体

一、教学设计中的矛盾是普遍存在的

矛盾是普遍存在的，教学设计也不例外。教学设计就是教师为了达到教学目标，对课堂教学系统所做的一个系统规划，主要是解决“为什么而教”“教什么”“怎样教”的问题。裴光亚先生曾指出，数学教学既要坚持以学生为本的教学设计，又不能违背数学本身的逻辑。学生的需求和数学的本质本来就是一对矛盾，怎么协调这对矛盾，需要教师站在知识的高度。的确，教师进行教学设计的过程就是一个协调矛盾的过程，需要教师站在更高的角度把学生的需求和数学的本质与价值都考虑进去，从而得出一个和

谐的、高效的教学设计。

关于教师应该设计怎样的数学课堂教学，并没有定论。章建跃老师提出数学教学要构建前后一致、逻辑连贯的学习过程，使学生在掌握数学知识的过程中学会思考。事实上，同一堂数学课可以从不同的角度进行设计，没有统一的标准，关键是要让学生获得知识的过程是前后一致、逻辑连贯的，能把握数学知识的本质，并且在这个过程中学会用数学的眼光观察世界、用数学思维思考世界、用数学语言表达世界。另外，教学一定要从学生已有的经验出发，引起学生的认知冲突，使学生感受到学习的必要性，从而引起学生的学习动机。正如裴光亚先生所说的，为了有效地进行教学，就得把蛰伏在学生内心深处的愿望激发出来，就得把沉淀在学生生命世界中的经验激活。所以数学教学设计既是包含认知冲突和矛盾的，又必须是前后一致、逻辑连贯的统一体。下面以“平面向量基本定理”的教学为例，从不同角度进行设计以协调教学设计中的矛盾，使之成为符合现代数学教育价值取向的统一体。

二、从不同角度进行教学设计

1. 从物理到数学的教学设计

《普通高中数学课程标准(2017 年版 2020 年修订)》指出数学教学要创设合适的教学情境、提出合适的数学问题，引发学生思考与交流，形成和发展数学学科核心素养。翻开高中数学教材可以发现，对于概念教学，教材一般是先给出大量丰富的例子；对于命题教学，教材主要是先创设问题情境，之后是学生的探究与思考，概念定理的获得及运用。数学教学离不开问题情境，这个问题情境可以来源于数学问题本身，也可以选自物理、化学、天文等其他领域。而数学和物理学的发展史告诉我们，数学和物理学这两个学科交流密切、相辅相成、共同发展，因此从物理情境过渡到数学情境以协调教学矛盾，是数学教学设计一个重要的角度。数学教学可以针对具体的数学内容，创设一个合适的物理情境，引导学生运用已有的物理知识对相应的物理问题进行分析，最后从中提炼出蕴含的数学知识。

从物理情境过渡到数学情境进行教学设计是为了让学生在物理情境中通过自己的探究主动获取新知，从直观感知逐渐上升到数理逻辑，学会用数学语言表达所讨论的物理现象。以“平面向量基本定理”教学为例。向量概念与物理学中的力是紧密联系的，基于此教学内容，可以创设一个这样的物理情境：重为 $G=20\text{N}$ 的物体静止在倾角为 30° 的斜面上，求斜面对物体的支持力和对物体的摩擦力。以物理情境为背景进行数学教学时，教师不能仅满足于引入新课的作用，还应该精心设计一系列相互关联层层递进的问题，逐步地把物理情境转化成数学语言。因而创设上述问题情境后还应让学生根据物理知识对物体进行受力分析及力的分解，接着引导学生用两个不共线的力表示出第三个力，然后转化到数学上：任一平面向量是否能用其他两个不共线的向量线性表示。在这个过程中，学生就不难想到把物理学中力的合成与分解迁移到数学中向量的线性表示上来。

通过再现物理情境引出“平面向量基本定理”这一数学主题，先让学生感受平面向量分解与合成的物理情境，循序渐进地引出“平面向量基本定理”，降低了学生学习新授课的难度。而数学中对平面向量基本定理的证明又为物理学中力的合成与分解提供了逻辑支撑，同时让学生明白其实物理学力的合成与分解和数学平面向量的合成与分解本质上是一致的，只是用不同的语言来描述同一件事。这个过程让学生经历了由已知到未知的转化以及不同学科之间的交流，在一致连贯的教学中学会主动探究，学会用数学的语言表达世界。

《普通高中数学课程标准(2017 年版 2020 年修订)》强调数学与生活以及其他学科的联系，提升学生应用数学解决实际问题的能力。从物理情境过渡到数学教学这一设计正是通过不同学科之间的交流，将学生的需求与数学的本质在物理情境中加以融合，还落实了抽象概括数学核心素养。

这种设计取向适合于数理基础较好的学生，对其他学生不一定适用。

2. 从一维到二维的教学设计

数学中很多概念或定理都可以从一维推广到二维甚至多维，如把数轴推广到平面直角坐标系再到空间直角坐标系；把平面向量推广到空间向量；从定积分推广到二重积分再到三重积分等。从一维推广到二维再到三维，这符合数学教学中从已知到未知的教学原则，低维的旧知是学生学习高维新知的起点。虽然推广之后的结论不一定完全一样，但是其蕴含的本质思想是一致的，这也是我们进行教学设计的一个依据所在。

数学教学十分讲究逻辑，有序推进。在“平面向量基本定理”教学中，在此之前学生已学过平面向量的共线定理，这是平面向量一维基本定理。它的思想就是以一个非零向量为“基本向量”，其他共线向量就可以用这一个向量线性表示。因此，只要把握了这一非零向量就能把握这一类共线向量。当考查二维平面向量时，自然会想能否类比平面向量一维基本定理，把平面上任一向量用几个已知的非零向量线性表示出来呢。这样只要把握了这几个“基本向量”，就能够把握平面上的任一向量。在这里，教师可以先呈现两个共线向量，学生能够表示出它们的线性关系，然后引导学生思考不共线的向量之间应如何表示，通过平行四边形法则的动态演示，学生可以得出必须借助两个“基本向量”才能表示平面上不共线的向量，从而建立平面向量二维基本定理。表面上看，一维和二维的内容似乎是不同的，但是仔细分析，平面向量二维基本定理的实质就是把平面向量一维基本定理所蕴含的数学思想推广到二维向量中来，可以发现，一维是二维的特殊情形，二维是一维的推广，它们在本质上是统一的，都描述着用基底表示向量的思想。当学生学习空间向量基本定理时，有了一维到二维的基础，也就不难发现和证明空间向量基本定理。

《普通高中数学课程标准(2017 年版 2020 年修订)》要求学生要把握数学内容的本质，教师在进行“平面向量基本定理”的教学时，如果从一维到二维这个角度进行设计加以引导，学生就不难发现向量基本定理的本质所在，也就能自然地得出平面向量基本定理的内容，同时为空间向量基本定理的学习打下基础。这样既把学生已有的经验激活，又将数学的本质考虑进去，学生的需求和数学的本质这对矛盾得以协调统一。

这种设计方法，要求学生有较强的逻辑推理能力，要求教师能从做数学的角度适时引导学生。

3. 从形到数的教学设计

数学是研究数量关系和空间形式的一门科学，数和形是两个最主要的研究对象，它们之间有着密切的联系，在一定条件下，数和形可以相互转化，相互渗透。数和形的关系正如华罗庚先生所说：数缺形时少直观，形少数时难入微。关于数形结合思想的感悟，实际数学教学中很多都通过解题教学进行渗透，其实对某些数学学科内容，也可以从形与数之间的转化这个角度来进行教学设计。比如函数的单调性既要从形的角度进行认识，同时要上升到数的解析的高度；解析几何更是如此。几何与代数是高中数学课程的主线之一，而向量不仅是代数研究对象，也是几何研究对象，是沟通几何与代数的一座桥梁，因此要充分发挥向量教学内容的教育价值。

新一轮课程改革也强调，把数学的思想方法渗透于高中数学的课堂教学中。数形结合思想是数学教学中常见的数学思想，从形到数的角度来设计“平面向量基本定理”的教学，能更好地促进学生把握数形结合思想，感悟数学知识间的联系性。此教学前的平行四边形法则、三角形法是从形的角度来刻画向量的线性表示，学生对向量的线性表示已有一个直观的认识，能利用平行四边形法则直观地把两个向量合成一个向量，还能把一个向量分解到两个不共线的分向量上，但是对具体的数量和逻辑关系还没有一个清晰的认识，数学不仅追求形方面的直观，更追求数量方面的严谨，因此教师可以把学生对形的掌握作为认知起点，让学生意识到仅停留在形方面的直观还不够，必须要上升到数方面的解析，从形和数、定性和定量两方面研究事物，才能够比较全面深刻地认识事物，这样学生不仅有了学习动机，还明确了接下来的学习目标和思考方向，即把形的直观上升到数的解析上，同时对数学的本质有了数和形两方面的把握。

仔细分析教材可以看出数形结合思想在高中数学中占有重要的位置，涉及范围很广，几乎是渗透于数学学习的每个阶段和章节。所以对数学概念、定理等内容，从形到数角度进行教学不仅有助于数形结合思想的渗透，还能加强知识间的联系，在学生的需求和数学的本质之间取得平衡。

4. 从正面到反面的教学设计

辩证的观点认为任何事物都有正反两面，并且事物的正反两面是相互对立、相辅相成的，双方共处于一个统一体当中。

在数学中也存在着很多既对立又统一的内容，如算术学中正运算和相应的逆运算、指数式与对数式的互化、立体几何中的判定定理和相应的性质定理、公式的顺用和逆用等。它们都是从正反两方面对同一事物进行研究，并相辅相成。这些成对的数学内容虽然在内容和形式上有所不同，但它们存在的互逆关系的背后所蕴含的数学本质是一致的。教材编排也注重培养学生的逆向思维，如人教版数学教材中正弦函数呈现的是图像与性质，而在正切函数中呈现的是性质与图像。

其实正向思维和逆向思维对于真正学懂数学、会用数学都很重要。然而学生在学习过程中由于受到思维定势的消极影响，在遇到新的数学问题时习惯于从正面着手，很少会想到从问题的反面着手，其实这对于学生的思维转换能力及创造性思维的发展是不利的，同时与数学的教育价值背道而驰。所以数学教学中，教师不仅要培养学生的正向思维，还应促进学生逆向思维的发展，帮助学生克服思维定势的消极影响，鼓励学生敢于突破原有思维的限制。

既然数学内容的正反两面相辅相成，正向、逆向思维都不可或缺，那么教师在设计教学时就可以利用这种从正到反的关系找到学生认知起点即已有的正向知识，启发学生从反面思考与认识事物，在从反面探究的过程中培养起学生逆向的辩证的思维品质。现将该设计思路应用于“平面向量基本定理”。在学习“平面向量基本定理”之前，学生已经学过平行四边形法则和三角形法则，这些法则描述的是向量的合成，而“平面向量基本定理”本质是向量的分解，与向量的合成是相对的，互为一个逆过程。以此为出发点，我们可以先让学生回顾上节课的内容，引导学生从反面进行思考，进入本节课的学习。人教版数学教材在讨论“平面向量基本定理”时就采用了这样的思路，首先给出一个思考：给定平面内任意两个向量 $\boldsymbol{e}_1$、$\boldsymbol{e}_2$，请作出向量 $3\boldsymbol{e}_1+2\boldsymbol{e}_2$，$\boldsymbol{e}_1-2\boldsymbol{e}_2$。平面内的任一向量是否都可以用形如 $\lambda_1\boldsymbol{e}_1+\lambda_2\boldsymbol{e}_2$ 向量来表示；然后作图研究平面向量基本定理。其实教材的思考先是用两个具体的例子变式地让学生对向量的合成法则进行复习，让学生意识到对于给定平面内任意两个向量 $\boldsymbol{e}_1$、$\boldsymbol{e}_2$，只要实数 λ_1、λ_2 确定，就能作出平面内任意的向量 $\lambda_1\boldsymbol{e}_1+\lambda_2\boldsymbol{e}_2$。反过来思考，任意一个向量是否都可以用形如 $\lambda_1\boldsymbol{e}_1+\lambda_2\boldsymbol{e}_2$ 的向量来表示。向量的合成是正向运用平行四边形法则，而向量的分解与合成相对，因此学生不难想到逆向运用平行四边形法则来研究向量的分解。

其实不论是从正面还是反面研究，都是揭示向量基本定理的本质属性。这也是数学教育所要教给学生的：从正反两面辩证地看待事物更利于把握事物的本质。可以看出从正面到反面的角度进行教学设计，不仅能较好地协调学生的需求和数学的本质之间的矛盾，还有助于培养学生逆向思维及思维转化能力。

三、以学定教，合理选择

1. 结合具体实际辩证认识教学设计中的各种矛盾

教学是一个涵盖多种矛盾的复杂体，有时我们会认为应该面面俱到，最大化地把知识传递给学生，然而学生的认知等心理发展能力有阶段性和差异性，要想达到有效教学，教师应根据学生的发展水平和特点，选择最适合自己学生的一个角度，或者以一个角度为主线、其他角度为辅线展开教学。只有设计适合学生发展的，符合学生特点的教学才能让学生主动地参与课堂中，激发学生内心深处的学习愿望，引起学生思维的共鸣。所以教学设计没有统一的标准，从任一个合适的角度切入都行，只要能让学生在学习过程中学会思考，就能发挥数学教育的价值，促进学生身心发展。

尽管教学设计中要处理的矛盾很多，但教师应具体情况具体分析，抓教学中的主要矛盾，即学生的需求和数学本质之间的矛盾。面向全体学生，分析学生的学情和特点，了解学生的需求和数学的本质之间的差距，这是“定学”。其次，还要抓住矛盾的主要方面，即教师要有的放矢地设计教学，找准学生的最近发展区，以学定教，合理地选择切入角度，多从学生角度思考哪种切入方式更适合学生的学，而不是从教师角度思考哪种切入方式适合教师的教。这样的教学才是真正有效的教学，才是促进学生发展的教学。如果所教学生物理学得好，那可以考虑从物理过渡到数学，并辅之以数形结合思想、正反向思维，因为物理学科也涉及类似这样的思维，所以可以把数形结合思想和正反向思维归于从物理过渡到数学这一问题情境下。如果所教学生思考或解决问题时经常出现思维定势，那么从正向过渡到反向为主线的教学也许会在学生脑海中留下逆向思维的警钟。如果学生对向量有关内容的几何分析比较熟练而代数表达有待提高，那么从形到数的主线更有利于学生实现形与数的有机结合。如果学生知识体系缺乏系统性，知识记忆比较零散，概括能力不强，那么以从一维到二维的推广为主线辅之以数形结合等，或许更能帮助学生发现数学内容的本质，使学生的数学认知结构更加系统化，同时便于记忆。

可见，教师设计教学首先就要明确为什么而教和教什么的问题，深入理解“理解数学、理解学生、理解教学”，在深入理解数学的基础上从学生的实际出发充分发挥教师的主导作用，以学定教，合理地选择教学的切入点，创设合适的问题情境，厘清主线、引起思考，在教学中揭示数学的文化价值，突出数学的文化本质，合理地协调好学生的需求和数学本质这一主要矛盾。此外还要注意不断优化教学的具体过程，选择合适的数学教学方法，以便让学生在教师指导下做数学、学数学和用数学，解决好教学中关于“怎么教”的诸如预设与生成等一些具体矛盾，做到收放有度。这样学生获得新知的过程将更加自然，思维更加活跃，在获得“鱼”的同时学会“渔”的方法，在获得知识技能的过程中提升数学思想及数学素养，真正学会用数学的眼光看待世界，用心感受数学之美。

2. 站在更高的角度考虑学生的需求和数学的本质，进行和谐的、有效的教学设计

构建前后一致、逻辑连贯的学习过程，使学生在掌握数学知识的过程中学会思考是数学教学所追求的目标。这就要求教师深度解读教材，善于发现知识之间的内在联系，找到学生的认知起点，帮助学生从已知过渡到未知。在“平面向量基本定理”教学中，教师可以从物理到数学、一维到二维、形到数、正向到反向这几个角度构建前后一致、逻辑连贯的学习过程。虽然思考的维度不同，但是作用是一致的：把已知与未知联系起来，让学生发现前后知识本质的一致性，这也是教学设计是矛盾对立的统一体之内涵。这种教学不仅让学生自然地掌握数学知识，还让学生在掌握知识的过程中学会思考、感悟数学的本质以及体会数学的教育价值。作为教师，我们应该站在更高的角度去深度挖掘教材，高屋建瓴，做到深入浅出、有的放矢，教学时要着眼于思想与方法，着眼于从多角度看问题，让学生的思维得到有效训练。

数学教学设计既是包含认知冲突和矛盾的，又必须是前后一致、逻辑连贯的统一体。教师进行教学设计的过程就是一个协调矛盾的过程，需要教师站在更高的角度将学生的需求和数学的本质考虑进去，从而得出一个和谐的、有效的教学设计。

第三节　论基于学习理论的课堂教学设计

随着学科核心素养的提出及其体系的逐步构建，如何在课堂教学中有效地落实学科核心素养，使教师不是在“教学科”而是在“教学生”，成了一个十分重要的研究主题。学科核心素养依托学科教学的展开而得到落实，而学科教学的有效展开需要深入学科的学习理论并得到其指导和支持。下面以数学三个世界理论为抓手，谈谈深入学科的学习理论的特征、旨趣及其“以学定教”功能的达成等问题。

一、融一般学习理论精髓与数学学习经验于一体

数学学习理论的来源大致有以下两种：一是“一般学习理论 ＋ 数学例子”，也就是将一般学习原理应用于具体数学学习情境，然后根据数学学习的特点修正原来的理论，或者提出新假设去寻找更合适的理论依据。二是

根据数学的认知特征，考虑数学学习中的问题与经验，建立模型解释数学学习的心理过程。以上两种虽各有千秋，但学科教育若要具有独立的学术性，就必须确立自己的理论基石和体系。除了要借鉴一般学习理论的合理成分外，也要从学科本身的认知特征出发自下而上地建构学习理论，这才更加切合学科的学习之道。

1. 数学学习理论吸取一般学习理论的精华

数学学习理论和一般学习理论有一定的渊源。布鲁纳的认知生长和表征理论认为，在人智慧的发展期间，要经历三种表征系统阶段。一是动作性表征阶段。儿童通过作用于事物而学习表征它们，以后能通过合适的动作反应再现过去的事物。“儿童的智慧在指尖上”说的就是这个道理。二是图像性表征阶段。儿童开始形成图像或表象，去表现他们世界中所发生的事物。三是符号性表征阶段。儿童能够通过抽象的、间接性和任意性的符号再现他们的世界，假想他们从来没有经历过的事物以及可能性。也就是学习与理解要经过三个阶段：具象理解、图像理解和符号理解。David Tall的数学三个世界理论认为数学知识的认知发展表现出三种不同的途径，对应着三个不同的数学世界，与布鲁纳的认知生长和表征理论在结构上有类似的地方。第一个世界是“概念具体化世界”。这个世界源自对物理世界和思维世界的感知，学习者通过操作、反思，利用经验想象并不存在于物理世界中的概念，化实为虚。例如，现实世界中并不存在直线、三角形之类的概念，但是学习者通过经验却能把握这些概念。第二个世界是“过程符号化世界”。这个世界始于行为，在反省抽象的过程中，利用符号将行为压缩为概念，形成图式，这些符号有助于学习者在过程和概念之间来回切换，有助于进行算术、代数、微积分等的计算和操作。在这个世界里，将物理操作中蕴含的道理凝聚压缩成心理操作，实现由过程到对象的飞跃。第三个世界是“形式公理化世界”。在这个世界中，数学概念用形式定义来表示，其性质通过形式证明获得，成为用公理化系统定义的数学结构。

在吸收一般学习理论精华的基础上，数学学习理论更加聚焦个体数学思维的形成机制。上述理论建立在感知、行为和反思等个体认知活动之上，提炼了个体数学思维发展的路径和过程，有助于理解和解释学生在数学学习中遇到的困难。根据皮亚杰的反省性抽象理论，通过对客观对象本身及其性质进行经验性抽象，形成概念具体化世界中更为精确的心理表征；再把过程压缩成概念，用符号表征概念的过程中，通过伪经验性抽象而聚焦符号化的心理操作，形成过程概念化世界中的符号表征系统；当反省、抽象、聚焦心理对象与心理操作的性质，对抽象后的事物进行再次抽象，就形成一个更为符号化、形式化的表征系统。一般而言，高等数学是对初等数学的再次抽象，抽象性是数学的显著性特性之一。学习时，就要把这次抽象物当作具体可操作的对象，进行新一轮认知循环，进入更高的认知世界。

2. 数学学习理论是其学习活动经验的提炼和升华

数学学习理论是数学学习活动经验的提炼和升华，凝聚了数学家的治学之道，得到了数学家、数学教育学家的支持。乔治·波利亚(George Polya)认为，数学学习过程由低级到高级可分为三个不同的阶段：一是探索阶段，是人类的活动和感受阶段，处于直观水平；二是形式化阶段，引入术语、定义、证明上升到概念水平；三是同化阶段，将所学的知识消化、吸收、融会于学习者的整体智力结构中。每个人的思维必须有序地经过这三个阶段。探索阶段对应于数学三个世界理论中的“概念具体化世界”，其根源在于各种感官的感知和行为；形式化阶段对应于“过程符号化世界”，从具体的动作开始，逐渐提炼发展成符号化的形式系统，不再直接操作实物，而是对符号的所指进行操作，得到结论还原到被指；同化阶段对应于“公理形式化世界”，其精髓在于把知识体系编织成前后有序、环环相扣的逻辑体系，作为科学意义上的“公理形式化世界”不同于其在教学上的应用，在教学上，“形式公理化世界”说白了就是把知识编织成一个有条理的系统。这就要在教学过程中，能进行归纳凝练，厚书读薄，熟书生真，为学生构建一个良好的认知结构体系。

数学三个世界理论与张景中院士的教育数学三原理有异曲同工之妙。教育数学三原理是：从学生头脑中找概念，从概念里产生方法，方法要形成模式。从头脑中找概念，就是要为概念寻找认知的固着点，使之尽可能与已有经验相关联，尽可能地直观化；从概念中产生方法，要经过提炼、概括的过程，这类同于从过程到符号的压缩过程，都是一个精致化的过程；方法要形成模式，游离于方法体系之外的方法不见得是有用的方法，要对方法进行再次反思，把方法组织成一个体系，这就是一个组织结构化的过程。

数学三个世界理论吸收了一般学习理论关于学习进阶的精髓，又反映了数学学习的过程，是深入数学学科的学习理论。探究深入学科的学习理论在教学中的应用，对于发展学生的学科能力、学科核心素养具有非常重要的意义。

二、指向深度学习，发展面向数学学科的学习理论

发展面向学科的学习理论，要借鉴来自其他学科的理论，但更重要的是能反映学科的学习特点，能促进学生的深度学习，使学生获得学科核心素养。不管是学书法，还是学绘画，吸收前人的创作手法与精神固然重要，但“入乎其内”，还要“出乎其外”。课程论、学习论和教学论是学科教育作为一门学科的三大基础支柱，为了促进学科教育的发展和学生的学习，还需要考虑知识的本性，依据知识的本性而发展相应的深入学科的学习理论，探讨学习理论对这三大传统领域的影响，以确定教学的最终目标。

1. 课程材料选择和组织与学情适切

在选择知识、组织课程材料及选择呈现方式时，要依据深入学科的学习理论充分考虑课程材料与学情的适切性，使教学材料的选用不仅有利于教师的教学，还有利于学生的深度学习。知识是课程之源，课程是知识之流。如对理科教育而言，课程内容既要体现知识的逻辑性和实证性，又要反映知识的思想性和创造性；既要体现知识的工具性和功利性，又要反映知识的文化性和精神性。正是因为知识具有多维属性，在如何评价、选取、梳理知识使之成为一个课程体系时，知识创生过程中的种种抗争、曲折与艰难过程，被剪辑成逻辑严密、波澜不惊的直线式陈述，其中反映质疑、批判、求索等人文精神的因子在流失。依据这种课程体系进行教学，很容易只见知识点(结果)，而不见知识者(精神)。在这种情况下，学生虽然学习了大量的知识，但很可能并没有真正地理解它们。如数学课程不仅要反映数学知识的发生、发展过程，更要反映数学的源与流。

依据数学三个世界理论，在选择知识、编织课程体系时，不可一味追求“高大上”形式化的课程体系，而忽视了知识的具象形态和发展过程形态。同一种知识或道理有多种不同的表征形态，其教育价值在于依据不同的学情特点选择不同的表达形式，从而创设有利于学生进行深度学习的体验式情境，理解蕴含在课程材料中各种观点的对话与竞争，学会交流与沟通。课程的理论建设与发展应充分考虑深入学科的学习理论的启发意义。教科书不应仅仅是“教材”，更应是有利于学生发展批判理解、内容整合，进行深度学习的“学材”。如何依据学习理论分析教材编撰的得失、发展课程理论和指导教科书的编写是有价值的研究问题。

2. 学科思考方法转化为学生惯常思维方式

不同的学习理论对知识的看法各不相同，但重要的是能反映学科的发展机制、知识的本来面目，能把学科科学的思考方法转化为学生惯常的思维方式，使之有利于学生的深度学习。在一般学习理论看来，知识是学习、内化的对象，知识按不同的方式存储于人的大脑中，这些不同方式决定了学习方法的不同。如按奥苏贝尔的同化论，新知识与原有知识之间在逻辑关系上构成上位、下位、并列关系，学习不是旧知识同化新知识，就是旧知识改变自身以接纳新知识，或者是以旧知促进新知。这种学习观非常有助于逻辑次序井然的知识学习。如根据信息加工理论，知识就是信息加工的对象，要努力使知识从静态的陈述性状态转化为动态的、可运用的程序性知识，实现知识技能化。基于这种理论，只有能灵活运用知识，才是学习。如按加涅的学习结果分类理论，存储在大脑的知识就是一种学习结果，分为言语信息、智慧技能、认知策略等。数学事实就是一种言语信息，数学概念、数学原理分别属于概念、规则的学习，而数学问题解决是一种高级规则的学习，数学的思想与方法就是一种认知策略的学习。认知学习理论对知识的看法仅仅是关注了作为结果而存在的知识，还需要从情意、过程等角度对知识进行认识。然而，从情意等角度认识知识还是一个有待发展的领域。

上述一般学习理论虽然也适合于数学、物理等学科知识的学习，但是它们有一个共同的潜在假设，即这些知识都是业已存在的，只需要从外部存储物上转移到内部认知结构之中。这些理论没有反映数学知识逐级抽象的发展过程以及数学学科的动态发展过程。要对学生的学习产生深远影响，使其能深入思考，深度思考，进而在学科上有所创造，需要对知识的本性有所认识，还需要深入认识面向学科的学习理论。数学学科学习论的理论建设与发展除了借鉴和吸引一般心理学理论的长处之外，更应考虑学科自身发展机制，从而使学习理论更能反映学科的学习机制，有利于学生进行知识重构、迁移运用等深度学习，从而发展探究能力。

3. 学科科学的话语体系转化为学生惯常的话语方式

不同的学习理论决定了不同的教学方法，但教学方法应能把学科科学的话语体系转化为学生惯常的话语方式，这有助于学生进行深度学习。知识也是传授的对象，如果把数学知识看成是前人构造的一个由公理、定义、定理、规则构成的完美系统，学习者的经验、对话、质疑、批判、反思的价值将不再重要，传递式、单向式的“我讲你听”传授也就大行其道；若把数学知识看成是人的创造，是思想实验过程的结果，需要猜想、证明、批判、反驳，不断地改进结论和推理的过程，那么探究、对话、辩驳也就有相应的地位了。启发性讲授与引导性探究是两种基本的教学方法，都有所长短，要用得恰到好处，都需要教师对知识的形态及相应的学习过程有合乎教育目的的正确认识，并能用适合学生水平的话语体系表达出来。数学三个世界理论反映了数学发生发展过程的三个不同阶段，体现了学习者认知发展的不同阶段，在由一个阶段过渡到另一个阶段的过程中，对思维水平的要求以及理解水平的要求是不一样的，也不可能一成不变。教学要反映这种数学认知上的阶段性、渐变性和突变性，选择合适的学习指导理论，用适合于学生的话语体系表达出来以促进学生对数学的理解。国内学者把数学理解分为工具性理解、关系性理解和创造性理解，这三种理解层次与数学三个世界理论有某种对应关系。如果说数学教学是为了学生的数学发展，为了学生的数学理解，那么就不能忽视具有学科特点的学习理论的指导。

三、达成“以学定教”，凸显数学学习理论之用

学科教学论的理论建设与发展应充分考虑“以学定教”的基础性，在教学目标适度定位、学习内容意义建构、情感积极体验和评价反思方面促进学生进行深度学习。好的理论应具有解释能力，应有助于解释教与学过程中产生的困惑，有助于组织对复杂现象的思考。要阐明一种学习理论对数学教学中的“以学定教”功能，最好是用具体的例子来说明。

1. 深化对教学方式和方法的认识，鼓励学生多种思维能力协同发展

首先，要深化对教学方式和方法的认识。根据理性选择理论，理性行动者趋向于采取最优策略，以最小代价取得最大收益。从经济学的角度而言，教学也应注意教学效益和教学效率，用最小的教学成本取得最大的收益。然而，任何教学方式和方法都有利弊，只有通盘考虑，综合运用，才能充分发挥各种教学方法的长处。要使学生进入数学三个世界，需要各种教学方法、教学方式优势互补，共同凸显课程内容的不同方面，完成学生思想的塑造。

其次，鼓励学生多种思维能力协同发展。根据数学三个世界理论，直观行动思维、具体形象思维、抽象逻辑思维这三种思维形式之间的关系并不是简单的替代关系，而是替代与共存辩证统一的关系。在教学实践中，

既要发展学生的抽象逻辑思维，又要培养他们的形象逻辑思维和动作逻辑思维，任何一种逻辑思维能力都不可偏废。具体地，对不同学段、不同思维特征的学生，应选择不同的课程内容，然后基于此选择优势互补的教学方法和教学方式。初中生虽以直观行动思维、具体形象思维为主，但指向深度学习的教学，也要关注学生抽象逻辑思维的发展；高中生虽以抽象逻辑思维为主，但也要发展他们的直观思维，提高他们的直观能力。但教学不应局限于此，还可以通过关联已有的内容，有意识地发展学生的抽象逻辑思维，提出一些拓展性的问题，把学生的思维引导到抽象逻辑思维的边界。虽然高中生以发展抽象逻辑为主，但教学要注意数形结合，要注意形象逻辑思维和动作逻辑思维的发展。从抽象学到直观，学得简单明白，是教学的应有之义。

2. 安排进阶式教学序列，塑造学生良好的认知结构推动理解

首先，按一定线索将形式各异的知识组织起来，塑造学生良好的认知结构。为学生塑造良好的认知结构是数学教育的目标之一，数学三个世界理论提供了方式方法——拾级而上，多元表征，以神领之。正如布鲁纳所言，获得的知识如果没有完美的结构把它联在一起，那是一种多半会被遗记的知识。一串不连贯的论据在记忆中仅有短促得可怜的寿命。认知结构除了有助于信息的存储、记忆和操作处理外，还有促进理解的功能。数学三个世界理论认为，知识的表现形式可以是直观操作的，还可以是符号形式的，但为了推动人的认知活动，这些表现形式各异、实则相同的知识应按一定的线索组织起来，促进对知识的理解和认识。

其次，在概念具体化世界找到符号化世界的认知固着点，推动学生理解。促进数学理解是数学教育的目标之一，数学三个世界理论提供了方式方法——重组认知结构，把抽象栖居在形象之上。教育心理学的精髓在于深刻领会影响学习的最重要的因素是学生已经知道了什么，如在学习数列的任意三项之间的关系时，教师要反思是否能让学生想到原来这就是以前学过的定比公式。理解要有一定的心理基础，不能把楼阁造在空中。要熟书读新，就要能对已有的知识、认知结构进行再组织，调动起相应的认知图式。例如，对基本不等式链，如果单从数量的角度看，觉得不过是一种形式上的东西，其意义或许不大，但当我们把视角转换，把它关联到梯形背景，关联到定比分点，用一个关于定比的函数把这一串不等链统一起来时，就会感受到数学的统一之美。数学三个世界理论告诉我们，直观具体并非意味着低级，它是数学理解的源头，是走向形式化的基石。数学总的发展趋势是符号化、形式化，然而数学的符号化、形式化却遮住了原始直觉和认识过程，造成了学习上的困难。这就要求教师必须把数学还原，离生活、常识近一些，使大众也能看得见、想得出。数学也是讲道理的、平易近人的和常识性的。

3. 根据知识的层次体系施教，推动学生情意系统发生变化走向“乐学”

首先，认识到知识有不同的层次，并据此制订相应的情意目标。推动学生的情感、态度和价值观发生变化，是课程标准的要求之一。知识是一个有机的多层次体系，第一层是显性层，由原理、概念和命题构成，是知识最基本的表征；第二层是准显性层，由思维方式、方法和过程构成，潜隐在知识表征背后，是一套基本的程序；第三层是隐性层，由态度、情感和价值观构成，深深地扎根在知识体系的内部，是在人类探索知识的过程中所积淀起来的各种情感、价值体验的浓缩结构和隐蔽形式。知识的发现过程并不是单纯的理性认识过程，还包括情感过程、意志过程，它们反映了正常个体心理现象的共同特征。

认知过程固然重要，但对于推动认知过程顺利进行的动力系统而言，情意系统或许更为重要，但在日常教学却最难落实。正如苏霍姆林斯基说的：教育过程追求真正有用的知识——对知识有深刻的理解并反复思考过，在知识的活的身体里要有情感的血液在畅流。对知识的第一层次的教学要求是“学会”，对知识的第二层次的教学要求是“会学”，对知识的第三层次的教学要求是“乐学”。前两个层次体现了知识的功利价值，而“乐学”体现出了知识的精神价值。在学习过程中体验到知识隐性层面的精神价值，使人的心灵脱离物质层面而努力向上，提升精神品位、审美情趣和人文情怀正是教育的终极目的。

其次，化虚为实，进入知识的隐性层面，挖掘价值观资源。数学三个世界理论告诉我们，知识的表现形式可以构成一个从隐喻到严格的谱系，若能把高深的知识看成一幅图像，看成“显然的”，看到知识的内在和谐性，看到基础性知识的内在生发性，看到数学通过数与形这两个基本对象赋予客观世界和主体世界的一定意义，就会为这种力量所震撼，情意系统会有所触动，就跨越了单纯的知识与方法学习层面，进入知识的隐性层面的学习。数学三个世界理论还告诉我们，要把丰富的数学知识组织成一个整体，就必须吃透这些具体素材的精神和实质，才能更好地体会隐性层面的价值观。以欧几里德《几何原本》为例，其用公理化、结构化的思想，把具体、丰富的数学知识构建成一个至精至简的理论体系，并影响到其他领域。人们从这个理论体系中，看到了敢于质疑、勇于批判等理性精神的巨大力量，看到了理必有据、真实、客观等科学发展的内在精神品质。这是发挥数学的内在力量，为学生谋取长期利益的需要。

除了上述具体举措以外，从长远来看，还需要发挥不同学科背景研究人员的学科背景优势，发展面向学科的学习理论。面向学科教育的学习理论要有鲜明的学科性，这是学科教育的立身之基；同时，要具有一定的普适性和理论性，这是学科教育的学术性诉求；还要具有一定的应用性，这是学科教育有用性的体现。

第四节　论基于课堂教学的探究性学习

自 2001 年我国开始实施基础教育课程改革以来，探究性学习以其独特的、用类似科学研究的方式去探究、获取和应用知识而成为新一轮改革的一大亮点。然而，就教学实践的反馈来看，探究性学习并没有发挥其应有的价值，往往流于形式。原因是多方面的，既有理念上的，也有实施层面的问题。探究性学习既是一种学习观，也是一种学习方式。作为学习观，探究性学习主要指学生在教师的指引下，自主地理解、应用、探索、创新知识、解决问题。它可以是一般的课堂内外的学习，也可以是以一定的研究主题为主的课题型学习。作为学习方式，探究性学习主要指在课堂教学中，师生通过共同探究来促进学生掌握知识，培养学生探究能力和科学素养的学习方式。探究性学习并不神秘，没有必要把它与常规教学割裂对立起来。有的教师不立足于课堂教学，另起炉灶，把探究性学习当作难得一次的“美味佳肴”，在普通高中存在升学压力的情况下，必然会出现家长不理解不支持，学生的主体性不突出、主动性不强的情况，其行之不远也。因此，立足课堂教学，把握数学学科的特点，在“问题提出—问题解决”的完整过程中探讨探究性学习方式非常有意义。

一、对探究性学习的认识

1. 聚焦课堂教学是探究性学习的着力点

探究性学习最初是以物理、化学、生物等实验性较强的学科为平台加以展开的，旨在使学生像科学家做研究那样从事这些学科的学习，因此，常常将其与科学研究联系在一起，基本的程式也就类似于科学研究的一般范式：提出问题—建立假设—实验验证—解释评估。流行的做法是把这种模式嫁接、移植到数学学科上，探究性学习就是要像数学家一样做课题，探究性学习就是数学建模等，需要在课外活动中进行，这不仅挤占了课外活动时间，对课堂教学也没有产生应有的影响。课堂教学是教学变革的主战场，探究性学习只有变成课堂教学中的一种常见方式，才能由一种开放的教育思想变成可行的教学实践。

之所以出现上述现象，原因主要有二。一是认为一般意义上的探究性学习模式具有普适性，可以直接套用于包括数学在内的所有学科，从而忽视了数学等学科的内在特性，这种理解下的探究性学习由于只具有普适性而缺乏针对性，很难对实践进行具体有效的指导。二是把探究性学习等同于科学家的课题研究，忽视了学生的思维能力和知识水平的局限性，混淆了学生学习过程中的创造性与科学家进行科研活动的创造性，其结果必然导致探究性学习程式与教学旨趣相冲突。因为课堂教学中的探究主体是学生，不是真正的科学家，教学目标也不同于科学研究的目标，学校的环境也不同于科学家的实验基地。凡此种种与真正的研究相去甚远，硬性套用科学研究的模式，可能会费时费力却无法促进学生有效参与。总之，前者忽视了数学的独特性，而后者忽略了课堂教学的独特性。

作为一种学习方式，探究性学习只有切实运用于学科，实实在在地根植于课堂，才能真正发挥应有的价值。从数学学科特点来看，数学的思辨特征非常明显，数学中的大量习题本身就是开发思维和发展主动探究意识及能力的非常好的资源，因而不一定非要到课外实践中去寻找。从课堂教学来看，课堂的特点在于它具有简捷性，即能够在较短的时间内取得日常生活中需要很长时间才能达到的学习目的。从这种意义上来讲，探究性学习可以也应该运用于课堂教学之中。只要运用得法，就一定能够发挥探究性学习促进学生主动发展之功效，同时能达到讲授式教学保障学生高效掌握知识的目的。探究性学习与传统的以双基为特点的教学并不冲突，正如丘成桐先生所言，基础不是体现在背多少公式和法则，而是学生主动学习和解决问题的方法。只要基础打牢了，数学研究能力自然就上来了。可见，探究能力也是双基的一部分，也应在课堂教学中渗透、穿插，聚焦课堂教学是探究性学习的着力点。

2. 运用方法优化探究性学习的方式

数学知识是人们日常生活经验的精致化，但并非任何人都能成为数学家。大凡世界著名的科学家、数学家都是方法论大师，他们无一不重视和善于运用方法论来指导研究和教学。要在课堂教学中顺利推进探究性学习，就要熟知探究性学习的基本方式。探究性学习的基本方式归纳如下。

在操作活动中发现问题。如在一张纸上画半径为 R 的圆 O 和圆内一定点 A，且 $OA=a$，折叠纸片，使圆周上某点 A' 正好与 A 点重合。如此折叠下去，折痕形成的图形是什么？也可以在动态几何环境中模拟上述操作，从而发现问题。动作性表征、形象性表征和符号性表征是头脑对事物经验表征的三种方式，在操作活动中发现问题是数学经验性特征的体现。

在观察中发现规律，并进行归纳总结。观察是最平常的探究方式，却往往被人忽视，观察能力的培养也不受人重视。原因之一在于教师往往没有耐心和时间等待学生进行观察，就急着告诉他们正确的答案，以赶教学进度。其实，如果学生能够通过观察发现规律，就能起到举一反三的作用，其效率不亚于直接讲解。比如，在学习数列时，可以呈现各种可能的形式，让学生在观察中归纳出各种数列的特征，然后将其推广，并将推广过程中发现的问题进行修正或巩固。

在比较中联想。比较可分为类比和反比。类比有利于发现共性和规律性的东西；反比则有利于发现不同，体现出不同个体的特点。这种探究的方式在数学教学中具有相当重要的意义。比如，在学习二次根式的加减法运算时，可通过类比整式的加减法法则及理论依据，找到它的理论依据。

通过猜想和验证来解决问题。哥德巴赫猜想众所周知，它对于数学教学的启示可能主要在于：教学要让学生大胆猜想，而不只是让他们直接接受教师所传递的知识，学生的猜想会引起探究性学习的欲望，是创造性的表现，而验证同样是一种探究，它有利于培养学生严谨的科学态度。

“问题—解”是数学发展的张力。学会提出问题对数学、对数学教学的意义不言而喻。从局部可以反映整体的全息理论来看，能见微知著，具有问题意识又具有一整套提出问题的方法，是实施探究性学习的先行条件之一。

二、探究性学习在课堂教学中的实施

按李秉彝先生的说法，数学教育要“上通数学，下达课堂”。探究性学习是一种由科学研究的方式推演出来的学习方式，算得上“上通数学”了，如何通过教学使其“下达课堂”是教育理念走向教学实践的必经之途。一些建议如下。

1. 在命题课中大力开展发现式问题探究

探索是数学的生命线。许多数学概念的发生、发展往往经历了一个十分艰难的过程，公式、定理的形成也不是灵光一闪的结果，而是历代数学家苦心孤诣的结果。数学教学过程是学生在教师的指导下学习数学思维活动，学习数学家思维活动的结果，并发展数学思维能力的过程。这就要求学生在教师的引导下，设计恰当的素材，主动探究学习，其一般程序为：观察—试验—思索—猜想—证明，但在不同的课型中会有不同的表现，如在命题课和习题课中的表现就大不一样。

命题就其生成方式和作用而言，可分为原发性命题和继发性命题。原发性命题是建立某一学科知识体系不可缺少的命题，是最基本的命题，其作用类似于公理。继发性命题是原发性命题的推广和应用。命题的类型不同，探究教学的着眼点也不同。原发性命题的探究性学习着眼于命题出现的必要性。例如，在讲授“数学归纳法”时，教师就要创设情境说明数学归纳法产生的必要性。有两种普通归纳法：一类是不完全归纳法——仅仅是考查事物的一部分，结论不可靠；另一类是完全归纳法——对每一部分逐一考查，结论可靠，但有时又难于做到。怎样做到结论可靠，操作方便？这迫使人们从方法论的角度去探索新的归纳法——数学归纳法。这种新的归纳法既要克服不完全归纳法的缺陷，又要能克服完全归纳法的缺陷，做到既可操作，推出的结论又可靠。对继发性命题，不仅要着眼于命题的发生、发现的必要性，而且要注意其独特的功能，注意它的应用。如三垂线定理是“立体几何”的核心内容，这个命题的发现自然重要。当人们用铡刀铡草料时，发现刀刃垂直于草料时最省力，如何保持刀刃与草料垂直呢？从而，从省功省力的角度发现了三垂线定理，这是物理经验的数学化。三垂线定理之所以重要，更多的是在于它的应用，在于它简化、甚至缩短了线面垂直的判定过程，在于它具有线面垂直定理所不具备的独特功用。在判定线线垂直、求点线距、作二面角的平面角时，三垂线定理尽显快速方便之效。三垂线定理的求简功效反映了数学化繁为简的本质特性，使人们不再用蛮力去解决问题。

综上所述，命题探究课应大致遵循以下步骤：精心设计问题情境，激发学生的探索欲望；引导学生自主探究，指导发现有关结论；注重呈现思维过程，让学生探索论证方法；反思探索过程，优化完善学生的思维品质；加强变式应用，发展创新能力。但不必在所有步骤上平均用力。如不能只注重公式、法则的发现过程和证明思路的分析，而忽视定理指导下的题型归类训练，忽略公式法则的引申和逆向运用，等等。理解优先，发现优先，确保学生的思维得到训练，能力得到提高；训练跟得上，确保知识得到巩固，知识网络得以形成。

2. 在习题课中大力开展三个层次的探究

教育学、心理学的研究表明，学生是在动态的反思和创新过程中成长与发展的。要形成创新性思维，不仅要能解决别人给出的问题，更重要的是自己能发现问题、提出问题、解决问题、总结规律、形成结论。当然，期望我们的学生能原创性提出问题，还不太现实，但我们应该引导学生在成功解题后进行反思，能否变更条件和设问方式使题目的难度提高或降低，能否弱化题目的条件，能否强化题目的结论，能否由此及彼联想到其他问题，能否做些引申、推广，得到更一般的结论……解题是数学教学的中心环节之一。从一定意义上讲，学习数学就是学习解题。正如波利亚所言，“什么是数学技能？数学技能就是解题能力——不仅能解决一般的问题，而且能解决需要某种程度的独立思考、判断力、独断性的想象力的问题。”对数学习题的探究是教学中最常见、最直接的探究性学习方式。习题探究大体可分为三个层次：一题多解，即在解题方法上，从常规到发散求异；变式训练，即在问题形式上，从常态到变式迁移；引申推广，即在问题性质上，从习题中提炼出定理。这是我国习题教学的宝贵经验，是应对题海战术的有效法宝。具体的做法有如下三种模式。

问题解决的自然式探究模式。数学家怀特尼曾呼吁：让研究工作来得自然些。他曾指出：创造性的数学工作并非少数天才所专有，它可以是我们之中有强烈意愿与充分自主性的任何人的顺乎自然的行动。张景中院士也说同样解决一个问题，同样建立一个体系，方法上有难易的区别，要把数学变得容易一些。有一些题目，最初的解答并不十分自然，经过众多的解题爱好者的切磋讨论，就产生了较为自然的方法。我们要引导学生通过自己的解题实践，通过独立地、反复的推敲与总结，寻找更好、更完善、更自然的解法，来提高自己的解题能力。我们曾在这方面做过大量的经验研究，使一些较难的竞赛题也走进了教学之中。

溯源式问题本源探究模式。这是指有意识地探究问题的本源，与问题的编制者换位思考，揣摩问题的编制思路。常常探究问题的编制过程，溯其源，追其踪，既会解题，又会命题，用不着题海无涯苦作舟，就能达到较高的境界。识破习题的本源有时并不容易，或囿于知识水平，或囿于能力水平，但可贵的是有这种探究的意识，经过一定的锻炼，就能逐渐掌握探究的方法。

问题推广式探究模式。数学课堂教学要引导学生形成举一反三的能力，否则就会陷于题海而不能自拔。而举一反三能力的形成，就需要学生具有一种不断探究如何推广试题的意识和能力。由于引申、推广在数学中的普遍性，可以将这种探究融入习题教学的各个方面，使之成为建构数学知识的良好方式。这不仅可以培养学生的创新能力，还有利于学生形成有机的知识结构。无怪乎波利亚说一个有意义题目的求解，为解此题所花的努力和由此得到的见解，可以打开通向一门新科学，甚至通向一个科学新生纪元的门户。

三、探究性学习的意义

对任何一门学科而言，存在相互联系的三种意义：文本作者的原意；文本本身的意义；读者领悟的意义。与此相对就有三种人：知识的创造者，即数学家；知识的传播者，即教师；知识的接受者，即学生。通常理解的探究性的学习方式，就是要使学生从知识的接受者、消费者角色转变成知识的拟创造者。这种主张得到了学术界顶层人物的大力倡导。如著名数学教育学家弗登塔尔反复强调，学习数学唯一正确方法是实行再创造，也就是由学生本人把要学的东西自己发现或创造出来。只有通过自己的再创造而获得的知识才会被掌握和灵活应用；而更为重要的是，数学是人的一种活动，如同游泳一样，要在游泳中学会游泳，因此必须在创造中学习数学。一言以蔽之，知识不是被动接受的，而是认知主体积极建构的。从认识论角度和科学研究角度看，上述论断无疑是先进的，但是从学科教学的角度看，上述论断的最大缺陷是教师不见了，知识的传播者不见了。当上述理念植入课堂教学中时，就产生了很多问题，一线教师普遍感到无所适从。

我们认为科学研究与学科教学是两种旨趣不同的活动。科学研究的任务在于创造新知识，走前人没有走过的路，学科教学的任务在于在有限的时间传递人类知识的优秀成果，同时在这个过程中培养学生的能力。作为知识传播者的教师不能消失，教师也可以帮助学生更好地、更有效地领会知识创造者的心路历程而少走弯路，达到高效地发展智能的目的。我们不能把探究性学习看成学生学习最重要甚至是唯一的方式。在教学中，教师的启发式讲解也是非常重要的，否则学习质量和效益都无法保证。我们不主张在概念课中进行探究性学习，因为在科学研究中提出一个概念可能是开辟了一个方向，也可能是创造了一个方法。如极限概念的提出就开辟了无穷小分析这样一个方向。要在教学中让学生探究性地摸拟这一概念的形成过程，涉及观念的变更。教师若能用生动的方法再现概念的发生发展过程，同样能达到培养学生能力的目标。我们提倡在命题课中，通过创设有效的问题情境获取"情境—经验型"过程知识；在习题课中，通过问题解决获取"问题—解决型"过程知识；在反思质疑中获取"方法—观念型"过程知识。这是切合科学研究的"研究"工程化为学科教学的探究性学习的一种可行做法。华罗庚先生曾指出做研究的四层境界：照葫芦画瓢地模仿；利用成法解决几个问题；创造方法，解决问题；开辟方向。华先生也指出，只有经历前两个层次才能踏上科学研究之路。基于课堂探究性学习大致拟合数学研究的前三个层次，学生得益于课内；最后一个层次的达到需要学生自己的悟性和教师的引领，学生得益于课外。接受性学习和探究性都有其存在价值。

在倡导教育革新的今天，在各种理念相互碰撞的今天，不能像翻烙饼一样，抬高一种理论，打压一种理论。各种理论都应当相互尊重，寻求对话，努力汲取对方的闪光点，并不断注入新的活力，基于课堂教学的探究性学习就是这样一种理念。

第五节　论基于数学史的课堂教学设计

数学本身就是一种文化，它是人类漫漫历史长河中"洗尽铅华始见真"的智慧和瑰宝。《普通高中数学课程标准(2017 年版 2020 年修订)》指出：数学文化融入课程内容。数学文化是指数学的思想、精神、语言、方法、观点，以及它们的形成和发展。数学的形成和发展换言之就是数学史。数学史走进数学课堂，数学将不再是冷冰冰的符号，历史文化传递着知识之间千丝万缕的联系以及知识背后恒久不变的基本思想和理性精神，昭示数学无用中的大用，展现着一代代数学家前仆后继为真理献身的一腔热血。这些实用的力量和信仰力量终将融入学生的价值体系中，体现数学的教育价值。数学史走进数学课堂是数学教育改革的一个重要方向。

一、数学史融入课堂教学的认识

1. 数学史融入课堂教学的理据

数学史揭示数学的人文侧面，使数学变得“人性化”，更易触动学生心理，激发学生的学习兴趣，提升学生的人文素养。教科书中的事实、概念、定理、公式等的叙述字字斟酌、句句揣摩，在追求严谨科学的同时就难免过滤掉了知识创造过程中的斗争、停滞，以及历代数学家不断攀登真理高峰过程中的艰辛。情感意志是数学核心素养的内隐品质，然而在教学中对情感、态度、价值观的培养却不尽如人意，达成情况与预期存在很大差距。数学史承载着知识背后的数学家的辛勤耕耘及知识的动态生成，熟悉历史使我们看到数学家平凡的一面，以及他们创造的具有个性特点的数学。数学家的困难、挫折和失败，使学生感同身受，能获得真知灼见和探究问题的勇气，并且不因失败而气馁。这与课程目标中“提高学习数学的兴趣，增强学习数学的自信心”“树立敢于质疑、善于思考、严谨求实的科学精神”相契合。

数学史走进课堂教学，通过呈现知识产生的动机，促进学生对数学的深层理解。教材多是按照学科逻辑进行知识编排，基于这种教材的教学法通常关注结果性知识，而忽略了产生知识的原始问题和丰富背景。隐去产生动机，知识“从天而降”，学生不仅感觉“莫名其妙”，而且心理上也难以真正接受知识的存在，更不会积极主动地“用数学”。历史上的数学危机或冲突如果能被设计成引发学生认知冲突的素材，在追求简洁、和谐、统一的算法中，往往能激发学生获取新知识的强大内驱力，认识到重要概念对数学发展的重大意义，从而从心理上和认识上接受它，同时得到思维上的训练。一个具有启发性、触及数学本质的问题是一个生动活泼、积极思考的数学课堂教学的起点。追溯数学史提供了寻找一个真实、强动机的问题的途径。

作为教学指南的数学史，起着优化内容结构、减负增效的作用。德摩根、卡约黎、史密斯、M. 克莱因等数学家、数学教育家都秉持相同的观点：学生对数学知识的认知过程和历史上该知识的发展过程存在一定的相似性，也就是历史相似性理论。学生的学习困难具有历史相似性。历史上数学家遇到的困难，正是如今学生学习时的障碍。历史是“过去传到将来的回声”，研究过去的“进行时”，有利于把握现在的正当时。以史为镜，可以知兴替，以史为鉴，教师也可晓知识之缘起和发展。教师站在历史的高度，便能理解基本概念何为“基本”、大观点和核心概念对于统领其他知识的作用。如此，教师便不会盲目跟风，明面上“减负”，淡化甚至回避一些较难理解的基本概念，实则上不仅为学生增加了学习难度，还曲解了概念的本身。课堂教学是减负增效的主阵地，高效的数学课堂应该围绕一个核心问题展开，核心问题又可以分解为不同层次的小问题，重点突出，主次分明。研究历史，能知晓一些概念产生的必然性，从而充分调动学生已有的相关经验，生成主线清晰、问题链环环相扣的课堂教学设计。

在数学教学中运用数学史的另一个重要的依据是发生教学法。发生教学法以历史相似性理论为理据，是将数学史融入数学教学的一种重要方法，即通常所说的 HPM 视角下的数学教学。发生教学法主张只有当主体产生足够的动机，或只有在主体心理发展的某个适当时间，才开始让他们学习某个主题。发生教学法强调借鉴数学史来引入主题，因此教学过程中就有了反映数学矛盾本质的问题情境，而不是经不起推敲的问题情境。发生教学法已经在数学教学中广为应用，并产生了不少经过教学实践检验较成功的案例。

2. 数学史融入课堂教学的切入点

数学史对背景分析的支持在于预测教学的重难点及关键点。通过梳理和研读历史上某一数学概念的生成过程或者某一定理、法则的发生过程，教师知晓知识形成过程中的核心知识背后的大观点或数学思想方法，如此便把握住一节课或一个单元的重点和关键。由于学生对某一课题的理解与历史存在相似性，所以通过研究历史上数学家遭遇到的认知冲突、认知障碍来预测学生的学习困难，教师能间接预测学生对某一课题存在误解或抗拒现象的知识，从而更好地找准教学难点。重难点、关键点的确定，使得教学设计主次分明，为教学效率和教学质量提供保障。

教学过程是用教学的视野重温数学的发生发展过程，使之更有人情味，更符合常人思维。教学过程是教师根据课程标准，有目的地引导学生学习知识经验达到提升自我、认识世界目的的过程。学生学习的知识经验经过历史的筛选和积淀，最能体现一门学科灵魂的内容和方法。然而作为学习主体的学生往往不能体会到知识背后的奥妙与深意。这就需要教师在教学过程中担起数学家与学生之间交流的连接者、翻译者的角色，用教学的视野带领学生重温数学的发生发展过程。形成一个数学概念或发现一个数学定理的过程中，不乏机缘巧合的偶然，但更多的是前人一步步研究导致的必然。发展过程中的偶然事件为数学增添趣味，必然事件展现逻辑、彰显严谨。作为教学，其实是把研究过程中的精彩故事，无论是偶然的、还是必然的，编译成启发学生心智的有序素材，使学生站在前人的肩膀上迅速成长，这是教学的功德所在。仅仅是传递，或从书本到黑板、到屏幕，教学之味尽失，教学功用全无，那不是教学。

引导学生经历问题提出、问题解决、问题拓展的全过程，构成了教学过程的主要环节。立足数学史设计问题及问题链，搭建层次井然的课堂结构。问题的设置和导入是发现法教学需要注意的问题之一。有矛盾冲突的问题情境提出的问题是有价值的，且利于数学内容的自然生成和后续发展。直接运用或简化使用在历史进程中充当引子的例子作为问题情境，给学生提供自然的研究动机，激发学生探究欲望和下一步的行动。这是“起”。根据学生的现有认知水平和已有知识基础，选取历史上推动该知识发展的关键事件、重大事件，修改为由浅入深、层层深入的问题链。在这个过程中，有旧知识遭遇新问题的无奈，也提供了旧知识进行自身进化、演化的契机。这是“承”“转”。“承”接学生已有的活动经验，“转”变认识视角，进行新的探索活动，调整、充实和丰富已有的活动经验。清新自然的问题情境以及有序推进的问题链设计，构成了问题驱动的数学教学，使得探究的动力足、研究的过程自然，数学结论和教学内容水到渠成。这是“合”。新旧经验融合为一体，“合”于学生的认知结构之中。教学评价是教学结构中的重要一环。基于数学史料，教师可以编制许多具有数学文化风味的检测题。这也是数学史对课堂教学起作用的一个切入点。

二、基于数学史的课堂教学设计

简言之，课堂教学设计就是通过对教学内容和教学对象进行分析，从而进行教学目标和教学过程的设计。下面从教学目标和教学过程两方面阐述基于数学史的课堂教学设计。

1. 用数学史落实和提升教学目标

随着《普通高中数学课程标准(2017 年版 2020 年修订)》的颁布，以培养学生核心素养为目标的教学改革拉开帷幕。《义务教育数学课程标准(2022

年版)》也明确提出制订指向核心素养的教学目标，注重建立具体内容与核心素养主要表现的关联。

从内容和水平两方面确定教学目标。内容包括关键能力、必备品格与正确价值观。数学史作为数学文化的载体，肩负着培养核心素养的重任。无论是确定教学目标的内容还是水平，数学史在其中都起着重要的支持作用。基于数学史的教学目标设计主要分为四个步骤：探索历史脚步和学生心理，分析知识体系；参照历史坐标和学生心理，确定素养内容及水平；追溯历史动因，落实核心素养；挖掘人文价值，融入品格价值观的目标，实施课程思政。

探索历史脚步和学生心理，分析知识体系。通常理解下的数学知识经过历史选择和实践检验，成为完美状态的知识，此时人们最关心的是知识的本质。若视知识为一个动态的过程，它从何而来或如何演变为最终状态就具有特别重要的意义，展示了其独特的功能和丰富的思想，赋予了知识存在的理由。它归于何处就使其不再是孤立的个体，进入了知识的网络，也架起了与现实世界的桥梁，"数学有用"落到实处。来由和去向最利于培养学生的探索精神、批判精神，培养必备品格和正确价值观。因此，设计教学目标的第一步就是研读数学史料，重点弄清知识的来龙去脉，明晰知识体系。这也是进行后续环节的准备工作。

参照历史坐标，确定素养及水平。一节课一般涉及多个核心素养，教师须确定一两个核心素养作为本节课主要培养的目标。紧接着便是明确核心素养应达到的具体水平。新课程学业质量水平中，核心素养被划分为三个水平，每一水平均从情境与问题、知识与技能、思维与表达和交流与反思四方面描述。水平一至水平三是依次递进的三种水平，它们之间的区分并不容易，需要教师对学生的认知水平的准确预测。学生对某一数学内容的理解水平与其历史水平之间存在相似性。以这一内容的历史水平作为学生的认知水平的参照系，教师预测学生学习中可能遇到的困难，做到既不对学生期望过高，也不对学生失去信心。例如，函数概念的形成，从最初的萌芽阶段到最终形成历经了一千多年。函数概念的形成是一个需要认识不断深入的过程。在初中函数的第一课时——变量与函数中，学生第一次接触变量、常量、自变量和函数等概念，教师应将对抽象能力的要求定为水平一，即探索简单实例中的数量关系和变化规律，了解常量、变量的意义，能从生活情境中抽象概括出函数的概念。初次接触函数的学生，能从具体实例中了解自变量、因变量的概念，识别出函数模型，写出一些简单的函数关系式，对事物的运动变化有些感性认识，初步理解函数的意义就够了。欧拉给出的函数定义(“解析表达式”“依赖变化”)虽然有局限性，但直观明显、易于接受，适合初次接触函数概念的初中生。高中函数教学应基于学生的这种水平，指出这种水平的局限性，逐步过渡到水平二和水平三。

追溯历史动因，落实核心素养。数学教育根本的目的在于培养学生的数学能力。R. 柯朗在《什么是数学》中表述，空洞的解题训练难以导致真正的理解与深入的独立思考，不能形成稳定的能力特征。突出数学基本思想的数学教育才有利于真正理解、独立思考和获取真正的知识。数学史作为数学思想方法的载体，不仅记录了具体的历史事件及推进情形，而且有深层次下内隐着数学思想、方法、观点等的形成及应用。每一次数学知识的出现或精进，都有背后推动其发展的动因。导数是微积分的重要组成部分，了解微积分的由来、发展和本质是理解和教授导数内容的必备环节。以运动刻画静止、以变化刻画不变的观念是微积分的本质，17 世纪的科学家研究的四种类型的问题直接导致了微积分的发明。其中已知物体运动的路程作为时间的函数，求物体在任意时刻的速度问题和求曲线的切线问题正对应着教材上选择的两个问题。从情境与问题的方面来看，教学目标可设为从物理情境或数学情境中经历平均变化率到瞬时变化率的过程，抽象概括出导数的概念。从知识与技能的角度来看，教学目标可设为知道导数是瞬时变化率的数学表达，会计算在一点处的导数值。如果说前两个方面关注的是算法，那么思维与表达、交流与反思关注的就是算理。微积分通常以“极限—连续—导数—微分—积分”的逻辑展开，但高中教材却跳过了极限部分，导数内容也就缺少了根基。体会极限思想是理解导数和运用导数的关键。从学生熟悉的圆的切线入手，借助刘徽的“割圆术”，并辅以信息技术的展示，“切线是割线的极限位置”的定义得到显现，极限的思想也便深入人心了。如果采用不引入极限的方式，而进行微积分的教学，则需要教师超越历史而进行课程内容的重构。教育数学在这方面进行了有益的尝试。

挖掘人文价值，融入品格价值观的目标，实施课程思政。培养品格价值观相较落实核心素养又难操作些，很容易陷入“假大空”。进入历史的视角，可挖掘数学知识的产生和发展的背景，提出有根据、有价值、具体化的情意目标。利用中国古代传统数学的卓越成就来提升民族自信心，进行爱国主义教育是教师利用数学史的常见做法。然而数学是全世界、全民族的共同的文化，对立中西方数学文化以凸显中国传统数学的成就的做法是浅显的，甚至是不可取的。应把中华优秀传统文化浸润到具体的数学课程教材中。品格价值观目标的设置不应局限于数学领域的思维品质、关键能力，应着眼更为广阔的学生当下生活和未来生活的人生观、世界观和价值观。“提高学习数学的兴趣，树立学习数学的信心”“认识数学的科学价值、应用价值、文化价值和审美价值”等都是高中数学课程标准对中学生必备的品格和正确价值观的描述。如历史上的数学家之所以研究函数，源于对因果关系的定量化的孜孜不倦的追究，而因果关系是十分难以确认的，这就需要学生具有克难攻坚的坚韧之志，这些品质可以从数学史的学习中获得。

2. 基于数学史的教学过程设计

数学史在数学教学中有四种运用方式：附加式、复制式、顺应式和重构式。附加式和复制式属于数学史的直接运用，教师容易使用也较常使用。顺应式和重构式不拘于历史的精确性，更考虑学生的认知需求。重构式追求自然的教学法，借鉴历史，重构历史，给新知识一个生长点，使学生切实感受到知识引入的必要性，真正接受并乐意应用知识。四种运用方式不区分孰好孰坏，在课堂中的运用也不仅限于单一方式，关键在于与知识的适配度以及教师的理解水平和课堂驾驭水平。

结合发生教学法和问题驱动教学的步骤，将基于数学史的教学过程设计分为以下几步骤。

创设问题情境，凸显引入课题的必要性，激发学生的研究动机。在引入课题时，教师须选取一个好的问题，展现知识的原始研究动机，打开师生交流探究的“话匣子”。这个开篇问题最好能戳中学生认知中的看似无疑、实则有疑之处，这些困惑往往也是历史上的数学家所困惑的地方。因此，教师选取的问题可以是历史上的原题或者考虑学生水平及课堂时间限制进行适当改编。究其根本，此问题情境要植根于学生已有认知基础，直击困惑之处，继而激发学生探究欲望。例如，复数概念的教学难点之一在于学生不理解为什么要引入虚数，学生已经接受了一元二次方程在判别式小于0时无解的事实，“强行”引入虚数使得方程有解，无异于打破学生一直遵循的规则和认知体系，囫囵吞枣地被动接受终究是一个隐患。可采用莱布尼兹对复数的研究作为课堂上的研究材料。通过简单的计算，学生切实体

会到 x 和 y 两数的存在，然而两数却不是实数。这一矛盾引发学习新知的动机，使学生对新知的求知欲达到高峰。为解决“原有的数集不够用了”这一问题，数系的扩充的必要性呼之欲出。在此之前，学生已有丰富的数系扩充的经验，熟悉的问题解决模式也使学生对虚数的抵触心理减轻。

基于问题链，由浅及深，以问题驱动知识探究过程。以问题驱动教学，意在再现数学研究的过程，使学生经历火热的思考，在问题的层层深入中触及数学知识的本质。教师根据学生实际和历史事实，整体把握教学内容，提炼历史上的关键步骤，确定教学的核心问题，并为此设置一系列有启发性的、有前后逻辑关系的问题链。有些学生对数学概念的学习呈现形式化特征，即不理解对数概念产生的背景、对数的功能，没有深刻理解对数概念产生的必要性。欧拉曾指出对数源于指数，现行教材也是在指数的基础上推出对数，但这与对数的发明先于指数的史实产生了矛盾。追溯历史，对数发明的动机在于简化计算，其功能在于用简单的加减运算代替复杂的乘除运算。虽然现行教材将数列内容安排在对数内容后面，但是观察两列数的特征学生不难做到。教师引导思考分别寻找两个数的“替身”以达到简化计算的目的；可类比遇到面积为 2 的正方形边长问题时引入新数，激发学生的相似经历，由此引入对数的概念。

回顾历史进程，深化理解，提升感悟。数学史是丰富多样、蕴含无穷的宝藏，亟待教师和学生的发现和汲取。学生在回顾一代代数学家的辛勤耕耘和真知灼见的过程中，知晓知识产生的动因、体会不断精进的符号表述，不仅加深了对数学的理解，还收获了精神上的鼓舞。在备课的时候，教师可以有意识地按时间线搜集历史素材，并进行分类整合，力求结构分明、脉络清晰。时间和条件允许的情况下，教师可以将其制成微课视频。在课堂上的新授环节结束之后，教师展示微课视频并与学生交流体会。在学习高中新的函数定义之前，学生对于函数的理解多数停留在“解析式”“依赖关系”，不能抓住“对应”的本质。讲授新课时，教师应集中“火力”实现从旧定义到新定义的自然过渡。在完成用集合语言表述对应关系、给出函数的定义之后，教师播放微课视频，展现函数定义从“变量说”到“对应说”的进化，具体包含“解析式—变量依赖关系—变量对应关系—集合对应关系”的发展过程。在观看视频的过程中，学生再次认识“解析式”和“变量依赖关系”的局限性，把握函数定义不变的是“对应”，并由关注“变量”转向关注“对应关系”，最终完成函数的集合对应定义。

巩固新知，精选例习题，体会知识应用。例题、习题讲解是数学课堂教学的重要组成部分。概念、定理、法则的教学最终要落实于知识的应用，在解题过程中巩固新知、加深理解。教师选取的例题、习题大部分直接来源于数学教材。事实上，教师可以从数学发展的角度深入解读教材，研究知识缘起的实用价值或成型的科学价值来编制新题，或借历史上的名题来融旧新用。习题的选取不必局限于知识点的辨析、变式，甚至可以适当跃出升学要求的“雷池”，拓宽学生的学科视野，着眼于更广阔的能力、素养的提升。多即是少，眼界、思路的开阔才是为学生真正减负。如与以往所学知识不同，虚数没有现实原型，对于学生来说较难接受。依据历史相似性原理，教师从其几何表示入手，是使虚数不“虚”、促进进一步理解的有效途径。复数乘法具有的伸缩和旋转变换的功能使它成为处理图形问题的有效工具。教师展示相关例题，在做题中比较、体会其相较解析法处理问题所展现出的独特优势。虽然复数的乘除运算及几何意义是选学内容，但是这部分内容能够深刻揭示复数与几何之间的密切联系，使得学生对复数的认识更加清楚明晰。又如对于高中函数概念第一课时的例习题选取，教师应着重于变化解析式、图像、表格、离散等非本质属性，突出对应关系的本质属性。再如，在“三角形一边的平行线性质定理及推论”一课的教学中，教师介绍了中算古法和欧式几何两种证法，体现了面积这一不变量的作用。为了深入感受出入相补原理的基础和广泛应用，教师可以补充一次测望和重差术的历史名题。这是知识传授与文化浸润的有机结合。

需要注意的是，以上的四个步骤并不是唯一既定的实施步骤，有些步骤可以省略，四者之间的顺序也可适当调整，视具体课题而定。同时，也不是所有的课题都有相适宜的数学史素材进行教学组织和设计。教师教学须在逻辑、心理和历史之间平衡，更好地服务于学生的发展。

第六节　论基于信息技术的课堂教学设计

一、信息技术走进课堂教学是大势所趋

在大数据时代，信息技术高速发展，信息化浪潮席卷全球。信息技术与课堂教学的深度融合，不仅是大势所趋，也是教育自身变革的需求。世界各国都很重视教育信息化，投入了大量的人力、物力和财力来研究教育

信息化。我国也相继出台了许多教育信息化战略文件，如《教育信息化 2.0 行动计划》《教育信息化“十三五”规划》等，坚持促进信息技术与教育教学深度融合的核心理念，通过深化应用，释放信息技术支撑和引领教育改革和发展。

近年来，人们对信息技术与课堂教学融合的关注和重视越来越普遍，学习通、腾讯会议、腾讯课堂等在线 APP 已相继被用于在线教学。互联网在线教育平台和教育资源被充分利用，封闭的教育资源得以开放，学生能够随时随地进行自主学习，不仅打破了班级授课制的局限，还让教学时空得到延伸。如何利用好信息技术做好课堂教学设计，并进行好在线的或实体的课堂教学，是一个急切的需要研究的问题。

信息技术与教育深度融合，大体可以分为以下几种类型：一是通过视音频数字信号同步网络传输技术，将异地视音频实时传递，将本地、异地课堂融为一体，借此实现教育公平；还有一种是建立各种平台或云端教室，在平台上加载视频、音频、动画等各种资源，并能进行实时交互，为构建混合式学习方式提供强有力的支持；还有一种模式是开发各种与学科内容深度融合的信息技术平台，使学习者在使用平台的过程中能加深对学习内容的理解。第一种模式基于社会学的视角，以期借助信息技术之力实现教育公平，为教育行政管理部门提供破解社会难题的一个路径，因而为教育行政管理部门看好，但其传递的“优质资源”有可能是“粉笔＋黑板”式，只不过由于执教者的教学经验丰富而被冠之以“优秀”。第二种模式基于自主学习的模式，为学生提供大量的资源，期望学生能发挥积极性、主动性，自己建构，主动学习，为高校所看好，因为大学生的学习不同于中学生的学习，有大量的自主学习时间，同时，大学生也应学会自主学习；其承载的资源虽然全是电子的，还可能是视频的，但这些资源有可能是传统课堂的一个“翻录”，信息技术还没有触及学科内容的变化。第三种模式，由于深入了具体的学科，对课堂教学的影响最大，就目前的态势来看，对基础教育的课堂教学影响最大，但在高校，由于课程众多，难以针对每一个具体的学科开发具体的学科工具。

从上述可知，信息技术对教育的影响可以有不同的角度、不同的方式。就基础教育而言，可以把三种模式都有机地融合起来，全方面地实现基础教育的信息化。基础教育位于国民教育体系中的底层，对高等教育具有重要的支撑作用，信息技术对教育的影响是深度的、全方位的，第三种模式是信息技术与学科课程整合的最终落脚点，我们要大力发展学科工具，使这个落脚点能站稳站好，全面推动教育信息化。

信息技术应深入数学课堂教学中。孙名符等认为信息技术与数学教学之间存在着内在、不可分割的联系，两者的整合是基础教育改革和社会发展的必然结果。章建跃老师认为从数学教学发展来看，好的数学教学必须有信息技术与教学内容整合的成分，并认为信息技术给予教学的支持是全方位的，教师和学生可以利用技术的强大功能，做过去课堂中完全做不到的事情。何克抗先生认为整合是以主导—主体教学理论为指导，利用信息技术为支持的信息化教学环境创设、促使自主学习认知和情感激励的工具，并将其全面融合到所有学科的教学资源、要素和环节，聚焦效应就会在逐渐改进的教学过程中发生，逐步变革传统教学，培养学生的创新精神和实践能力。

总之，信息技术支持的教学设计是指在教育理论的基础上，以学为中心，充分利用信息技术和信息资源，对教学各个环节和要素做科学的规划，为学生营造良好的信息化学习环境，以实现教学过程的最优化。

二、信息技术支持的课堂教学设计的认识

1. 信息技术支持的课堂教学的理据

信息技术与学科教学的整合是以信息技术作为教与学的工具，从而促进某一学科领域或跨学科情境中的学习，使学生获得全新的学习体验。通过利用信息技术挖掘教学中的多种可能，创造主动学习的情境，为学生的学习和发展提供丰富多彩的教育环境和有力的学习平台，使学生最大限度地利用信息技术，并使其成为强大的学习工具，获得不同于传统环境中的体验。如几何画板、动态数学软件 GeoGebra、超级画板、网络画板等都是学科教学工具软件，它们都能创设动态的学习情境，使学生获得直观的体验。其中，网络画板是在超级画板基础上发展起来的国产优秀平台，是运用动态几何技术、智能推理技术、符号运算和互联网交互技术开发的互联网环境下的专业数学教学工具。

信息技术集文、图、形、声等多种功能于一体，具有交互性和智能性，能对学科内容的本质揭示、呈现形式产生作用，使学科内容更平易近人。利用信息技术可以将静态知识化为生动形象的动态形式呈现在学生眼前，让知识可视化、直观化、有趣化，不仅可以调动学生的学习积极性，激发

其求知欲，从被动接受知识转变为主动思考探索，还能让学生在身临其境中切实感悟到知识的含义，把握知识的本质。特别对于数学这种抽象难懂的学科，教师可创设真实的数学学习情境，用多种方式呈现数学问题，将静态数学转化为动态数学，使数学材料具有可视性、活动性和空间立体性，让数学走向现实，贴近学生的认知，让学生能看得见数学，能切实感受到数学，拉近与数学的距离感，逐渐消除对数学的畏难心理，提高数学课堂学习的参与度。

信息技术能为学生的学习提供可操作的探索平台，发展探究性学习能力。数学学习不应只是死记硬背，接受和记忆知识的过程。由于数学具有高度抽象性和严密逻辑性的特点，造成数学知识难懂，教师难教，学生难学，这就更需要学生经历体验知识的形成过程，从被动接受转化为主动探索学习。数学知识本来不应当具有"去情境化、去时间化、去个人化"的特点，但是，由于各种复杂原因之故，中学生的数学学习几乎蜕变成一种在符号化的形式系统中的操练行为。按人本主义学习理论的观点，这样的学习因其与个人的活动经验、生活经验没有关系，其实是没有意义的。只有学生自己通过思考建立起数学理解和联系时，才能真正学好数学。网络画板可提供可视化、可操作的平台，用其制作的精美图形、课件等通过二维码、链接形式分享，学生通过智能设备扫描二维码或点击链接，在分享页对图形、变量数据等实施操作，在动手操作中发现、提出、分析并解决问题，培养独立学习能力和创新精神。

2. 信息技术支持下课堂教学的意义

信息技术能够给教学和学习带来"乐学"的机会。信息技术已经具备了支持教学活动的技术条件，已经开发了众多的学习资源库、学习认知工具、学习探究环境，学生可以随时随地通过手机、平板和电脑等终端设备进行自主学习，获取更多的信息和知识，实现泛在学习。信息技术已经改变了教与学的方式，教师也不再是获取知识的唯一途径；基于互联网的信息平台，教师和学生能够共享学习资源，可不受时空的限制进行跨教室、学校、地区和国家之间的合作交流，拓展了教学时空。

信息技术支持的教学有助于"以教师为主导，以学生为主体"的教学理念成为现实。信息技术支持的教学相较于传统教学，更重视学生的主体地位，强调教学应围绕"以学生为中心"，通过营造信息化教学环境，实现以"自由、探究、合作"为特征的新型教与学方式，激发学生学习的积极性、主动性，培养学生的创新能力，使以教师为中心的传统课堂教学结构发生根本性变革。利用信息技术的图形、音频和声音处理等功能创设多样化的教学情境，帮助学生在真实情境中建立知识；通过大数据技术科学地评价学生的学习行为，预测他们的学习需求，以便教师有针对性地调整教学等。利用智能分析技术，精准地了解学生的学习动机、兴趣、学习习惯和学习状态，精准地把握每个学生的实际情况，并从实际出发，充分利用信息资源和技术，合理安排教学活动的各个要素，培养学生的自主学习能力。信息技术不仅为学生提供学习的资源库，也为教师的专业成长提供了更大的平台空间，教师能利用网络等工具搜索并获取与学科、教育有关的知识内容，也可以与其他教师分享及交流经验，来丰富自己的学科教学知识，提高教学水平。“以学为本、以能力为本”的创造性教学是教师专业化的必经之路。

三、信息技术的课堂教学设计

在数学教学设计中应用信息技术，就要考虑信息技术对教学支持的可能性、应用途径和策略，就要求教师能够熟知信息技术并拥有一定的信息技术能力，从数学学科特点出发，结合学生情况和发展需要，选用适宜的信息技术，合理设计教学的每一个环节，充分发挥信息技术的优势。

1. 支持教学目标的达成

教学目标是教学设计的依据，表达的是学生的学习结果。学科核心素养是学科育人价值的集中体现。在教学设计中要依据学科核心素养制订教学目标，培养学生应具备的核心素养，促进学生自主发展能力的提高。在信息技术融入学科教学时不仅要注意学生学科核心素养的培养，也要思考如何潜移默化地培养学生的信息意识、计算思维、数字化学习与创新能力和信息社会责任，促进学生的全面发展。如用刘徽“割圆术”推导圆周率时，可以利用几何画板、网络画板等画图软件展示通过不断倍增圆内接正多边形的边数可以让正多边形无限逼近圆的过程，也可以利用编程软件展示圆周率的计算结果，这样既可以培养学生直观想象的数学核心素养，也可以培养学生能够运用信息技术来解决问题的意识和能力。

在信息技术支持下，教师要对教学目标进行重新定位，在动手操作、知识获取、技能培养、素养提升等方面获得全面但有层次的辩证认识。充分利用信息技术的优势，全面考虑信息技术在支持知识与技能、过程与方法、情感态度与价值观等多层次教学目标中的作用，对不同水平学生制订不同层次的教学目标，创设其与学生的独立思考、动手探索、主动建构联系起来的学习活动，从而达到教学目标的实现，促使不同水平的学生得到相应的发展。

2. 助力问题情境的创设

教学情境的创设要以学生为中心，以创设出真实的学习情境，贴近学生的心理和生活情境，才能使学生迅速地沉浸到情境中。信息技术能够将现实情境数学化，还原问题产生的条件、环境和场景，实现情境与数学的合理融合。教师要着眼于学情，选择符合学生认知水平的数学内容，并借助信息技术创设虚拟的、逼真的数学学习情境，通过情境问题引导学生快速进入持续性探究体验的沉浸式学习中，培养学生发现、提出、解决问题的能力。通过情境问题，引发一系列横向或纵向数学化过程，促进数学的再创造。教材中的公式、定理、图片等知识都是静态的，而信息技术把抽象数学知识的形成过程形象化地演示，并将其静态形式转化为动态变化，呈现出知识的形成过程，给学生提供丰富的感知，使得学生能见其形、入其境、悟其意，更快、更准、更深地把握知识的本质，极大地支持了学生对抽象概括、逻辑推理等数学思维的建构。

问题情境应注入更多的新鲜血液，使知识的导入不单调，不与生活脱节。知识本来就不是生硬刻板的，不是与生活有一定的距离的，而是灵活的，有着自己的演变过程、思想和应用，是从现实中抽象概括而来。如椭圆是生活中的常见图形，如鸡蛋的外形、车载油罐的轮廓曲线、天体的运行轨道，先让学生充分感知椭圆世界，然后提出数学问题，如何由已知的曲线给出曲线的方程？与椭圆最相似的已知曲线是什么？能否用圆来认识椭圆？通过动态几何软件提供的探索功能，从圆的定义出发，在圆中对点作变换，运用轨迹追踪法，由圆生成椭圆。这样进行教学设计，一方面突出了新旧知识之间的联系，另一方面也突出了信息技术的作用，若没有信息技术的支持，新与旧之间的关系无法充分地揭示。

3. 设计探究性活动生成知识

数学是一种创造性活动，教学是一种模拟数学研究的再创造活动。动态的数学观认为获取数学知识是经历猜想、讨论、探究等动态的实践过程。数学教学是数学活动的教学，是学生经历数学化、符号化、形式化的再创造活动过程，而这个活动过程正是学生进行探究性学习的过程。探究性学习强调数学学习是学生自主参与探索过程，需要学生积极投入提问、猜想、实验、操作、讨论和验证等活动中，体验知识的创造、生成过程，是主动建构的学习活动。教师要设计出符合再创造的数学活动，就要通过丰富而真实的情境，设计出具有可操作性并能体现数学内涵的活动，引导和组织学生经历观察、猜想、实验、验证、抽象概括等过程，促进学生在做中学数学，获取基本数学活动经验。

信息技术的应用使得数学具有实验科学的性质。在信息技术的支持下，学生能更好地获取某些学习体验，信息技术应用于数学探究性活动的目的就在于此。如学科工具平台提供的测量、计算、动态轨迹等功能，能满足实验科学中的测量、计算、演示等的需要，使数学的两大基本对象“数”能得到计算，“形”能得到演示，在“数”与“形”之间还能建立沟通之桥，以“数”驭“形”。在实验过程中，学生能通过改变参数，自主探究并提出自己的猜想。正如高斯通过大量的计算发现了许多优美定理，学科工具平台能减轻学生的计算负担，使学生专注于蕴藏在数据中的不变量、图形中的不变性质，通过归纳、猜想逐步地揭示结论。

4. 更新教学内容及呈现方式

信息技术带来的教育变革和教育思想为数学课堂中出现新的、能够体现现代数学思想的教学提供了可能。教师可通过信息技术筛选出适宜的知识，以教材为基础进行扩充，并依据学情对教学内容进行加工，利用信息技术将其变为学生易于接受的教学形态，使数学更好地刻画现实世界。如美妙的混沌现象、分形图形均可在信息技术的支持下走进课堂教学。

历史文化使教学更厚重，信息技术使思想更鲜活。在课堂教学中引入数学史不仅能丰富课堂内容，还能让学生了解知识的形成过程，而历史文化与现代文明技术跨越时空的交织，无疑为课堂制造很多可能，能使学生更加直观地感受到数学的美妙。一些数学史料中的丰富的思想内涵，有时不借助信息技术甚至无法进入课堂教学之中。如用旦德林双球讲解椭圆的定义及方程，用牟合方盖推导球的体积公式，不借助信息技术则很难完成。数学史上很多精彩的思想火花，如果只是用讲故事的方式进行渗透教学，数学历史文化的教学价值会大打折扣，而在信息技术的支持下则能使深邃的思想进入课堂教学，更新课堂教学的内容知识。

利用信息技术创新教学内容的呈现方式，改变传统单一的粉笔教学模式，将教学内容通过文字、图像、声音以及其他媒体技术转变成学生易于接受的形式呈现，以实现在有效的课堂时间内到达高效的教学效率。比如在单元小结课或者复习课中就需要大量练习题的呈现及解答的演示，如果用多媒体呈现这些题目和答案，可以节省大量的时间用于引导学生去探索题目中蕴含的数学思想方法；在空间几何图形的讲解中需要教师利用直尺、三角板、圆规等教学工具画出各种立体图形，虽然在现实教学中一部分教师为了方便而练出了徒手画出直线、完整的圆形，但不用作图工具而徒手作图是不严谨的，还容易诱导学生进行模仿，而用信息技术展示的几何图形工整、精美，让学生感受到数学的图形美。

网络画板可将数学知识进行动态演示，信息技术还支持无限回放，这些都是“粉笔＋黑板”所无法做到的。在教学中，要充分发挥信息技术这些方面的展示优势，同时要和传统媒体进行有机地结合。

5. 利用信息技术改进教学评价

对于教学设计和教学活动，需要对其各个环节进行评价和反馈，并根据反馈随时调整修改。评价、反馈和修改应该贯穿信息技术支持的教学设计过程的始终。信息技术能使教学评价更为便捷、有效。教师通过信息技术进行教学评价，能随时了解教学结果，对学生的情况有更充分的了解，并能对教学效果做出诊断，及时地调整和修改教学设计。

传统教学评价的目的在于选拔和管理，是终结性的，关注的是学生是否达到了教学目的，能否回答解决问题(课堂提问、练习)。新课程标准更关注学生学习的本身，知识和能力的提升、数学核心素养的培养，应该注意到信息能力也成为学生基本数学技能之一，所以在信息技术的支持下，教师进行数学教学评价时应采用多种教学评价方法，不仅关注学生对课堂内容的理解和掌握及在实践活动中的表现，还要着眼于学生对信息技术的接受和使用能力的评价，培养学生的信息素养，促进学生全面发展。目前，基于人工智能的教学评价正在兴起中。

四、小结

在信息技术的支持下，教师应注重学生学习过程分析，重新审视数学教学，用新兴技术解决在传统教学中所不能解决的问题，以实现新教学观，推动信息技术与课堂教学的深度融合。信息支持下的数学课堂教学要以学生的学习主体性为原则，通过技术的交互性、及时性、智能性，创设建构知识体系的自主学习环境，满足学生的多元化学习需求，让学生能够在探索数学发生、形成、发展的过程中认识数学，将学生的情感、态度和价值观有机地融入教学的各个环节、要素中，促进学生全面发展。

第七节　论学科交融思想在数学教学中的应用

教育事业作为强国之基，是科技强国的根本途径。《义务教育数学课程标准(2022 年版)》提出：设立跨学科主题活动，加强学科间的相互关联，带动课程综合化实施。数学学科作为自然科学的重要基础，贯穿于整个基础教育阶段，和物理、计算机等一起构成交叉科学人才培养的基石，是学科融合思想贯彻落实过程中不可忽略的重要阵地。

一、学科融合教学思想

早在 19 世纪，赫尔巴特就系统地说明了综合课程理论，强调学校课程和教材的相互关联性，萌芽出学科融合的思想。近年来，STEAM 教育理念和以杜威的教育理念为基础的创客教育作为学科融合思想的产物，在教育界中占有一席之地。学科融合思想作为一种历史悠久的教学思想，仍在不断发展中。人们以时代的核心需求、教育理论水平为依据，以教学实践情况为基础，不断创新、改进学科融合的教育理论体系，并以此为中心，提出了众多教育理念和教学方法。但是，总体来看，我国现阶段依旧采用分科教学为主的教学模式，这使得各学科教学各自为政，造成学科融合素材匮乏，学科融合方法缺乏。故而，研究如何在分科教学的基础上进行学科融合教学，如何将学科融合思想应用于数学教学是必需且急需的。

学科融合教学思想可以理解为以各学科特性为基础，剖析各学科之间的内在联系，打破学科之间的屏障壁垒，使得各学科在教学中呈现相互促进、相辅相成的局面。在数学教学中应用学科融合思想，以数学教学为根本，将知识延拓至各学科，把握各学科和数学学科的内在联系，深挖可供利用的融合素材，在教学中利用素材帮助学生发展数学核心素养，夯实“四基”，提高“四能”，培养合格的“数学人”“科研人”“社会主义接班人”。学科融合思想在数学教学中的应用可分为以下几类：①遵循学生的认知发展规律，利用已习得的相关学科知识，建立数学与其他学科的联系，发现其中亟待解决的数学问题，提出数学问题；②把握学科间的隐性联系，搭建数学与其他学科的桥梁，利用其他学科的知识帮助分析数学原理及数学问题，理解数学问题；③探寻现实世界中的学科融合踪迹，结合生活经验或科学原理，创设合适的情境，引导学生剖析数学成分，发展数学知识，提炼数学技能；④挖掘数学知识本质，探求本质中的其他学科，利用其他学科的知识辅助解决数学问题。

学科交融在数学教学中的应用研究还不太深入，由于数学与物理有着深入的渊源，故下面重点讨论数理交融的教学意义。由数学史可知，历史上有众多的数学家，其身份往往首先是物理学家，其次才是数学家，阿基米德、牛顿自不必说，欧拉、高斯也如此，都有很高的物理造诣，数学是他们手中强有力的认识工具；后来的庞加莱、希尔伯特也是如此。庞加莱甚至还提出了相对性原理的思想，“相对性原理”一词是庞加莱首先使用，他的很多天才预见后来都被证明与爱因斯坦的相对论一致。希尔伯特对物理学非常感兴趣，还讲授过物理学，并不是一般人心目中的只研究数学的纯粹数学家。希尔伯特空间为量子力学提供了强有力的数学工具。这些数学家在研究物理的过程中获得了直觉，发展了数学。数学不是形式符号的游戏，符号背后是揭示自然奥秘的实质内容。数理同源同宗，研究物理有助于增强直觉，也有助于感受数学的源头。因此，在教学中，强调数中有理，理中有数，数理不分家，数理融为一体，对增强学生的理解力大有裨益。

这种数理一体的主张，要求教师教学知识体系有横向知识，能沟通知识间的内在联系，把课讲活。STEAM 的主张与此类似。

二、数理交融的具体例子

没有具体的案例，难以把思想表达出来。数理交融作为一种提高教师教学知识的高要求，虽不是新的，但要在教学中体现出来，要有新的案例。

1. 数学公式中背后的能量等式

能量守恒定律是一个普遍定律，物理学、化学、生物学都对此定律有研究。功是能量转化的量度，许多数学公式背后都有能量等式的背景。

设力 $\vec{F}=(a,b)$，位移 $\vec{S}=(c,d)$，力对位移做的功 $W=\vec{F}\cdot\vec{S}=(a,b)\cdot(c,d)=ac+bd=\sqrt{a^2+b^2}\sqrt{c^2+d^2}\cos\theta$，$\theta$ 为两向量的夹角。由此出发，可以解释两角和与差的正余弦公式。

$$\sin\alpha\cos\beta+\cos\alpha\sin\beta=(\sin\alpha,\cos\alpha)\cdot(\cos\beta,\sin\beta)$$

$$=\left[\cos\left(\frac{\pi}{2}-\alpha\right),\ \sin\left(\frac{\pi}{2}-\alpha\right)\right]\cdot(\cos\beta,\ \sin\beta)$$

$$=\sqrt{\cos^2\left(\frac{\pi}{2}-\alpha\right)+\sin^2\left(\frac{\pi}{2}-\alpha\right)}\sqrt{\cos^2\beta+\sin^2\beta}\cos\left[\left(\frac{\pi}{2}-\alpha\right)-\beta\right]$$

$$=\sin(\alpha+\beta),$$

用同样的方法也可以解释其他三个公式。

两角和公式正余弦公式的推广也能得到。

$$a\sin\alpha+b\cos\alpha=(a,\ b)\cdot(\sin\alpha,\ \cos\alpha)$$

$$=(a,\ b)\cdot\left[\cos\left(\frac{\pi}{2}-\alpha\right),\ \sin\left(\frac{\pi}{2}-\alpha\right)\right]$$

$$=\sqrt{a^2+b^2}\sqrt{\cos^2\left(\frac{\pi}{2}-\alpha\right)+\sin^2\left(\frac{\pi}{2}-\alpha\right)}\cos\left[\left(\frac{\pi}{2}-\alpha\right)-\varphi\right]$$

$$=\sqrt{a^2+b^2}\sin(\alpha+\varphi),$$

其中 $\tan\varphi=\dfrac{b}{a}$。

通过数理交融，三角变换的一些重要公式除了有几何意义之外，还有十分直观的物理意义。了解了物理意义，可大大减小三角函数的学习困难。

随机数学中也有类似的例子。

统计中用相关系数的 r 来衡量两个变量之间线性关系的强弱。若相应于变量 x 的取值 x_i，变量 y 的观测值为 $y_i(1\leqslant i\leqslant n)$，则两个数变量的相关系数的计算公式为：$r=\dfrac{\sum\limits_{i=1}^{n}(x_i-\bar{x})(y_i-\bar{y})}{\sqrt{\sum\limits_{i=1}^{n}(x_i-\bar{x})^2}\sqrt{\sum\limits_{i=1}^{n}(y_i-\bar{y})^2}}$。变形得，

$$\sum_{i=1}^{n}(x_i-\bar{x})(y_i-\bar{x})=\sqrt{\sum_{i=1}^{n}(x_i-\bar{x})^2}\sqrt{\sum_{i=1}^{n}(y_i-\bar{y})^2}\cdot r,$$

记 $\vec{F}=(x_1-\bar{x},\ \cdots,\ x_n-\bar{x})$，$\vec{S}=(y_1-\bar{y},\ \cdots,\ y_n-y)$，则上式是 n 维间中的做功模型，r 是两向量夹角的余弦。

两个随机变量 X 与 Y 的协方差也有类似的物理意义。$\mathrm{Cov}(X,\ Y)=E\{[X-E(X)]\cdot[(Y-E(Y)]\}=\sqrt{D(X)}\ \sqrt{D(Y)}\rho_{XY}$，这也可用功的模型来解释。顺势得到柯西-施瓦兹不等式 $[E(XY)]^2\leqslant E(X^2)E(Y^2)$。

2. 数学公式中背后的能量不等式

许多数学公式背后都有能量不等式的背景。

设力$\overrightarrow{F}=(a,b)$，位移$\overrightarrow{S}=(c,d)$，力对位移做的功总会有一个上限，当力和位移的方向一致，力对位移做的功最大，从而必然有$(a,b)\cdot(c,d)\leqslant\sqrt{a^2+b^2}\sqrt{c^2+d^2}$，化简即得$(a^2+b^2)(c^2+d^2)\geqslant(ac+bd)^2$。

从做功出发，还可以得到重要不等式。特别地，设力$\overrightarrow{F}=(a,b)$，位移$\overrightarrow{S}=(b,a)$，力对位移做的功总会有一个上限，当力和位移的方向一致，力对位移做的功最大，从而必然有$(a,b)\cdot(b,a)\leqslant\sqrt{a^2+b^2}\cdot\sqrt{b^2+a^2}$，化简即得$a^2+b^2\geqslant 2ab$。

从做功出发，还可以得到点到直线的距离公式。求点(x_0,y_0)到直线$Ax+By+C=0$的距离。力$\overrightarrow{F}=(A,B)$，对直线上的质点作用，发生位移$\overrightarrow{S}=(x-x_0,y-y_0)$，做的功为$\overrightarrow{F}\cdot\overrightarrow{S}=(A,B)\cdot(x-x_0,y-y_0)$，当力和位移的方向时，力对位移做的功最大，从而必然有

$$(A,B)\cdot(x-x_0,y-y_0)\leqslant\sqrt{A^2+B^2}\sqrt{(x-x_0)^2+(y-y_0)^2},$$

变形有，

$$\frac{A(x-x_0)+B(y-y_0)}{\sqrt{A^2+B^2}}\leqslant\sqrt{(x-x_0)^2+(y-y_0)^2},$$

由几何意义即得点到直线的距离公式

$$d=\frac{|Ax+By+C|}{\sqrt{A^2+B^2}}。$$

排序不等式中也蕴含着类似的物理意义。

3. 数学公式背后的转动惯量

转动惯量是刚体绕轴转动时惯性的量度，在经典力学中又称质量惯性矩，简称惯矩。对于一个质点，$I=mr^2$，其中m是其质量，r是质点到转轴的垂直距离。平行轴定理指出：设刚体质量为m，绕通过重心的转动惯量为I_c，将此轴朝任意方向平行移动一个距离d，绕新轴的转动惯量为I，则有$I=I_c+d^2$。由此可知，在一组平行的转轴对应的转动惯量中，过重心的轴对应的转动惯量最小。这也是符合物理直觉的。

(1) 用转动惯量解释勾股定理

直角三角形ABC的三个顶点处各放一个质量为1的质点，质点组的重

心在斜边的中点，过此中点有一条垂直于直角三角形 ABC 所在平面的转动轴，则 $I_c=3\left(\frac{c}{2}\right)^2$；把此转动轴平移直角顶点处，此时的转动惯量为 $I=a^2+b^2$；两转动轴之间的距离为$\frac{c}{2}$。由平行轴定理有 $I=I_c+d^2$，即 $a^2+b^2=3\left(\frac{c}{2}\right)^2+\left(\frac{c}{2}\right)^2=c^2$，此即勾股定理。

(2) 由转动惯量到重要不等式

现有质量各为$\frac{1}{2}$的质点距原点的距离分别为 a，b，则这两个质点对原点的轴的转动惯量之和为$\frac{a^2}{2}+\frac{b^2}{2}$，现把转动轴移动到两质点系的重心$\frac{a+b}{2}$处，则两质点此时的转动惯量之和为$\frac{\left(a-\frac{a+b}{2}\right)^2}{2}+\frac{\left(b-\frac{a+b}{2}\right)^2}{2}$，两转动轴之间的距离的平方和为$\left(\frac{a+b}{2}\right)^2$。由转动惯量的平行轴公式有，

$\frac{a^2}{2}+\frac{b^2}{2}=\frac{\left(a-\frac{a+b}{2}\right)^2}{2}+\frac{\left(b-\frac{a+b}{2}\right)^2}{2}+\left(\frac{a+b}{2}\right)^2$，即$\frac{a^2+b^2}{2}=\frac{(a-b)^2}{2}+\left(\frac{a+b}{2}\right)^2$，进一步得到$\frac{a^2+b^2}{2}\geqslant\left(\frac{a+b}{2}\right)^2$，这个不等关系揭示了 $y=x^2$ 的凸性，进一步化简得 $a^2+b^2\geqslant 2ab$，这个不等式反映了 $y=x^2$ 与其切线 $y=2x-1$ 的位置关系。

(3) 用转动惯量解释方差的定义

在概率统计中，$E(X)=\sum_{i=1}^{n}x_ip_i$ 可视为质点系 $p_i(i=1, 2, \cdots, n)$ 在位置 x_i 处的重心。这是可视为期望的物理意义，方差的物理可由转动惯量给出解释。

$D(X)=E[X-E(X)]^2=E(X^2)-E^2(X)$，变形得，$D(X)+E^2(X)=E(X^2)$，即

$$\sum_{i=1}^{n}[x_i-E(X)]^2p_i+\left(\sum_{i=1}^{n}x_ip_i\right)^2=\sum_{i=1}^{n}x_i^2p_i。$$

质点系 $p_i(i=1, 2, \cdots, n)$ 分别在位置 x_i，则其对原点的转动惯量

$I=\sum_{i=1}^{n} x_i^2 p_i$，对重心的转动惯量为 $I_c=\sum_{i=1}^{n}[x_i-E(X)]^2 p_i$，原点与重心的距离为 $\sum_{i=1}^{n} x_i p_i$，方差公式正是转动惯量的平移定理：$I=I_c+d^2$。

我们不得不惊叹其中的神奇，方差公式和平行轴公式竟有相通之处。物理使我们获得了对方差的另一种理解。

(4) 转动惯量解释线性回归方程中的分解公式

在线性回归模型中，$SST=\sum_{i=1}^{n}(y_i-\bar{y})^2$ 为总偏差平方和，$SSE=\sum_{i=1}^{n}(y_i-\hat{y}_i)^2$ 为残差平方和，$SSR=\sum_{i=1}^{n}(\hat{y}_i-\bar{y})^2$ 为回归平方和，有关系式：

$$\sum_{i=1}^{n}(y_i-\bar{y})^2=\sum_{i=1}^{n}(y_i-\hat{y}_i)^2+\sum_{i=1}^{n}(\hat{y}_i-\bar{y})^2。$$

现在质点系：1，1，…，1，分别在位置 $y_i(i=1,2,\cdots,n)$ 处。由于是随机变量，$\hat{y}_i$ 与 y_i 更为接近，是比平均数 $\bar{y}$ 更好的估计。故 $I_c=\sum_{i=1}^{n}(y_i-\hat{y}_i)^2$，$I=\sum_{i=1}^{n}(y_i-\bar{y})^2$，$d^2=\sum_{i=1}^{n}(\hat{y}_i-\bar{y})^2$，由 $I=I_c+d^2$，得 $\sum_{i=1}^{n}(y_i-\bar{y})^2=\sum_{i=1}^{n}(y_i-\hat{y}_i)^2+\sum_{i=1}^{n}(\hat{y}_i-\bar{y})^2$。

由此可以看到线性回归方程的要点在于每一次测量的结果都应视作随机变量，每一次测量所得的随机变量的“真正中心”构成了回归直线。最小二乘法起源于物理测量、观察中的误差处理，而现在这种处理又使之回到了物理，且具有了直观意义。

$\sum_{i=1}^{n}(x_i-\bar{x})^2=\sum_{i=1}^{n}x_i^2-n\bar{x}^2$，$E\{[X-E(X)][Y-E(Y)]\}=E(XY)-E(X)E(Y)$，均可用转惯量得到解释，直此我们明白了概率统计中为什么要引入矩这个概念。

通过数理交融，这个复杂的误差分解公式得到了十分直观的解释。

4. 导数背后的力学原理

导数的物理意义是瞬时速度，平均速度必然夹在两个瞬时速度之间。如，已知一个物体的位移与时间的函数关系是 $S=x^2$，在时间段 $[p,q]$ 上的平均速度是：$2p<\overline{V}=\frac{q^2-p^2}{q-p}=q+p<2p$，当区间变成一个点

时，平均速度就变成了瞬时速度，于是$(x^2)'=2x$。教育数学由此引出导数的定义，控制函数的概念十分自然。同时，用控制函数引入导数不闭区间长趋于0，这实现了拉格朗日等一批数学家的梦想：不用极限可以建立微积分。

一阶导数的物理意义是速度，瞬时速度为零意味着，在曲线上运动的质点的运动速度或是由正变为负，或是由负变为正，此时，质点的运动方向必然发生变化，由于质点的速度变化不是突变，而是平稳变化，那么此驻点便是可以“歇脚”的地点，是位移极大或极小之处。二阶导数的物理意义是加速度，瞬时加速度为零意味着，在曲线上运动的质点在某点附近作匀速圆周运动的向心力或是由正变为负，或由负变为正，此时，质点作匀速圆周运动的圆心位置将发生变化，运动轨线必然发生扭转，故二阶导数为零的点称为拐点。

5. 数学公式背后的光学原理

光的反射定律、折射定律都可以用于解释数学。

(1) 反射定律的应用

原函数和反函数关于直线$y=x$对称，可把其看作一个平面镜，反函数是原函数的象，原函数有什么样的性质，反函数就有什么样的性质。

如，$1+x\leqslant e^x\leqslant\frac{1}{1-x}$，$0<x<1$，则由镜面反射可得到$1-\frac{1}{x}\leqslant\ln x\leqslant x-1$，$0<x<1$，$y=1+x$与$y=x-1$互为反函数，$y=1-\frac{1}{x}$与$y=\frac{1}{1-x}$互为反函数。

由$y=e^x$的凸性，得到$e^{\frac{a+b}{2}}<\frac{e^a-e^b}{a-b}=e^{\xi}<\frac{e^a+e^b}{2}$，$y=e^x$关于$y=x$对称，即镜面反射得到$y=\ln x$，$(a, \ln a)$，$(b, \ln b)$关于$y=x$对称，即镜面反射得到$(\ln a, a)$和$(\ln b, b)$，这样上述不等关系变成了$\sqrt{ab}<\frac{a-b}{\ln a-\ln b}<\frac{a+b}{2}$。这就变成反映$y=\ln x$凹性的一个不等关系了。

杨辉三角中也有反射定律。杨辉三角是等腰三角形，以底边上的中线为镜面，由镜面反射可得到$C_n^m=C_n^{n-m}$。

在杨辉三角中，有$C_r^r+C_{r+1}^r+C_{r+2}^r+\cdots+C_n^r=C_{n+1}^{r+1}$，其几何意义是平

行杨辉三角的一条腰的几个数之和“转弯”到了下一行，表成一个“折”形；以底边上的中线为镜面，此“折”形的像即是 $C_r^0+C_{r+1}^1+C_{r+2}^2+\cdots+C_n^{n-r}=C_{n+1}^{r+1}=C_{n+1}^{n-r}$，推广到一般即是 $C_n^0+C_{n+1}^1+C_{n+2}^2+\cdots+C_n^k=C_{n+1}^k$。

1
1 1
1 2 1
1 3 3 1
1 4 6 4 1
1 5 10 10 5 1
1 6 15 20 15 6 1
1 7 21 35 35 21 7 1
1 8 28 56 70 56 28 8 1
1 9 36 84 126 126 84 36 9 1
1 10 45 120 200 252 200 120 45 10 1

图 3.7.1 杨辉三角阵

心中有“理”之后，上述公式不难记住，以后也不会忘记。

(2) 正弦定理背后的折射定律解释

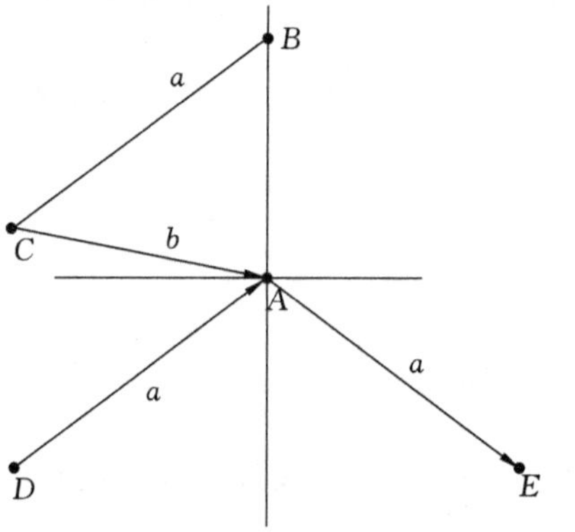

图 3.7.2 折射定律图解

由介质折射率的定义 $n=\frac{c}{v}$，知 $c=nv$。水平面上方的介质全由 $AC=b$ 组成，光在其中的行走速度可视为 a；水现下面的介质全由 $AD=a$ 组成，光在其中的行走速度可视为 b，则 $\frac{\sin A}{\sin B}=\frac{n_2}{n_1}=\frac{a}{b}$。

三、数理交融在数学教学中的实现

课程教材一向重视数理交融，其表现方式大致可分为以下几种情形。一是把物理作为数学内容的来源之一。典型的例子，如从物理学众多矢量的实例中抽象得到向量，从物理背景引入数学概念，从向量的正交分解抽象得到平面向量基本定理，从力对位移的做功得到向量内积的概念。这种教材写法，一方面反映了数学知识的来源，另一方面也便于教师创设生动有趣的问题情境，在教学中体现数理交融。二是在阅读材料中，介绍数学在物理中的应用。典型的写法如“振幅、周期、频率、相位”介绍声音的三角函数刻画。这种教材写法，一方面反映了数学的广泛应用，另一方面也开阔了学生的眼界。但由于其处于“阅读材料”的位置，一般不太受重视，教育价值没有得到充分的发挥。

现有的课程教材资源中的数理交融并没有得到充分的开发和利用。数学上升到形式化之后，更应返璞归真。如教材通过单摆实验为教学提供了三角函数的形象来源，这是一种重要的模拟方法，通过模拟方面得到了“数”，可谓之“理中有数”。作为教材，写到这里，是可以打住了。课程教材只提供了教师进行教学的一个指南，还有更大空间需要教师发挥主动性去创造。思路、观念一变，境界大开。既然“理中有数”，反过来，“数中有理”也应是成立的。在科学史上，为了验证电子等的衍射现象需要高精度的光栅等设备，科学家突发奇想，虽然人类造不出高精度的光栅设备，但大自然处处有光栅，如晶体中就有现成的光栅，于是用晶体结构当光栅检验电子等的衍射现象，一个诺贝尔奖诞生了。“理中有数、数中有理”才能真正体现数理交融，单向的输入或输出不是交融。

不可否认，中小学教育中大多数人都认为，学生的数学成绩与物理成绩呈正相关，但把这种认识用于教学的努力还不常见，常见的是数理分家。在加拿大等国家，中小学校十分重视 STEAM 教育，意在从实践上打通学科间的内在关联，他们是从娃娃抓起的。我国有不同的国情，立足于本国实际，破解数理分家的常规教学也应有招数。教育数学一线串通思想不仅十分重视数学内部的一线串通，也强调学科间的一线串通，这其实也是 MKT 教学理念的主张。与经验相符，理论上又有了阐述的教学主张，应在实践中得到应用。不能一方面抱怨没有合适的教学理论，一方面又不积极践行业已得到认同的教学理论，如此，教学便没有了“诗和远方”。

教学理论可从学科发展史中获取充分的营养。数学教学是什么，或什么是数学教学，不同取向的人有不同的回答，但如果真正地立足于发展学生的学科核心素养，就不会忽视学科发展史。一部数学史发展表明，数学不但追求形式，更追求意义。即使在形式主义、抽象主义主张极度高涨的时代，其领袖人物其实也是数理兼修的。抽象代数的诺特提出了物理定律对称性与物理量守恒定律的对应关系的“诺特定理”。而有的书籍在介绍数学家的工作时，常有意或无意淡化数学家在物理方面的工作，这是应当引起注意的。从学科发展史汲取教学理论，就会认识到数学的形式化不是数学的终极追求，也不是数学的最终产物，形式化是为了更好地表达内容，是附着于内涵丰富的内容之上的形式化，是为了追求统一性之上的形式化。那种不食人间烟火，让人看不到任何来源、任何应用的数学教学，不是好的数学教学，只是一堆符号在运演，学生难免学得苦，难免导致学科间的分离。

数理同源同宗，数中有理，理中有数，数理协同，数理交融，是数学教学有意义追求的尝试之一。

第八节　论数学教学的生活味

弗赖登塔尔提出数学教育实践中存在的四种教学模式：机械主义教学模式，即“教现成的数学”，属于不求甚解的填鸭式教学；经验主义教学模式则为“做生活中的数学”，过度强调生活的经验性容易阻碍学生的数学思维的抽象性；结构化主义教学模式为“做结构的数学”，要求学生学会数学的思维，但容易脱离实际，将数学与生活割裂开来；而现实主义教学模式组合经验主义和结构主义教学模式的观点，即为“做生活-结构的数学”，不仅注重数学教学从现实生活出发，而且重视数学的严谨与思维发展，是一种理想的数学教学模式。现实主义教学模式的实现从本质上看就是数学味与生活味的有机统一，要实现两者的统一，必然需要加强对生活味和数学味的本质探索，通过深度剖析生活味和数学味，寻找生活味与数学味之间的紧密联系，进而为现实主义教学模式的实现提供一定的方向和策略。

一、辩证认识生活味

1. 实用性中蕴含着生活味

教育形势呼唤生活味。数学课程标准明确指出，数学源于对现实世界的抽象，数学与人类生活和社会紧密关联，数学的应用已渗透到现代社会及人们日常生活的各个方面，数学直接为社会创造价值，推动社会生产力的发展。数学教学的主要目的是让学生在生活经验和知识经验中学习数学知识并理解数学知识。

实用性彰显数学的生活味。华罗庚先生曾精彩地叙述：宇宙之大、粒子之微、火箭之速、化工之巧、地球之变、生物之谜、日用之繁等各方面，无处不有数学的重要贡献。而在如今的大数据时代，电商、物流、股票、保险等生活中需要接触的事物，更是少不了数学的应用。陈省身先生曾说，数学是一切科学的基础，数学的训练普遍有用。一则否定所谓的“数学无用”之谬论，二则强调数学应用的广泛性，数学的跨学科性明显，不仅是所有科学的基础，而且广泛应用于生活实践中的各个领域，数学中所蕴含的生活味油然而生。

生活味与核心素养一脉相承。其中，数学建模是对现实问题进行数学抽象，用数学语言表达问题、用数学方法构建模型解决问题的素养；数学模型搭建数学与外部世界联系的桥梁，是应用数学解决实际问题的基本手段，也是推动数学发展的动力。数学建模的目标指向学生学会数学的思维，用数学的眼光去看待世界，感悟数学与现实之间的关联，提升实践能力，增强创新意识和科学精神。数学建模说到底是为了寻找事物之间的相关关系、函数关系、因果关系。生活处处充满了有待寻找的因果关系。数学建模过程与数学味和生活味有千丝万缕的关系，数学建模促进生活味与数学味的和谐统一。

2. 数学味与生活味的辩证性

数学的发展一方面来自现实社会发展的需要，另一方面源于数学自身发展的需要，故而数学化包括两个层次：水平数学化与垂直数学化，前者为对客观世界进行的数学化，与生活味殊途同归，后者则是在抽象概念的基础上建立数学问题与数学系统之间联系的过程，抽象思维和逻辑推理是数学味的核心，超越具体情境，超越现实生活进行抽象思考成为数学思维的根本特征。垂直数学化在数学教育中有更重要的价值，引导学生学会数学的思维是生活味与数学味统一的核心所在。

生活味与数学味统一于数学的抽象性。数学思维是以实体存在为背景，对实体所进行的抽象，经过多次抽象，抽象的层次越来越高，数学知识越来越艰深，不仅数学的概念是抽象的，而且数学的研究方法也是抽象的。研究数学教学中的生活味必须正视数学的抽象性，不能因生活味而降低了数学的水准，当然纯粹的抽象不是数学的全部，数学教学的生活化、生活味可以催生数学的实践应用和更大程度的发展。数学的抽象性逐渐变成了数学文化的重要组成部分。数学文化能发掘数学的本质与发展变化规律，数学文化本身就隐含着数学思维的发展，数学文化为数学味与生活味的辩证统一提供可能。

文化气息常常体现在语言表达之中。人们常说，语言是思维的外壳，数学是思维的体操。可见语言和数学在思维的层面上能统一起来。在中华五千多年的文化长河中，流传着许多谚语、俗语、典故，它们体现了很强的数学味并已成为民族文化的一部分。在数学教学中注意解析语言中的数学知识，可以使数学知识在民族文化中找到根，并迅速融入已有的知识结构，可以体现数学的应用广泛性，体现数理交融的趣味，使数学教学充满生活味。

二、数学的生活语言解释

集合是高中数学的第一个抽象概念，是现代数学的基础概念之一，其重要性不言而喻，但学生掌握起来有一定的难度。在中国的文化中也有集合观。"老乡见老乡，两眼泪汪汪"是地处他乡游子的感情描摹，除去感情的因素外，人们潜意识把同一地域的人看成一个集合了，用这句俗语引入集合概念再恰当不过了。在谈到集合划分(分类讨论)的必要性时，"物以类聚，人以群分"便是个例子。客观事物聚集状态不同，客观上要求我们采取"化整为零，分而治之"的策略，这是进行分类讨论的客观依据。对应的是紧接着集合的另一个原始概念，说其原始倒不如说早已扎根于人们的心中了。"一个萝卜一个坑""一把钥匙开一把锁"是生活中的对应观。"粥"和"僧"不对应，便会出现"僧多粥少"的局面，用生活语言解释原始概念，既亲切又能说明问题。徐利治先生早就指出，孤帆远影碧空尽正是极限的意境。

来自西方的现代数学是与我国文化很不相同的一种文化，在中国生根发芽是件不容易的事。从生活文化的层面、从大众知识的层面切入就较容易接受。数学知识作为一种文化也在慢慢融入我们的语言文化中。“不管三七二十一”涉及乘法口诀，“三下五除二就解决了”则是算盘口诀。与计算复杂性问题相关联的“指数爆炸”“直线上升”更是现代人耳熟能详的用语。这些现象表明语言和数字正在相互交融、相互为用。“大漠孤烟直，长河落日圆”把大漠、黄河的雄浑奇伟描绘得淋漓尽致，无意间刻画了直线(长河)与圆(落日)的相离关系，平面(大漠)与直线(孤烟)的垂直关系。“前不见古人，后不见来者。念天地之悠悠，独怆然而涕下”抒发了生活在悠远空旷时空里的人类的万千感慨，不经意成了时间和三维欧几里得空间的三维描述。历史上，不同文化在交融时，常出现斗争。如果能找到文化间的共同点，从这些共同点切入就容易引起共鸣，加速文化的传播。

非但有声语言能使数学教学充满数学味，一些无声语言也默默诉说表达着数学教学中的生活味。为什么自行车用一个支点便能稳稳地摆放在地面上？为什么工人师傅把水准仪在地面上交叉放两次，若两次气泡都居中，就能判断地面是平的？函数模型可不可以看作一个数字“碎石机”？“日计不足，岁计有余”可不可以看作生活中的定积分？在数学教学中，适当结合这些事例进行讲解，可使数学教学充满了浓郁的生活气息。

三、生活语言中的数学

培养逻辑推理能力是教学教育的重要目标之一。通过生活语言也能很好地学习逻辑推理能力。如“骄兵必败”反映了一种充分非必要关系，“骄兵”一定会失败，而“必败”的不一定是骄兵。“不到长城，非好汉”等价转换一下“如果是条汉子，就要到长城”，易见前前后后缺乏必然的联系，但是采用逆否命题的表达形式，却有强烈的艺术效果。“一生二，二生三，三生万物”层层递进，其逻辑与数学归纳法的奠基、假设、递推有异曲同工之妙。说话、表达也能反映人的逻辑推理能力及严谨程度。

在日常生活中，人们常用“水滴石穿”“只要功夫深，铁杵磨成针”来形容有志者事竟成。从概率的角度看很有道理。设在一次实验中，事件 A 发生的概率 $\xi>0$，独立重复 n 次，求事件 A 至少发生一次的概率。令 $A=$

"n 次试验中事件 A 至少发生一次"，$P(B)=1-(1-\xi)^n$，$\lim\limits_{n\to\infty}[1-(1-\xi)^n]=1$。一件微不足道的小事，只要坚持下去就会产生不可思议的结果，这正好印证了中国的一句俗话"锲而不舍，金石可镂"。有人说三个臭皮匠顶个诸葛亮，也有人说真理往往掌握在少数人手里，谁是谁非？二项分布公式 $b(k;n,p)=b(n-k;n,1-p)$，其中 $b(k;n,p)$ 表示 n 次独立重复试验中事件 A 恰好发生 k 次的概率，p 为一次试验中 A 发生的概率。通过具体数据可知：在大多数人对某件事情都比较有把握时（$p>0.5$），征求大家的意见所做决策的正确率会更高；而在大多数人对某件事情都没有把握时（$p<0.5$），征求大家的意见所做决策的正确率反而会降低。

在数学教学实践中，通过俗语、谚语、古诗文创设一个适宜的文化氛围并用数学解析它们，有助于数学更加平易近人，让更多的人通过文化层面来理解数学、喜欢数学、热爱数学。这也是中华优秀传统文化与课程内容有机结合的一种尝试。

四、小结

数学生活化和生活数学化，把形式化数学背后的思想用通俗易懂的生活语言、生活事例、生活现象向学生表达、解释，向现实主义教学模式迈进，学生学到的是有血有肉的数学。

第九节 论数学教学的艺术性

随着教育观念的更新，教学方式也需不断探索和创新，方式的革新在于思想的发掘，思想的发掘在于实践与反思，通过课堂实践与反思发现，艺术性在数学课堂教学中尤为重要，即在教学素材上讲求美感的艺术，在教学设计上讲求逻辑的艺术，在教学方法上讲求巧妙的艺术。因此"平衡感性与理性、破旧与立新、讲究课堂语言艺术"的思想为数学教学的艺术提供了可行性。

一、把握数学教学中理性与感性的平衡

理性是刚石，是铸成数学核心内容的支柱；感性是柔泥，是托起学生活跃思维的大地，唯有刚柔并济，把握数学教学中理性与感性的平衡，才

能建立知识的大厦并在学生脑海中屹立不倒。为此，在课堂设计中应保持“两个统一”，即严谨性与写意性相统一，趣味性与思想性相统一，如此才能在数学教学中更好地把握理性与感性的平衡。

严谨性与写意性相统一，既要将专业性的数学术语用于课堂，又要将心理学的统觉观念用于教学。数学课堂必然是严谨的：书面的名词解释要精确、概念解析要明确，但在不失科学性的基础上，也可以将“类比”的思想用于教学中，让学生通过“意会”去理解内容，虽然没有严格的证明，但在教学中大有裨益，这种思想在心理学中也称作“统觉”。统觉是一种自发的活动，它主要依赖于心灵中已有内容的影响。通过统觉，人们理解、记忆和思考相互联合的观念，从而使高级思维活动一起完成。统觉的条件主要是兴趣，兴趣赋予统觉活动以主动性，当观念活动对事物的特性产生了兴趣这样一种活动时，意识阈上的观念就处于高度的活跃状态，因而更容易唤起原有的观念，并争取到新的观念。所以在学习新知识时，可以使用恰当的类比，比如在讲“充分条件与必要条件的关系”时，可以用“照镜子”类比充分条件和必要条件二者之间的镜像对应关系，使用生活中的事理来类比抽象的数学概念，学生就会提起兴趣，思维活跃，更容易在原有观念的基础上接受新的观念。

趣味性与思想性相统一，既要让学生会心一笑，又要让学生豁然开朗。讲课——尤其是讲数学课，容易出现两个极端：一是金玉其外败絮其中型，此类型的课堂教学课件做得很生动，导入也很有趣，互动也很活跃，却忽视了讲课的核心内容，导入和互动时间偏长，虽然引起了学生的兴趣，调动了学生的积极性，但一节课下来却不能学到什么知识，有点本末倒置。二是枯燥无味、信息过量型，此类型相比于前者，虽可以使学生多了解一些知识，但也存在内容过于枯燥无法引起学生兴趣、信息太多学生无法及时消化等问题，这就会使课堂效率低下，最终事倍功半。那应如何平衡二者，使课堂既可以让学生学到知识又能让学生觉得有趣呢？在备课过程中，这个问题困扰我们许久，为了找到这个平衡点，我们不断研习优秀课例，发现优秀课例在平衡趣味性与思想性方面都有一个共同点，那就是把握好教师在课堂教学中的引领方式，通过创设学生感兴趣的且与课堂内容息息相关的特定情境，引导学生在原有认知水准的基础上，通过对情境的思考与探索把认识引往“发现问题—探究解决问题—生成新认识”的通道。

趣味性和思想性的统一要采取一定的方法。我们使用“一问一思考”的形式引出新课内容。通过复习初中判断命题真假的题目，引导学生思考是什么决定了命题的真假，接着引出了命题间的“推出”关系，继而介绍充分条件与必要条件的概念及后续内容。为了增加课堂趣味性，将日常语句“我爱你”的命题形式的变换融入课堂内容，幽默趣味又不失数学知识的应用，使学生整体的学习热情高涨，注意力更加集中，思维也更活跃，更容易接受新知识。“学而不思则罔”，离开思考的过程，学生是无法真正打开知识之门的，更无法生成新的智慧。

思想性还体现在课堂设计中的问题中，这里的问题不是单纯的题目，而是通过谨慎思考，拟出能够承上启下的问题。众所周知，在语文学科中能承上启下的句子在整篇文章中有着十分重要的地位与作用，这也同样地适用于数学的课堂问题中，一个能承上启下的问题不仅能让学生消化刚刚学到的知识，而且能让学生对于后续的内容有一个初步的思考。即使是课堂小组合作讨论的过程，也应该是相互诱导、深入思考、集中集体智慧、寻求解决问题的过程。基于以上思考，在课堂问题的设计中，我们采用了承前启后式的问题设计，比如“是什么影响命题的真假呢?”承于前面判断的命题真假，启出后面要介绍的“推出”关系。“思考有多远，路就有多远”。在特定的情境中，唯有通过问题的循循善诱、步步导思，才能促使学生踏上知识的大道，走向智慧的远方。

二、温故知新与破旧立新

不断用新的知识打破旧知识局限性的过程，无论是在学习的过程中还是对于浩瀚的数学史的发展过程而言都是至关重要的，也正是这种不断突破，数学才能不断发展。在教学过程中让学生用历史的眼光看待自己即将学习的新知识，用辩证的眼光看待数学的发展历程，如此学生得到的不只是当堂的知识，还会有开阔的视野以及终身受用的学习方法。

温故而知新。如在准备任意角的三角函数教学过程中，发现这是一个难度较高的课题，对于任意角，学生已经在上一节课文中学过，对于三角函数，学生在初中阶段学过，而对于函数，学生也有了一个清晰的认识，但将它们组合在一起，又成了一个新的概念：任意角的三角函数。作为教师，我们如何去教授这个新概念呢？比起将“任意角的三角函数”当作全新知识教给学生，不妨让学生从旧知识中发现新知识，即在学生已有知识的基础上，教给学生温故知新的方法，在先前任意角、三角函数、函数的基础上认识到先前定义的局限性及可探究性，引导学生一步步在旧知识的基础上揭开新知识的面纱。在本节课的组织上，我们采用了这样的结构：温习初中三角比—发现三角比的局限性—介绍三角函数的由来，欧拉的单位圆定义法—学习探究单位圆定义法—运用相似引出比值定义法—例题探究，各象限正负及周期性—课堂小结。这样一环扣一环，课堂的节奏就会张弛有度，然而本节课亦有不足之处，比如未使用专业软件作图、从锐角三角函数到任意角三角函数的衔接不够自然等。针对这些不足，结合教师、同学们的建议，可以从点坐标的二重性出发，也就是坐标意义与线段、长意义，引导学生思考线段长意义只能为正数的局限性以及坐标可正可负可为零的可推广性，从而引入任意角的三角函数。

破旧而立新。这种打破旧知的局限性、引导新知的推广性的做法适用性很强。引导学生思考旧知的局限性，并打破这种局限性从而推广新知，这是符合学生认知规律的，也更能体现课程标准中“具有一定的数学视野、认识数学的科学价值和人文价值、崇尚数学的理性精神、形成审慎的思维习惯、体会数学的美学意义”的深层次要求。其实这种做法不仅适用于本次课，在其他课堂中仍是适用的。比如在学习二次函数时，就要想到一次函数的局限性：在物理意义上它只能表示匀速直线运动，而生活中物体的运动并不都是匀速直线运动，比如抛掷一个球，它的运动状态随时间的变化可以怎样表示呢？从而引出打破旧知局限性的新知识：二次函数。再比如学习复数时，要引导学生思考实数的局限性，实数不能表示负数开方，从而引出复数来打破实数的局限性。引入虚数之后，不仅打破了旧知的局限性，还在电学、量子力学等领域得到了重要应用。

三、将艺术性融入教学语言中

德国作家席勒曾写到，思考是我无限的国度，言语是我有翅的道具。语言是人类交际的重要工具。在课堂教学中，要运用语言的形式向学生传道、授业、解惑。因此，教师的语言表达能力直接影响着教学效果。要提高教学质量，就必须研究教学语言的艺术性。“作为一种感人的力量，语言的美产生于言辞的准确、明晰和动听”，我们在试讲后进行反思，认识到艺术的教学语言是要融入情感与趣味的。

作为师生传递信息和交流思想感情的载体，亲切、感人的教学语言最能使学生保持积极舒畅的学习心境，最能唤起学生的热情，从而产生不可低估的力量。德国教育学家第斯多惠认为“教学的艺术不在于传授本领，而在于激励、唤醒、鼓舞”，教师本身要是没有激发性，没有主动性，又怎么能去激发学生，怎么能去活跃别人呢？亲切、富有情感的语言是知识传授的“润滑剂”，特别是对待学困生，更应做到这一点，知识的输送如果没有“润滑剂”，则知识难以被学生理解，道理也不易被学生接受。学困生相较于学优生而言，闪光点往往无法直接展现，这就需要教师细心发现，并给予表扬与鼓励。比如学生写答题步骤时在过程中算错了一个数从而导致结果出错，教师首先不是要批评“这么简单的计算都出错”，而是先发现其闪光点，如“你的做题思路很好，步骤也很完整，只不过这里的计算出错，修改一下，你会做得更好”；再比如学生做题没有按照规范的步骤来做导致没做出结果，教师不要直接否定其做法，不妨这样说：“你的想法很灵活，你想到了某某知识点，试图运用到本题中时却解不出来，不妨换种思路，尝试用咱们的规范解法，会做得又快又对。”巧妙的语言技巧可以维护学生的自尊心，激励学生的上进心，使他们感到自己的进步，激发他们的学习动机。学生回答问题后，教师可用“你答得很好”“你的想法很有创造性”等，让学生在学习上有信心，有“奔头”，有积极性，使他们能亲其师而信其道。

在教学中，如果教师在传授知识的同时加以趣味点缀和幽默调节，则会使学生体验到知识之乐。所以，教师在教学中要结合教材适当加入一些小幽默，这不仅有助于学生理解，而且有助于增强他们的记忆和运用能力。在研习优秀教师的教学课例的过程中，有一个例子让人印象深刻，讲的是有一次在老师批改作业时，学生把数字 0 写得像 6，老师随口说了你的 0 发芽了，学生就在笑声中记住了，也没有再写错。再例如在讲解正负数时，有学生不知道 $-10+6$ 怎么算，得出了 16 这个错误答案，老师讲解时说：“如果张三欠我 10 元钱，而他的兜里有六元钱，他把这六元钱还我后，还欠我多少？”学生们异口同声地说出了 4 元，这时老师却说不对，应该欠 16 元，很多学生就纳闷，为什么呀？于是，老师就把 $-10+6$ 的例子写在了黑板上。“-10 相当于欠别人的，$+6$ 是自己拥有的，$-10+6$ 应该是欠别人 4 元，而非加在一起等于 16，明明是欠别人 4 元，却要还 16 元，是不是赔大了?”同学们哈哈大笑，这时，学生的学习兴致被大大地调动起来了，他们体验到了知识本身的乐趣，在笑声中掌握了这一类数学问题。

可以这么形容，教学就是一场教师主导、面向学生且兼具学术性、艺术性与互动性的话剧。如果说主题思想是一部话剧的灵魂，那么精雕细琢的语言就是一部话剧的外在表现，我们从语言这个媒介中发现话剧的灵魂，同样在教学中，我们一定也可以通过富有艺术性的教学语言与学生进行直击灵魂的交流。

四、小结

创新的课堂教学不仅是课堂面貌的焕然一新，更是课堂内核思想方法的进步与革新。“平衡感性与理性，克服旧与新的矛盾，讲究课堂语言艺术”，艺术性提升了数学课堂教学的品位。

另外，追求教师的形象美、板书美、声音美、举止优雅、谈吐高雅，也是一种教学艺术性的追求。

追求教学艺术性也是缓解学生疲劳的一种尝试。

第四章　课堂教学中的各种手法

第一节　厘清明线与暗线，优化数学教学

小说的写法中常有明线、暗线的说法。明线就是表面直叙的故事，它贯穿全文，使文章浑然一体，使结构完整严谨。而暗线是内涵的故事，两条线索一起发展，又相互交织联系、相辅相成。“明线暗线—双环连套”法是小说创作技巧运用中两个一明一暗的线索，平行交织，双环连套，从一个人物引出一个人物，从一个故事引出另一个故事，不仅使两个人物、两个故事发生密切的联系，而且不断丰富人物性格，推动主题思想深化。如，《智取生辰纲》的明线：杨志等人“智送生辰纲”而丢失了生辰纲；暗线是吴用、晁盖等人“智取生辰纲”。两条线索交织展开故事情节，展示了官与民的矛盾冲突。

这种文学手法可以借鉴到数学教学中来。

随着新课程改革的不断实践，回归数学教育的本质，真正发挥数学教育的价值已成为数学教育追求的目标。在数学教育发展的这一大趋势下，章建跃老师提出“数学教师必须在理解数学、理解学生、理解教学上狠下功夫”。确实，数学教师需要创造数学知识之数学理解，将冰冷的数学知识转化为学生易于掌握的教育形态。另外，数学教师也不是数学知识的搬运工，并非简单地将数学知识和盘托出机械地传递给学生，而是要将数学知识加以重组设计，以有条不紊、层次清晰的方式帮助学生理解建构数学知识。所以，教师要进行有效数学教学，必须深入理解数学的本质，围绕数学知识的主线设计出好的教学。然而，在教学实际中，数学教师往往侧重于数学知识的重点内容及应用，忽视数学知识发生发展的脉络甚至是蕴含在知识内的思想方法，这就导致教师难以把握数学教学的核心，也就难以设计

出有效的教学主线，长此以往，数学教育的价值将难以实现。因此，为实现数学教育的价值，教师必须在理解数学的基础上厘清教学主线，围绕知识明线使数学知识结构完整、层次清晰；借助暗线使学生领悟数学的基本思想方法，锻炼和提升数学思维并逐步形成数学核心素养。

一、数学教学中的明线

数学教学中的明线是教师在理解课程标准及数学知识的基础上围绕数学内容的核心，为促进学生对数学知识的理解而设计的一条合乎数学逻辑和学生心理逻辑的知识学习路线。之所以强调教学明线的重要性，是因为这不仅关系到教师对课堂教学整体过程的把握，也关系到学生建构知识的有效性。

数学知识不是一个个没有交集的点，而是一个相互联系的整体，教师在理解数学时应把蕴含于数学知识内的明线提炼出来，在此基础上引导学生从数学知识的“此岸”出发，沿着知识明线逐步走向数学知识的“彼岸”。因此只有厘清数学知识明线才能明确师生教与学的整体目标和方向，而不至于“东一榔头西一棒子”。教师也只有在厘清知识明线的基础上才能设计出反映数学本质的问题情境，激活学生思维的问题串，促进知识发生发展的起承转合，从而创造出有利于学生建构数学知识、训练数学思维的数学理解。对学生来说，不仅仅是主动建构和应用数学知识，更重要的是经历知识的发生发展过程，体悟数学的思考方式。因此，好的数学教学明线是充分发挥教师的主导作用和学生的主体地位的前提条件。

1. 厘清教学内容的明线

教学明线，从教学内容上看，是反映数学知识发生发展过程的一个层次序列，是数学教学活动展开的层次鲜明的线索和结构。关于如何架构正确的数学教学内容明线，可以从面上“提出问题、分析问题、解决问题、系统化”四个阶段构建教学内容明线。章建跃老师从点上提出“事实—概念—性质(关系)—结构(联系)—应用”的教材编写中教学内容的明线。这一教学内容编写的明线是由数学知识和学科特点决定的。教师的教学活动大多遵照教材的演进逻辑展开，故这一教材编写中的教学内容明线，也蕴含了“提出问题、分析问题、解决问题、系统化”四个阶段。这是一种从特殊到一般的思考方式。

任何一个数学课堂教学都有一个研究主题，教学应该以学生已有的事

实经验为起点引导他们从中发现问题，以学生已有的思维水平为基础引导他们分析问题从而得到数学概念、性质、定理等。为促进学生对知识的强化和迁移，教学还需设置多种不同的问题情境让学生在解决问题的过程中获得知识的多元表征。最后，为帮助学生形成良好的数学认知结构，教学还应让学生获得的数学知识系统化和结构化。例如，偶函数的教学，首先可以从图形的对称性过渡到函数图像的对称性，到两个具体函数图像($y=x^2$、$y=|x|$)的观察，再到某个函数$\left(\text{如 } y=x^2+\frac{1}{|x|}\right)$对称性的考查，使学生明确研究对象；其次，要启发学生利用数形结合的方法把图像上的对称性等价转化为代数上的规律性，逐步引导学生得出偶函数的定义；再次，通过不同问题的解决，使学生获得偶函数定义的多种表征及性质等；最后，将偶函数与函数的性质联系起来，将对称性进行推广等，使知识系统化。

小结：

教材编写中教学内容的明线(点上的)：事实—概念—性质(关系)—结构(联系)—应用；

教材编写中教学内容的明线(面上的)：提出问题—分析问题—解决问题—系统化。

2. 教师活动的明线与学生活动的明线

数学教学是以一系列数学活动的形式进行的，问题的提出、分析、解决等都是以活动为载体，在活动中生成，好的数学教学离不开好的数学活动，因此数学教学除了要厘清教学内容上的明线外，还有厘清数学活动的明线。师生作为教学的两个基本要素，在数学活动中的角色是不同的。数学教师作为教学的组织者和引导者，关键在于“引导”；而学生作为学习的主体，关键在于学习的“主动性”，也就是说教师活动的明线应体现出“引导性”，学生活动的明线应体现出“主动性”。如何构建教师活动的明线？首先，教师要创设合适的问题情境并设计合理的学生活动方式，以便让学生从问题情境中发现研究对象或问题。其次，教师要指导学生正确地分析问题建立已知与未知的联系，在关键处设疑或解疑，让学生的数学思维活跃起来。再次，在引导学生分析问题得出答案之后，教师还应组织学生利用新知解决问题以强化对新知的理解。最后，为了使学生获得的知识系统化，教师可以引导学生进行总结与反思等活动。

从学生活动的角度考虑，教学明线应以激发学生的学习动机、使学生认识到学习新知的必要性为起点；其次，借助数学抽象、探索、推理等数学思维经历数学概念、性质、定理等的发生发展过程；再次，应用数学知识解决数学问题，在不同的情境中形成对数学概念、性质、定理的多角度认识；最后，通过反思总结等完善自己的数学认知结构。

小结：

教师活动的明线(引导)：问题情境—分析问题—应用—总结与反思；

学生活动的明线(主动)：激发动机—思维活动—认识—认知结构。

从左至右，构成随时间流动而变化的教学序列；从上到下，构成师生心心相印的教学活动。

总之，教学明线不是对教材知识结构的简单提炼，需要教师在充分理解数学、理解学生后对教学的层次序列进行不断打磨。因此确立教学明线，教师应注意明线的准确、精炼这两个方面。明线的准确性一方面是指教学明线应满足知识的科学性，体现数学知识的本质，另一方面是指教学明线应符合知识的逻辑顺序和学生的认知水平，是在学生最近发展区范围内且能够为学生所理解的。明线的精炼性是站在学生角度来说的。认知负荷理论认为，要达到好的学习效果，必须降低学生的内在认知负荷，提高学生的相关认知负荷，优化外在认知负荷。为促进学生对知识的有效建构，教学明线的确立应有利于学生提高相关认知负荷且减少学生的外在认知负荷，也就是说教学明线应减少无意义的数学活动，尽量精炼简洁、层次分明。

二、数学教学的暗线

数学教育不只是教给学生数学知识、技能，让学生经历知识发生发展的过程，更在于引导学生领悟数学的思想，“学会用数学的眼光观察世界，用数学的思维思考世界，用数学的语言表达世界。”如果对数学知识进行深入挖掘，会发现除明线外，还有暗线贯穿着数学知识发展的全过程。知识暗线一般蕴含在数学知识内部的高层次的数学思想或数学核心观点中，是一般性思想的体现，对于提升学生的数学思维、形成数学核心素养有着重要的作用。

具体来说，数学知识暗线有助于深化学生的认知活动，促进学生对数学知识的自我解释，增强学生所获得知识的整体性和联系性。其次，由于在实际课堂教学中，教师更关注知识的掌握，而思想方法的渗透则主要体现在解题教学中，这也是造成学生数学知识的掌握与综合应用相脱节的原因之一，而知识暗线能够帮助教师在课堂教学中渗透数学基本思想，让学生在知识的建构过程中也感受到数学思想的魅力。再者，为促进学生学会学习，数学教学应该追求具有一般性的思想方法，而不是过于关注技能技巧方面，纵然某一定理的证明技巧再独特巧妙，它对学生的价值也许仍然比不过基于数学核心概念和基本数学思想的一般性方法，这是因为技巧性的方法适用范围有限，只对某些特殊情况有效，而一般性方法更有利于学生的迁移学习和数学能力的养成。

1. 教学内容的暗线

教学内容的暗线，从教学内容上看，是指蕴含在知识内的数学思想方法，对数学知识具有全局性的统领意义，对学生有认识论和方法论层面的意义。例如，在基本不等式、柯西不等式、排序不等式的教学中，我们除了从代数和几何的角度来认识这些不等式外，还可以站在函数思想的高度统领这些重要不等式。当我们深入理解这些数学知识时，可以分析出函数的单调性对这些不等式的证明具有一般方法论的意义。

我们知道数学思想方法或与某些数学内容相对应，如函数思想、极限思想等；或与数学理性思维相联系，如化归思想、类比思想等，即对于数学知识，教师可以从数学内容或数学理性思维的角度分析所学内容隐含的数学思想方法。当我们从数学思想方法的高度去审视数学知识内容时，那么我们看到的不再是一些冰冷的符号和命题，而是具有思想性的充满数学魅力的智慧结晶。如此，我们可以从“数学内容—数学思想方法—数学体验”三个阶段构建数学教学暗线，让学生在掌握系统数学知识的过程中领悟数学思想方法，体验数学知识显性和隐性的双重价值。章建跃老师更为详细地提出数学教学要以“事实—方法—方法论—数学学科本质观”为暗线，倡导数学教学要注重发挥“一般观念”的作用，要加强一般方法的引导使学生学会数学研究的基本套路，这也反映了教学暗线对培养学生理性思维的价值。

小结：

教学内容的暗线(点上的)：事实—方法—方法论—数学学科本质观；

教学内容的暗线(面上的)：数学内容—数学思想方法—数学体验。

2. 教师活动的暗线与学生活动的暗线

为发挥“数学内容—数学思想方法—数学体验”这一教学暗线的作用，教师和学生的活动暗线也应该围绕数学思想方法而展开。

如何构建教师活动的暗线？如前所述，基于教师的主导作用，教师的活动应以促进学生对数学思想方法的领悟为核心。由于数学思想方法相比于数学内容而言更加隐蔽，学生对数学思想的领悟难以一步到位，而是一个潜移默化的过程，因此，教师在设计其活动时可以按照“潜移—外化—内化”的暗线来进行。首先，教师在指导学生分析问题时可以给学生提供适当的思维层面的引导，启发学生对数学思想方法的意会，促进问题分析的进程。其次，在得出数学概念、性质、定理等知识后，教师可以向学生明确提出这一数学思想方法，使学生对数学思想方法形成清晰的认识。最后，通过深入理解和应用将外在的数学思想方法内化，从而实现用数学思想方法统领数学内容，深化对数学知识的双重认识。例如，正弦定理的教学中在学生已经得出直角三角形中的正弦定理后，教师可以向学生提问一般的三角形是否存在这个关系。这时教师可以启发学生由于直角三角形的情形已经解决，那么解一般的三角形问题能否转化成解直角三角形的问题。在学生通过作高法得到一般的三角形的正弦定理之后，教师可以向学生揭示这个过程所用到的思想方法(从特殊到一般、化归思想)及其涵义。最后，通过反思小结等活动强化学生对数学思想方法的体悟，将数学思想方法内化。

从学生层面考虑，学生的活动不能仅停留在如何做的层面，更要关注活动背后的数学思想和方法，在解决具体问题的活动中掌握数学的一般方法，从而达到举一反三、触类旁通，形成对数学知识的本质认识。因此，学生活动的暗线可以是“具体数学活动—数学的一般思想方法—认清本质正向迁移”，以此将学生的活动也上升到思维层面，让学生在活动中既获得数学知识又提升数学思想。

小结：

教师活动的暗线：潜移—外化—内化；

学生活动的暗线：具体数学活动—数学的一般思想方法—认清本质正向迁移。

三、优化明线和暗线，提高数学教学的有效性

数学教学实践已告诉我们，数学教学无论采用何种运行方式，都要以

学生能有效理解知识领悟思想为目的，以教师是否真正“理解数学”为首要基础。教师不能满足于对教材中概念定理的掌握和应用，而要站在数学思维的高度深入挖掘知识发生发展过程和所蕴含的数学思想，站在学生的角度思考如何将数学知识加以重组和再创造，以条理清晰富有“灵魂”的方式呈现给学生，这也是“教学有法、教无定法、贵在得法”的内涵。数学学科的特点决定数学教学的特点，数学教学“法”存在于数学知识或数学学科之中，关键在于数学教师能否“获得”。

由于教学一方面要遵循数学知识发生发展的逻辑和学生心理逻辑的自然规律，因此数学教学要优化明线，基于数学的本质设计教学，以整体带动部分，由过程到结果，帮助学生将静态的数学知识转化为学生头脑中有意义的数学认知结构，使学生真正做到理解知识；另一方面，数学教学除了要关注教学的逻辑性外，还要关注知识的思想性，让学生建构知识的同时领悟数学思想方法，因此数学教学还应优化暗线，用一般性的数学思想统领知识促进学生的迁移学习，提升学生的思想境界，让学生学会“用数学的眼光看待世界，用数学的思维思考世界，用数学的语言表达世界”，并逐步形成数学核心素养。总而言之，数学教学需要谋篇布局，需要精心构思教学的明线和暗线，需要“突出数学主线，凸显数学的内在逻辑和思想方法”，并以此为基础优化师生的教学活动，提高数学教学的有效性。

第二节　单元教学主线的确立

确立单元教学主线，在主线的统领下，做好单元课时教学设计及教学，是课堂教学中减负增效的重要技法。

一、案例分析

以“排列组合、二项式定理”这一单元为案例，进行分析。

（一）为何要计数

数学源于生活，数学服务于生活。可以说，数学知识的产生与应用，都与我们在实际生活中“做一件事”所遇到的问题息息相关。类似地可以看到：从小到大，从生产到生活，计数问题都大量地存在于各个领域。计数问题研究的是统计“做一件事”的所有不同方式、方法的总数，但是随着数据的大量增加、方案的灵活变动，“做一件事”有着越来越多的不同方法，计数问题的解决也变得越来越复杂。因此，探究计数规律、简化计数计算便成为计数问题研究的主要目的。

从这个目的出发，统计"做一件事"的所有不同方法总数的数学规律称为计数原理。可见，计数、计数原理实际研究的都是"做一件事"，"做一件事"具有极大的普适性。众多的计数问题中，事件的普遍存在与在"做一件事"的过程中不同组成方案下所产生的较多方法，这也是上文所提到的解决计数问题的困难所在。

因此可以考虑，以探究规律、简化计算为教学目标，以"做一件事"为教学主线，不断地对"做的事"进行具体化和特殊化的处理，以从一般到特殊的思想，来展开计数章节的教学内容。

联想到在数的组成中，较大的数是由较小的数通过加法和乘法结合得到的；计数问题中"做一件事"的较多方法，就可以类比为对"做多件简单的事"进行"加法"和"乘法"组成得到，从而将一件复杂计数问题的解决转化为多件简单计数问题的解决。因此，通过研究"做一件事"与"做多件简单的事"之间的组成规律，就可以自然地引入分类加法计数原理和分步乘法计数原理。

分类加法计数原理、分步乘法计数原理是关于计数的两个最基本原理，回答的都是"做一件事"不同方法的种数的问题，体现的是通过分类或分步，将一件复杂的事分解为多件简单的事、以简驭繁的思想方法。它们的主要区别在于"做一件事"的具体过程：分类加法计数原理针对的是分类问题，其中"做一件事"的各种方法相互独立，用其中任何一种方法都可以做完这件事；而分步计数原理针对的是分步问题，其中"做一件事"各个步骤中的方法相互关联，只有各个步骤都完成才算做完这件事。

因此运用两个计数原理来解决计数问题，需要掌握的就是如何"做一件事"。这时候要提的几个问题就是：要做的事是什么？是分类还是分步完成？是否有特殊条件的限制？考虑到学生的思维习惯，在解题时可以采用"先分类，后分步"的计数原则，先判断"做一件事"的方法的类别，再考虑同类方法是否需要分步。"做一件事"进行了分类、分步先后顺序的规定，使逻辑更加清晰，也使计数问题的解决更具规律性和条理性。

（二）如何计数

1. 从计数原理到排列

排列、组合问题是两类特殊的计数问题。由于"做一件事"的普适性，两个计数原理在广大的计数问题中普遍成立，因而是解决排列、组合两类问题的基础；而排列、组合则可看作两个计数原理在“做一件特殊的事”时具体化的结果，是为了简化一类问题的解决而引入的新的技巧、方法，是我们解决问题过程中“工具”性质的存在。

从“做一件事”的角度来看，排列、组合是两个计数原理为了简化计算，对特殊的、具体的“做一件事”进行了新的性质处理。在排列问题中，这“一件特殊的事”有着“互异性”“有序性”两个特殊的性质；而在组合问题中，这“一件特殊的事”只要求强调“互异性”的特殊性质。

这样的联系是原理与“工具”的联系，也是“做一件事”与“做一件特殊的事”的联系。因此，从“工具”的引入角度，从排列、组合问题中“做一件事”的特殊性角度，来处理排列与组合的过渡，能帮助学生更好地学习排列、组合问题，并更好地理解排列、组合在问题解决中简化计算的意义。

2. 从排列到组合

在“做一件事”的方面，排列、组合问题中做的事既有相同之处，又有不同之处。与排列问题比较，组合问题的特殊性在于不需要考虑顺序。因此在教学过程中，可以从“做一件事”出发，将排列问题中做的事看作对组合问题中做的事进行了进一步的排序处理，即得到：排列＝组合＋排序。这个等式反映了：排列与组合在排序条件下可以进行相互转化。这样的逻辑转化，为我们提供了排列与组合对比教学的思路。

排列、组合两类问题联系的建立，不仅可以让学生更加清晰地认识到两者“做一件事”的差别，而且可以顺势自然地引出排列数公式与组合数公式之间的联系，也为解决计数问题提供了更多的思路。

3. 在乘法情境中计数：从组合到二项式定理

在“做一件事”的教学主线下，在二项式定理中所做的事就是 n 个相乘的多项式展开，其基础是多项式的乘法。在推导二项式定理的过程中，由多项式乘法法则，每个多项式都提供有且仅有 1 项进行相乘，从计数原理的角度分析，在取出给定个数的 b 时，是分步乘法原理的体现；对 b 的不同次数进行分类时，则是分类加法原理的体现。所以从计数原理上，就可以明确多项式的乘法结果应该是 a^ib^j $(0\leqslant i\leqslant n,\ 0\leqslant j\leqslant n,\ i+j=n)$ 的和的形式。

而对于合并同类项之后，各项 a^ib^j 前的系数的推导，可以看到，n 个多项式所提供的共 n 项进行相乘，无疑就是与组合问题中 n 个不同元素的呼应，因而对于二项式定理中“做一件事”用组合的语言进行描述，就能够转化为：在 n 个多项式所提供的 n 个不同元素进行相乘时，其中 b 出现的次数为所有组合的可能数，推出 a^ib^j 前的系数为组合数 C_n^k，则结合分步乘法原理与分类加法原理得到，$(a+b)^n=C_n^0a^n+C_n^1a^{n-1}b+\cdots+C_n^ka^{n-k}b^k+\cdots+C_n^nb^n$。

以上就是二项式定理的推导过程。在这个过程中，我们立足于计数原理的基础上，运用组合的语言重新叙述“做一件事”，就能够起到厘清思维过程、简化计算的作用。

从整章教学安排的角度来看，明确计数问题中“做一件事”的研究中心，以“做一件事”为主线贯穿整章的学习，体现的是将“做一件事”从一般到具体(计数原理“做多件简单的事”)再到特殊(排列、组合问题“做一件特殊的事”)的思路。

从解决计数问题的角度来看，清晰地把握题目中“做一件事”的具体性、特殊性所在，也能够帮助学生应用计数原理或排列、组合，快速找到解题思路，简化计数运算。

（三）计数问题与概率知识的一些联系

紧接着计数问题，教材内容安排的是概率问题。这样的分布也反映着计数问题与概率问题之间的一些联系。

和计数问题相似，概率问题研究的是“做一件随机的事”发生的可能性。因此概率的教学内容也可以以“做一件事”为教学主线，从“做一件事”的离散型(离散型随机变量)、特殊性(二项分布)及其性质进行教学内容的展开。

同样，在计数问题中，我们通过分类加法原理和分步乘法原理将“做一件事”分解成了“做多件简单的事”，而在概率问题中，我们可以类似地看到：在古典概型中，通过列出基本事件空间，可以将“做一件事”分解成“做多件简单的事”，因此对于复杂的概率问题，运用两个计数原理直接去计算可以达到简化计算的目的。

此外，为了更好地运用“加法”和“乘法”，概率内容对“做一件事”也进行了具体化和特殊化的处理，在这里，特殊的事：互斥事件(“做不可能同时发生的事”)、独立事件(“做发生的概率不互相影响的事”)被单独引入定义，因此有了互斥事件的概率加法公式和独立事件的概率乘法公式，极大地简化了计算。这样，随机事件概率的计算不必化归为排列组合的计算，只要分清楚事件间的关系，把复杂事件按加法原理和乘法原理分解简单事件的组合即可。事件间的条件关系即是复杂事件分解过程中产生的一个极有用的概念。

因此，计数问题的学习为概率相关内容提供了类比教学的可能。从这一点看，计数与概率计算可以考虑作为一个大的知识板块进行教学，以“做一件事”的教学主线一以贯之，不时地回顾旧知、学习新知，将计数、概率与生活三者连在一起，产生整体的印象。

章建跃老师提出“如何设计课堂教学的主线”是一个非常有意义的课题。课堂教学主线是教师在“理解数学”“理解学生”的基础上形成的课堂结构和教学线索，基本表现形式是反映当前数学知识本质、具有逻辑关联性、循序渐进、逐步深入的“问题串”。上面的分析有排列组合及概率的内在线索，一以贯之，再加之以把握学情，就能实施出好的教学效果。

二、确定单元教学主线的方法

现在运用归纳的分析方法，来寻找确定数学单元教学主线的一般方法。

首先，要确定知识的教育价值。换言之，要回答为什么要学这一章的内容。例如，为什么要学习计数这一章，可以这样回答：计算完成一件事的所有方法数，如有可能从中选出尽可能优化的方案。运筹学、对策论就是研究优化方案如何在实际运用的。

其次，要确定单元内容展开的内在逻辑。换言之，就是找出各节内容之间的一线串通的线索。例如，计数这一章，以“做一件事”为教学主线，不断地对“做的事”进行具体化和特殊化的处理；以从一般到特殊的技术路线来展开这一章的内容。

再次，要确定单元内容展开的切入口。换言之，就是找出章节内容的“基石”。例如，计数这一章，联想到在数的组成中，较大的数是由较小的数通过加法和乘法结合得到的；计数问题中“做一件事”的较多方法，就可以类比为对“做多件简单的事”进行“加法”和“乘法”组成得到，从而将一件复杂计数问题的解决转化为多件简单计数问题的解决。因此，通过研究“做一件事”与“做多件简单的事”之间的组成规律，就可以自然地引入分类加法计数原理和分步乘法计数原理。

接着，要确定后继内容的生成机理。换言之，就要遵从一般到特殊的思路，不断细化、深化认识，发展出一些手段和技术。例如，计数这一章，从基本原理出发，不断丰富如何计数的一些技术性手段。其演进步骤是这样的：从计数原理到排列，是把“做一件事”具体化为“做一件有先后次序要求的事”；从排列到组合，是把“做一件事”具体化为“做一件无需讲究次序的事”(不借助排列，直接由计数原理到组合也是可以的)；然后到特殊情境乘法公式中计数，就得到二项式定理。

最后，要看到其与后继内容的联系。换言之，要看到内容的去向。例如，计数原理与概率一脉相承。概率是探讨“做一件随机性事件”发生的可能性。概率的教学内容也可以以“做一件事”为教学主线，从“做一件事”的离散型(离散型随机变量)、特殊性(二项分布)及随现事件的性质进行教学内容的展开。

上述指出了确定单元教学主线时的一些技术性路线。那么，这些技术性路线如何获得呢？首先，要认真研读每一章节的序言，厘清教材的整体编写意图。其次，要有“重构内容”，从教育数学的观点一线串通教材的勇气和实力。最后，要把这些见解和认识，因材施教、因地制宜地在课堂教学中精彩地演绎出来。

第三节 文学手法在数学教学中的应用

课堂教学需要注入灵魂，既要传授知识、锻炼技能，还要能够陶冶情操、培养能力。教师灵活运用文学创作手法进行教学，为原本单调晦涩的数学课堂增添些许活力和魅力，营造一种轻松、活跃、舒服的课堂氛围。数学具有高度的抽象性、严谨的逻辑性，但数学绝不是只有单调、乏味、冰冷的公式、定义和机械的运算法则。教师如果能够在数学教学过程中运用一些文学手法，就能够更好地将数学文化的美丽和浪漫呈现出来，激发学生的学习热情，教师在和学生的对话中也更能碰撞出意想不到的火花。

文学手法概念广泛，主要包括修辞手法、表现手法以及写作手法三个方面。其中主要的修辞手法就包括比喻、排比、拟人、借代、夸张、设问、反问、对偶、衬托、化用、互文等。主要的表现手法包括记叙、议论、描写、抒情、抑扬变化、铺陈描写和象征联想。写作手法包括开门见山、以小见大、层层深入、伏笔铺垫等。三个方面构成了语文意境中的文学手法的概念。

文学手法看似与数学毫无关联，但是如果在数学课堂的教学中将文学手法运用起来，可能会得到很多意想不到的惊喜。数学虽然本身包含着很多奇妙有趣的知识，如果教师善于恰当地运用文学手法给数学课堂增添色彩，学生就更容易发现数学学习的乐趣。海因兹·雷曼麦就曾经说过，用幽默的方式说出严肃的真理，比直截了当地提出更能为人接受。没有人喜欢枯燥无味的事物。大家都喜欢幽默风趣的教师，善于用文学手法增加自己的教学艺术情趣的教师更讨人喜欢，不仅可以活跃课堂的气氛，还能带动学生学习的积极性。

一、在课堂教学中运用修辞手法

1. 运用比喻的修辞手法

比喻是利用本体和喻体两者相似点，把我们常见的事物作为喻体来说明我们所要介绍的事物，从而使表达更加生动活泼且易于接受理解，是一种化抽象为具象、化深奥为浅显、化复杂为简单的手段。在数学教学的过程当中，教师应当充分利用比喻的修辞手法来激发学生的学习兴趣，让数学知识不再抽象生硬，反而能够更加形象生动，有利于学生加强知识的理解并增强教学效果。

比喻使抽象概念更形象。例如在学习函数的极值时，教师将函数图像绘制在黑板上，并向学生介绍，就像连绵的一座座山，既有山峰又有山谷，极大值就如同每座山的山峰一样，它是这座山的最高处，却不一定是这些连绵不断的群山中最高的地方；极小值如同每座山的山谷一般，是这座山的最低处，但不一定是这些连绵不断的群山中最低的地方。教师利用这样的比喻手法，可以很快地让学生们体会到极值与最值的区别，更易于学生对函数极值概念的理解和掌握。

比喻使得数学符号形象化。如对于数学符号“∞”，与莫比乌斯带相似。教师在讲解无穷大的时候就可以将其比喻成莫比乌斯带，像它那样可以无穷尽地走下去。将数学符号比喻成一种有趣的事物，既可以让学生了解到其中的历史渊源，又让“∞”这个数学符号形象起来，有助于加深学生对符号的理解，体味到数学的趣味性。类似地，还可以将体积的微元比喻成“黄瓜片”或者“土豆片”、将向量符号上的箭头比喻成一顶“草帽”等，许许多多的数学符号用上比喻的修辞手法一下子就变得妙趣横生了，学生就不再觉得数学枯燥晦涩，而是生动有趣得多。

2. 运用排比的修辞手法

在文学上，排比修辞手法是将一连串的相关内容或者结构大致相同的语句排列在一起，从而达到一种烘托和渲染的作用。在教学中，教师可以将一些性质特征相类似或者数量比较多且知识点之间存在的联系的部分，排列在一起，通过让学生观察分析，更加直观地归纳总结出这些知识点之间存在的联系或规律。在运用归纳法时，列出一些情况，形成排比之势，有助于发现规律。

如教师在讲述平面的一般式方程的过程中，根据平面的特征可以得到的特殊方程很多，对学生来讲很混乱且难以理解掌握，教师可以在讲完平面的各种特征以及它们所对应的一般方程之后，按照顺序将平面的一般方程列在黑板、白板或多媒体上。即对于法向量为$\boldsymbol{n}=(A, B, C)$的平面α而言，有：

当$\alpha /\!/ x$轴时，有$\boldsymbol{n}\perp x$轴，即$A=0$，从而有平面方程$By+Cz+D=0$。

当$\alpha /\!/ y$轴时，有$\boldsymbol{n}\perp y$轴，即$B=0$，从而有平面方程$Ay+Cz+D=0$。

当$\alpha /\!/ z$轴时，有$\boldsymbol{n}\perp z$轴，即$C=0$，从而有平面方程$Ay+Bz+D=0$。

像这样将三种情况的方程整理在一起，学生在学习和构建自己的知识体系时就会更加清晰明确，不容易混淆。所以在数学课堂的板书或者课件的小结上运用排比的手法，有助于学生对知识点进行观察、记忆、理解和存储。

3. 运用拟人(物)的修辞手法

拟人就是将事物赋予人的特性，使之具有人的思想、情感和行为。把人当作物，或把此物当作彼物来写的修辞方式，叫作拟物。将拟人(物)手法用进数学课堂，会让数学课堂因为丰富多彩的想象力而变得更加生动活泼，将数学对象当作人(物)进行讲述，不仅拉近了学生和数学对象之间的距离，而且能够激发学生的学习兴趣，培养想象力和创造力。

拟人(物)把抽象的符号熟悉化。如无穷大符号“∞”可以看作麻花，积分符号“$\int$”是扭曲的S型；绝对值符号“$\|$”就是两条枷锁，必须打碎；根号“$\sqrt{\ }$”就像茧房，必须破茧而出。

4. 运用借代的修辞手法

借代修辞手法，不直接讲出事物本身的名字，而是利用和该事物有密切联系的事物来代替。在文学中常常利用这种手法来突出所要描述的事物的特点，使该事物更加形象具体，也让语言更加幽默风趣。在数学教学过程中，教师可以利用借代修辞手法来突出所要讲解的数学对象的特征和性质。

代数作为学生学习的一项重点内容，就常常运用了借代的手法。华蘅芳和傅兰雅合译的《代数学》卷首就有这样一句话，"代数之法，无论何数，皆可以任何记号代之"。刚开始接触用符号(或字母)来表示数的时候，学生往往会出现畏难情绪，认为这样把数学变得抽象了。然而忽略掉无关特征，集中注意一类对象的共同特征，这种借代、代换的意识却是数学方法的基础。

5. 运用反问的修辞手法

数学教学中还可以运用很多文学手法，比如反问手法。反问就是用疑问的形式来表达肯定的意思，答案就包含在了句子里面。在课堂中运用反问的手法会比直接用肯定句更能引起学生的注意力，更容易引起学生的反思。"对话教学是对话的时代精神在教育领域的回应"道出了对话在教学中的重要作用。课堂教学应当充分发挥学生的主体作用，要形成合适的教学对话，将课堂还给学生，就需要巧用反问手法。用类似"难道没有更加简单的方法了吗?"的语言带领学生反思，主动寻找更优的解答方式，能够让他们作为自己思想的主人遨游于数学知识的海洋之中，一步步深入思考，对数学知识有更深刻的认识和理解。

二、在数学课堂教学中运用写作手法

写作手法与数学课堂教学的结合很好地体现在 GX(高效益)教学的理念当中。GX 教学的理念原则有：开门见山，适度集中；积极前进，循环上升；淡化形式，注重实质；先做后说，师生合作。这与文学手法中的开门见山、层层深入、以小见大等手法在教学实践上有异曲同工之处。

1. 开门见山式地进行教学

开门见山在文学上是指说话写文章的时候从一开头就直接进入正题，直截了当。对应 GX 教学理念中的"开门见山，适度集中"，数学教育本当以教给学生数学的内涵和本质为核心，但目前的数学课堂现状却出现了许多"去数学化"的现象，一些教师聚焦教育理念的体现、有没有创设教学情境等，但没有反思这些活动过程是否粗浅、虚伪乃至拖沓，有没有体现数学真正的价值。教师开门见山，让学生快速地了解本课程所需要掌握的内容，带着明确的目标去学习，反而能让他们更容易形成自己的知识体系，并且能把学习精力放到课程的重点难点上来。

 例如，在教授数学归纳法时，许多教师会运用多米诺骨牌来进行导入，认为数学归纳法如同“多米诺骨牌”一样，前一个“倒下”导致后一个“倒下”，结果是大半节课都在讲多米诺骨牌的活动，却没有将重心放在数学归纳法的原理上来。再加之用多米诺骨牌这种过于具象化的活动来类比数学归纳法这种极其抽象的数学过程是否合适，还有待商榷。教师倒不如直接给出问题，一步步引导学生学习数学归纳法更合适。

2. 层层深入式地进行教学

层层深入是指在写作中，后面的论证是在前面论证的基础上进行的，前后之间有逐层递进、逐渐深入的关系。对应 GX 教学理念中的“积极前进，循环上升”。数学是一门讲究逻辑和层次的学科，教师应当尊重学生的认知发展规律，在学生原有的认知框架中去拓展知识体系，有层次地推进。如果教师一开始就讲晦涩抽象的概念，容易让学生产生数学非常难学的想法，丧失学习的热情。教师讲究教学内容的起承转合，合理安排教学内容，由浅入深、层层深入，避免学生出现思维上的断层。

例如高中函数的概念教学引入的部分，教师首先给出三个不同的例题，第一个是“复兴号”列车行进的路程与运行时间的关系式，接着给出北京某日的空气质量指数变化图，最后给出我国某省城镇居民的恩格尔系数变化情况的表格。将函数概念从初中阶段的解析式形式过渡到用图像的形式表示函数，最后用连续的图像过渡到离散的表格形式来引入函数概念。从学生已有的知识基础出发，由浅入深、层层深入，有助于学生接受和理解函数的概念，多维度地认识函数的概念。

3. 以小见大式地进行教学

在文学上，以小见大的特点就是从小处落笔，不断挖掘出更多信息。实际就是“淡化形式、注重内容”的含义。以小见大可谓是抓住数学本质的某一特性，从而展现出数学对象的更多性质和特点。一个符号、一个特例、一道例题均可反映数学原理。

在数学教学中，“以小见大”思想也随处可见。祖暅原理通过比较两个立体的每一个平行截面的面积，就可以还原出立体本身的体积大小，就是一种“以小见大”。函数的微商、导数也是如此，我们试图利用一条折线来代替曲线，在不断细化的过程中，割线不断逼近曲线，由此将曲线转化成一小份一小份的割线，我们可以通过研究这些割线从而得出整条曲线的性质和特征。

4. 首尾呼应式地进行教学

首尾呼应在文学中意味着开头提到的内容在结尾处做出解释和交代，使得文章结构更加完整和严谨。在数学课堂教学的过程中也应当运用首尾呼应的手法。在课堂引入部分提及的问题，通过课程的学习和对知识的理解之后，教师应引导学生对问题进行解答和总结。没有课堂小结的数学课就如同做应用题时得到结果却没有作答。优秀的课堂小结是一堂数学课的点睛之笔，它让数学课堂教学的逻辑体系串联起来，高屋建瓴式地回顾课堂，用最短的时间带领学生再次体验发现、探索、分析、得出结论的过程。首尾呼应式的数学课堂教学避免了虎头蛇尾的形式，让数学教学更加完整，也让学生的知识体系更加完善。

三、小结

这些文学手法运用在数学课堂教学之中，为数学课堂教学增添了许多色彩。数学不是冰冷机械、枯燥无味的事物，它本身就栖居着浪漫和诗意，教师要想将这份美好传递给学生，必须充分发挥自己的影响力，努力调动饱满的热情和巧思妙想来设计数学的教学课堂形式，让课堂充满生机活力。教师通过设计特定的情境，使用恰当的文学手法，将数学问题变成一则则故事，将数学符号和数学对象变成一件件我们熟悉的事物，带给学生观感上不同以往的体验，可以让学生更容易接受数学知识。教师应当积极探索更多的让课堂丰富多彩的教学方法，使数学课堂不再是学生心中的噩梦，而是遨游数学知识的海洋。同时，教师也要充分调动学生的学习情绪，在互动和轻松幽默的氛围中感受数学的魅力和诗意。

教学如同讲故事。故事要引众人入胜、扣人心弦，就要有矛盾冲突。在教学中讲究文学手法，要展示认知冲突从产生经高潮到解决再到新的认知冲突的全过程，并用艺术的形式呈现出来。

第四节　关注课堂教学中的细节

一、细节的重要性

“差之毫厘，谬以千里”“细节决定成败”都说明了细节的重要性。天下大事，必作于细。关注细节，成就大事。在文学中，恰到好处地运用细节描写，能起到烘托环境气氛、刻画人物性格、发展故事情节，以及直接、间接地揭示作品意义或主题思想的作用。成功的细节描写会让作者印象深刻，提高文章的可读性。没有细节描写，就没有能使人身临其境、能引起人共鸣的场景，就没有活生生的、有血有肉、有个性的人物形象，也就没有艺术。《红楼梦》中写林黛玉进贾府，特意从林妹妹的视角写了贾府中一些家具陈设有磨损、用过的痕迹，这就从细节上暗示了贾府会败落。在日常生活中，使人疲惫不堪的不是远方的高山，而是鞋里的一粒沙子。大事皆由小事累积而成，把小事做细、把细事做透，必能成就大业。在工程技术中，事故皆因小事引发。橡胶圈失去了弹性、相邻的两个插头错位了会导致飞行器解体爆炸。奥秘全在细节中，战国时赵武灵王发现胡人在军事服饰上着窄袖短袄，生活起居和狩猎作战都比较方便；作战时用骑兵、弓箭，与中原的兵车、长矛相比，具有更大的灵活机动性，于是进行了著名的“胡服骑射”军事改革，使赵国一跃成为军事强国。细节是产品或服务质量的最有力的表现形式。美国有一家专注手提琴的手工传统企业，在每一个细节中都讲理性、讲人文关怀，如琴身的弧度、光滑度、手感的舒适度，他们把细节做到极致，即使在现代激烈的竞争环境中依然不败。刑侦案件中，一根毛发、一枚带血的指纹都是破案的切入口。

教学过程由系列教学环节、教学活动和教学事件组成。每一个环节、活动、事件都由许多细节构成。关注细节、打磨细节，是数学科学精神的体现，是教学艺术品位的追求。精彩的教学细节使教学过程前后照应、过渡自然，给学生以艺术的享受；精彩的教学细节给学生以人文关照、理性精神的熏陶。教学细节是教学中的着手之处，推动或暗示着教学活动的发展进程。教学细节体现在教师对内容的认识和处理上，体现在课堂教学流程上、体现在课堂教学技能上。

二、教学内容科学性中的教学细节

数学教学是数学科学的教学，首要的是保证内容的正确性、科学性，不能出错，不能经不住推敲。

在数学教学技能课上，常常能发现很多不重视细节的情况。先说语言。如，在讲单调性时，有的同学会说“在定义域内，随便取两个点”。“随便”就太随意了，“随便”不是数学用语，是生活用语，这里的“随便”应表述成"任意"。这看似小问题，其实是对"任意性""存在性""唯一性""有且只有一个"等数学术语没有深层次的理解。关注数学术语及数学教学用语的准确性、科学性体现了一位教师的基本学科素养。在数学教学技能课上，也常听到学生说"平面截圆锥得到的图形是圆锥曲线"，这里显然有科学性上的错误，不是简单的口误，圆锥是一个实心立体，平面截圆锥得到的是一个面，平面截圆锥面得到的才是圆锥曲线。正如，圆指的是圆周而不是圆面。在讲授函数时，很多同学不清楚图形与图像的区别。针对这种情况，我们做过这方面的作品"微言要义"系列。这些方面的研究，着重于基本概念的语词分析，不仅要弄清逻辑上的为什么，也要弄清楚历史上的为什么。弄清楚了这些问题，保障了数学教学的科学性、思想性，而且这也是研读教材的一个切入口。教师在教学时，要做好示范，注意科学用语的准确性。还应注意概念、定理之中的关键性语词，做到字斟句酌。如，等差、等比数列中的同一个常数中的"同"；"不同在"任一平面的两条直线与"不在同"一平面的任两条直线的区别；生活中的"或"与逻辑"或"之间的区别。

使用生活语言表达科学概念要注意传神、贴切，用得恰到好处。如把函数比喻成碎石机，看似漫不经心，却能一语道破函数的本质。这正如《水浒传》中林教头的绰号"豹子头"，指出林教头手段之高明，三招就能活捉扈三娘。

语言要注意留白。不要把话说满了，说绝了。如，适时加上"之一"，不能说勾股定理是最重要的数学定理，而应说是最重要的定理之一。留白还指留给学生思考的空间。如，勾股定理还可以推广到斜三角形中、推广到高维空间，同学们可以思考一下。

作图中的细节，先举一个例子。很多同学在讲立体几何时，不会用平行四边形表示平面，不会作正方体。此处的作图，看似一个极小的问题，却反映了学习者的基本科学素养。平面是二维的，空间是三维的，根据平面向量基本定理、空间向量基本定理，在作图时应先作出二维、三维框架，然后作相应边的平行线段，就作出了有立体感的平面、正方体。还有的同学作图时，虚实不分、主次不明，这些都会影响学习效果。还有一个更常见的例子，就是同学们在画坐标系时，有的忘了画箭头符号，有的忘了标 x，O，y 等字母，这些都是需要重视的细节错误。平面直角坐标系由平面两个正交的向量构成。O 点表示向量的起点，x，y 分别表示水平、竖直方向向量的终点。向量是有方向、有大小的量，怎么能把这些基本要素忘掉呢！

三、教学过程中的教学细节

教学过程包括导入、讲解、讨论、练习、总结等环节。上好课如同讲好一个故事一样。小说要塑造人物形象，包括正面的、反面的；有故事发生的自然环境和社会环境；有故事情节，包括故事发生的开端背景、矛盾冲突发展、矛盾冲突发展的高潮、矛盾冲突发展的最后结局。小说结构要素要完整，教学过程也应完整流畅。

读过金庸武侠小说的人都知道，他的小说总是置于一个大背景之下，如《射雕英雄传》的故事情节发生在南宋抵抗金和蒙古两股强大势力的大背景之中，道具、人物的服饰则把我们带到当时的社会环境之中。有的教师上课时一来就说："同学们，我们今天学习××内容。"没有任何背景，没有任何前后关联，学生茫然不知所措。有的教师即使举了一些实例，但实例来源单一，没有多样性，没有体现数学来源的多样性和应用的广泛性。有的教师上台讲了半天，连个课题也没来得及写在黑板上。有的教师在授课过程中，没有认知冲突，平铺直叙，吸引不了学生。

若整个授课过程只是教师一人的一言堂，没有学生参与，没有师生平等的理念，或虽有学生参与，但只是少数成绩好的学生的参与，没有考虑教育的公平性，这样的结构是不完整的。有的教师讲到最后，没有结尾，草草收兵，没有留一丝想继续学下去的悬念。

有的教师在教学时，前后没有伏笔与呼应。如举了实例之后，不归结到抽象概念，在举例例证抽象概念时，不与前面的实例进行补充和呼应。练习应照应重点、难点和关键点，层层递进。有的教师在课堂教学中，满堂灌，信息量密集，没有舒缓，学生神经一直高度紧张。因此，在课堂中，有时讲些"闲话"，进行数学文化、课程思政的教育也是必要的。

四、教学技能艺术性中的教学细节

教学是一种行为艺术。讲台是教师的舞台，教师是舞台上的演员。影视剧中有俊男靓女吸引观众的眼球，提高收视率。为了提高抬头率，教师也应注重个人形象，不能大行不顾细谨，大礼不辞小让。教师应保持良好的体态，教师的着装打扮应符合教师的职业特点，给学生上课是非常严肃的事情，是一种正式场合下的正式活动。教师的微笑、姿态、手势、目光等身体语言是需要关注的重要细节，举手投足间、一笑一颦中都是重要的信息源，有时也许是习惯性动作、无心之举，但请不要引起学生的误解或对学生造成不便。举个例子，讲台上有很多粉笔灰，有位教师用力大吹粉笔灰，“呼”的一声，把粉笔灰全吹到了第一排同学的头上、脸上，说重一点是人文修养欠缺，说轻一点是没有注意到细节。肢体语言不能张牙舞爪、手足无措、动作夸张。

教师在舞台上表演时，道具有限，语言是十分重要的工具。除了前面讲的语言的科学性之外，还应讲究语言的人文性、艺术性。不能出口成“脏”，不用咄咄逼人的口气和语调讲课，多多运用商量、平等的口吻交流。多用“请”字及“谢谢分享”等文明礼貌用语，少用或不用“必须”“务必”等强制性用语。教学用语的内容方面应有雅有俗，通俗而不低俗，高雅而又不曲高和寡。批评同学不认真不仔细，可以说其是“千年古树万年蕉——粗枝大叶”，这样的话诙谐幽默，学生听得进去；而不能说其“说了一百遍了，怎么还是记不住，真是少根筋”，这样的话有损学生的自尊，起不到警示学生的效果。眼神交流也是重要的细节。

要用普通话授课，不要时不时地掺杂方言土话。对拿不准的字音，要查字典，不要把音发错了。对于数字符号的发音，也应力求准确。如，ε-δ 的发音等。有一次有位同学在进行教学技能大赛选拔时，把 $\tan\theta$ 读得十分怪异，自然影响了得分。

讲课的音量要照顾到最后一排的同学，但也不能过大；语速不能过快，讲究字正腔圆。抑扬顿挫、讲究语言的音韵美、节奏性也是应关注的重要细节。如，处理某种情况时“控增量、减存量、防变量”不仅思路清晰，而且还有音韵美，易于记忆，便于开展工作。讲课久了，在课堂上当众喝水，甚至发出“咝咝”的喝水声，也是不应该出现的生活细节。

再说板书中的细节。首先是不能写错别字，如同不能把字音读错一样。如，不能把圆面积写成园面积，椭圆写成椭园、随圆，要区分拉丁字母 a 和希腊字母 α。如中原大战时，冯玉祥的作战参谋传达作战命令时，把泌阳写成了沁阳，结果大败。要注意手写体与印刷体之间的区别，以便于学生区分。写错、画错的地方，不要用手擦，免得弄得浑身是粉笔灰。有经验的教师，一节课下来，至多手上有点灰之外，其他地方是不会有灰的。教师要爱惜粉笔，遇到断了的、还可以再用的粉笔头，应俯身拾起来，这是对学生的无声教育。一粥一饭当思来之不易，半丝半缕恒念物力维艰。教师更不能用粉笔头掷调皮捣蛋的学生。板书、作图时要注意有意识地运用彩色粉笔，重要部分引起学生重视。

板书的布局也应十分重视。一般而言，长一点的黑板，可以划分为四个板面，序号层次要分明，要有利于学生记笔记。黑板板书应视为一篇作品，其上的标题应高度浓缩概括标题下的内容。精心设计板书，把最精华的内容呈现在黑板的正中央。同时，还要注意留白，不要把黑板的边边角角都写满了。字写得好当然很好，字写得不好要多练，要注意字迹清晰，不要飘浮，要让学生易于辨认。

现在很多教师会用PPT、微视频、学科工具来进行上课。一般是把学科工具链接在PPT，做出精美的PPT之后，再用录屏软件来进行录屏。做好PPT是第一步。PPT虽然入门容易，但制作出精美的PPT也不是一件容易的事。PPT的制作应朴素大方，不要添加一些无关的画面、声音等在里面，也不要有过多的无关动画，如文字飞入飞出等动画。PPT每页上的字不能太多。信息化手段的应用应和传统手段有机结合，不能有了PPT就忘了粉笔和黑板。粉笔和黑板是基本功。凡是能用粉笔和黑板讲清楚的，就不必用PPT。这是使用信息化手段的一个基本出发点。

五、教学细节的教学意义

重视教学细节是教师以身作则培养学生严谨、细致的表现，粗放型的教师难以培养出精细的学生。

重视教学细节是教师专业发展的必然要求，于细微处发现问题是一项了不起的能力。

重视教学细节是教学艺术性的追求，是打磨精品优质课的必经环节。

重视教学细节是工匠精神的体现。

第五节　导入是理解取向还是研究取向

一、如何导入

人们认为教育价值是教学设计的灵魂。价值涉及一种判断，是“值不值”的问题，不同的人有不同的价值观。同样，对于教学设计，不同的人也有不同的价值判断。写在教材中的知识，既可以理解成一种结果，也可理解成一种过程。如果把知识理解成一种结果，一种重要的成果，就会对其无比珍视，会从多角度进行理解，在教学设计及教学时，也是致力于这个目标，力图对作为结果的知识之间的内在关系进行揭示，并产生广泛的关联，把其置于知识网络之中，还会努力化作学生的认知结构。这种导入法及设计，顺承了知识之间的内在逻辑，教起来很顺手，也能开阔学生的视野。如果把知识理解成一种过程，就会力求弄清楚知识产生的动机及推动知识产生的本原性问题，然后设置恰当的情境，把问题置于情境之中，致力于发展学生做数学的各种活动经验。对于这两种导入或引入方式，如果没有从根本上理解清楚，就会导致在教学实践中出现一些偏差。比如，情境创设本意是好的，但由于情境创设得不恰当，问题不是从情境中挖掘出来的，那还不如直接从知识间的内在关联导入来得直截了当，否则会让人认为数学课不是在讲数学，偏题了。说句公道话，这其实不能怪教师。教师的很多的知识都是从教科书中学来的，教科书在编写时，多是从知识间的内在关联来写的，很少从问题动机的产生来写。在教科书中呈现的内容，由于所处的位置不同，并非每一个都是由问题刺激产生的，有的是逻辑自然推演的结果。故而，导入和情境问题法应各有其所，但在一些重要的、基本的主题上应有一些区别。下面通过例子来说明在重要的、基本的主题上导入和情境问题法的区别。

二、两种导入方式

以基本不等式为例。一般基于导入的做法是这样的：因为非负数具有非负性，即 $x^2\geqslant 0$，用 $a-b$ 代替 x，这样就得到了基本不等式。沪教版、湘教版教材就是这样处理的。这是着眼于代数角度。人教版教材的处理方法是重在几何，突出了知识间的联系，用赵爽弦图、面积法来做。即 $(a+b)^2=(a-b)^2+4ab$，舍去中间的正方形的面积，就得到了基本不等式。这种做法很容易转化为教师的课堂实践，也有很好的效果。

从赵爽弦图讲起，不言而喻，是老祖宗的东西，有浓郁的历史文化气息，而且能用超级画板等动态几何软件实现，课堂气氛也很活跃。这些都是数学教育的附加值，其内在的教育价值还可进一步挖掘。张奠宙先生曾指出，均值不等式的教学要突出恒不等式的价值。上面的做法，比起从不等臂天平导入，的确更符合数学的内在逻辑，也更自然。从恒等式中产生恒不等式，揭示了相等和不等间的辩证关系，有利于学生对这两大关系的认识。从赵爽弦图讲起，在知识衔接上也有诸多好处。如初中讲了两数和的完全平方公式、两数差的完全平方公式，这两个公式其实是同一个公式，也可以用一个恒等式统一起来，即$(a+b)^2=(a-b)^2+4ab$，在欧几里得的《几何原本》中能找到这个公式的影子。如果写成向量形式，就成了极化恒等式。关注和式结构、乘积结构，自然就有了基本不等式。人教社教材从赵爽弦图讲起，是有很多好处的，这是一种基于理解的导入法。这种导入法的不足之处是，知识产生的动机揭示不足，人们因何种需要或动机而产生基本不等式，这个问题没有回答。现在的教学逻辑是，可以从旧知识的多角度认识中产生基本不等式，而且它还有很多用处，所以在教学中把这些讲清楚，让学生练会就够了。如果用“教学设计价值是教学设计的灵魂”“教育价值决定教学方式”的标准考量，那么，还有没有更有价值的教学设计呢？更有价值的教学设计，在于揭示问题产生的动机，且提供一个可以持续研究的主题。

周长和面积之间的关系是一个历史很悠久的研究主题。历史上，有人通过周长来推断城市、不同地区的面积，有人通过绕海岛航行一周来确定海岛的面积，有人对周长相等的营地可以容纳不同的人数感到困惑，有人在分配土地时利用周长和面积之间的关系做出对自己有利的选择，等等。这些事实表明，古人对周长和面积之间的关系还不甚了解，因此有必要研究周长和面积之间的关系。现有两块土地，一块是长方形、一块是正方形，它们的周长相等，请问哪一块土地的面积更大？

上述事实指出了研究动机，即我们何以要研究周长和面积之间的关系。从哪里入手研究面积和周长之间的关系呢？这显然是一个开放性的问题，为了完成教学任务，教师可以引导学生朝预设的方向前行，完成教学目标之后，就可以让学生天马行空般地进行探索了。先引导学生从英国数学家沃利斯在研究等周问题时思考过的问题入手，防范了探究性教学时可能产生的路向不确定性。挪威数学家阿贝尔曾用“和差术”给出过非常精彩的证明，湘教版教材将这种方法写进了“不等式选讲”中。

三、两种导入方式的比较

第一种导入方式，重在引导接受，其长处是能使学生在尽可能短的时间内获得尽可能多的知识和技能，也有助于学生加深对已学过知识的理解，获得较好的成绩；其不足之处在于易导致学习的被动接受和学习过程的消极。“你讲了我就懂了，你不讲，我也不知道要从这方面想”，正是这种导入方式效果的白描写照。

第二种导入方式，有情境、有问题，指出一种研究主题，能使学生明了其研究动机。这种引导对学生的要求很高，要求学生能悟到教师在引导他们做什么。其可能的不足之处在于，知识间的内在关联揭示不充分，学生技能训练不到位。这也正是“过程—结果”的辩证冲突，是重过程、还是重结果，是过程取向、还是结果取向。既是坚持过程取向，或过程—结果并重，那么后继应有相关的教学措施跟进。可以用于开发系列拓展性学习材料，供学习阅读或训练。

下面的材料揭示了“周长和面积之间的关系”，说明了“周长和面积”是一个有价值的研究主题，基本不等式、秦九韶公式也只是其中的成果之一。

周长和面积、面积与体积之间存在内在联系。著名的等周定理，即等周不等式，就揭示了欧氏平面上封闭图形的周长以及其面积之间的关系。其中的“等周”是指周长相等。等周定理指出，在周长相等的封闭几何图形中，以圆的面积最大；面积相等的几何图形中，以圆的周长最小。如果让一个人跑步圈地，使圈得的地的面积尽可能大，由于他的体能是一定的，所走的路程是一定的，出于本能，他圈出的地是圆形。这两种说法是对偶的。推广到空间，表面积相等的封闭几何体中，以球的体积最大；体积相等的几何形体中，以球的表面积最小。一个直观例子就是水珠的形状，表面张力会使水珠的表面积达到最小。另一个直观例子就是冬天时，狗蜷缩成一团，此时，与外界接触的表面积最小，热量散失少；夏天时，狗四肢伸展，躺在地上，此时，与外界接触的表面积就大些，热量散失快。

周长和面积很类似，都具有某种统一性。常见的平面图形的面积可以用一个公式统一表达成 $S=\frac{1}{6}h(a_{上}+4a_{中}+a_{下})$，$a_{上}$ 是平面图形上底边长，$a_{中}$ 是中位线长，$a_{下}$ 是下底边长。常见的几何体的体积可以用一个公式统一表达成 $V=\frac{1}{6}h(S_{上}+4S_{中}+S_{下})$，被称为“万能求积公式”，可由微积分中的辛普森法则推导而来。如果认为面积求导降一维成了边长，那么面积、体积公式在形式上就统一起来了。

周长和面积、面积与体积之间的关系，可以用微分公式加以揭示。对圆而言，面积和周长之间的关系是$(\pi r^2)'=2\pi r$；对正 n 边形，记中心到对边的距离为 d，则周长 $C=2nh\tan\left(\frac{\pi}{n}\right)$，$S=nh^2\tan\left(\frac{\pi}{n}\right)$，这时也有 $S'=C$；球的体积和表面积之间的关系是$\left(\frac{4}{3}\pi r^3\right)'=4\pi r^2$。基本不等式在必修教材中学习过，在选修教材中也出现了，如果说在必修教材中采用基于结果理解的导入，那么在选修教材中采用基于过程探究的方式导入也是应该的。导数不再是新知识，用导数揭示知识间的联系也是应有之义。这在选拔性考试中曾多次出现。

周长可认为是面积的边界，面积可认为是体积的边界，可用积分揭示。格林公式、斯托克斯公式、奥高公式揭示了周长—面积、面积—体积间的关系，统一的 Stokes 公式就是高度概括边界和区域之间的关系，体现了数学的内在和谐之美。稍扩展一点，如果把区间端点看作区间的边界，那么微积分基本定理揭示的也是边界与区域之间的关系。古鲁金定理指出，平面曲线绕此平面上不与其相交的轴(可以是它的边界)旋转一周，所得旋转体的侧面积等于此曲线的重心绕同一轴旋转所产生的圆周长乘以该曲线的弧长；平面图形绕与其不相交的轴(可以是它的边界)旋转一周，所得旋转体的体积等于此图形的重心绕同一轴旋转所产生的圆周长乘以该图形的面积。

还有一些不可思议的例子。如，分形雪花曲线围成的面积有限，其周长却是无穷大；“托里拆利小号”($y=\frac{1}{x}$，$x>0$)绕 x 轴形成的几何体，体积有限，而面积却是无穷大。

排列组合的加法原理和乘法原理也能用周长—面积来解释。“做一件事”可从“长”“宽”两个维度着手，加法原理是说从“长”或“宽”中任取一种方案即可完成，故所有的完成方法数是矩形的半周长，乘法原理是说要同时从“长”和“宽 ”各取一种方案才能完成，故所有的完成方法数是矩形的面积。

周长—面积、面积—体积之间的关系的确是一个值得研究的好问题。从周长—面积之间的关系导入基本不等式，着眼于学生的长远发展，更具有教育价值。

四、精致训练系统的构造

学生不是听会的，很大程度上是练会的。这就需要配备一些精心设计的有层次的训练支持教学方式的选择。现在有众多的习题支持基于结果理解的教学导入，缺乏的是支持基于过程理解的情境问题导入的精致训练题。

证明：在等底等周的所有三角形之中，等腰三角形的面积最大。

证明：若等底的三个等腰三角形的腰构成等差数列，则以中项为腰的等腰三角形的面积大于另两个等腰三角形面积的算术平均值。

若腰为中项的等腰三角形的顶角为直角，并将等腰三角形拼成正方形，其余两个等腰三角形拼成筝形，试比较它们的面积大小。

试用多种方法证明周长相等的矩形和正方形，以正方形的面积为最大。

证明：在所有等周正多边形中，边数最大的多边形面积最大。

“容股容方”是我国古代的优秀文化遗产。在直角边分别为 a、b 的直角三角形中，内接一个正方形，并求其边；何时内接矩形的面积最大？并分别比较此时内接矩形、正方形的周长和面积的大小。

五、教材研究范式应转变

行为主义学习理论、变式教学理论、理性思维的认知调控理论、情境认知理论都指出，数学知识要不断涵化、不断运用，才能为学习者所掌握。提倡某种教学理论或方法，却不提供理论运用的实例及各种教学资源，教师很难会在课堂上运用。为教师提供足够的资源，是相当重要的。基于知识结果理解的引入或教学之所以能流行，原因之一在于有很多研究考试命题、解题的人员，考试中心的、教研室的、民间的，提供了大量的教学资料，教师只要稍加整理就可以在课堂上运用，而且效果还不错。而基于过程探究的引入或教学之所以难以开展，不能怪教师理念不先进，而是相关的配套服务措施或资源跟不上，有的教师心有余而力不足，不具备开展真正的以问题为导向的研究性学习。根据我们的研究，三维课程目标和学科核心素养并不矛盾，两者是一般与特殊，面上与具体点的关系。作为理论研究者，教师教育研究者应做好服务工作。

数学史是一座丰富的宝藏，HPM(数学史与数学教育)应更有为，应从数学史中挖掘出更多的研究性教学资源，以供教学之用，为教学理念的实施提供技术上的支持或指导，引导教师学会从研究的视角研读教材。

另外，无论哪种导入或引入法，其前提条件是学生愿意学，因此教师要抓住学生的心理，然后科学地引导他们，做到教育和科学相统一。

第六节 概念教学中的正反相承法

“正”与“反”是相对而言的，没有“正”，也就没有“反”，反之亦然。“正”与“反”之间充满了辩证法。正反相承法是一种文学手法，通过鲜明的对比造成强烈反差，给人留下深刻的印象。如“人面不知何处去，桃花依旧笑春风”“唯有门前镜湖水，春风不改旧时波”“多情只有春庭月，犹为离人照落花”，皆是通过正反对比，于物是人非中抒发人情哲理。数学教学有艺术性的追求，也可以使用这种手法。概念由内涵和外延两部分组成。概念教学的难点在于外延的精准限定，内涵的有效刻画。有些概念内涵丰富，牵涉面广，在教学中很难做到一步到位。概念的内涵与外延之间是一种辩证关系，存在着一定的张力。采用“反面说外延”，也就是通过从一些易混淆、似是而非的实例的鲜明对比中快速界定研究对象，然后集中精力“正面说内涵”可突破概念教学的瓶颈。

一、数学概念教学的操作性方法

1. 在对比中“反面说外延”

数学概念建立的过程，在某种程度上，是确定数学研究对象的过程。数学研究对象的确定并不是一件容易的事。研究对象中承载着需要研究的一些基本性质。如对称性是图形的一种基本属性，那么这种性质在图像中有没有体现，是如何体现的？这正是奇函数、偶函数这一概念何以产生的自然追问。对美的追求是人的天性。在引入奇函数、偶函数的过程中，可以先从形入手，设计一些对称性的图像，以及一些非对称性的图像，让学生挑选最具有美感的图像，而这种最具美感的图像正是奇、偶函数的图像。遵循爱美天性，听从内心的召唤，从复杂的表象中选出最具有对称性的研究图像。对图像的对称性该如何研究？这里可以引入代数方法，利用函数方程进行刻画。可见人们对对称性的认识是逐步深入的。

“反面说外延”是利用了对概念外延进行二分的划分法。图像可分为对称的和非对称的，对称的还可细分为中心对称和轴对称。二分法是一种认识事物的归纳式的思维方法，有助于我们快速聚焦具有特殊属性的事物。这种认识方法在几何的教学中也得到了充分的应用。如在平面内，两条直线的位置关系可分为相交与不相交，不相交就是平行，平行具有很多很好的性质，故研究平面几何时，首先研究两线平行的概念及相关性质；垂直是特殊的相交，故要先研究垂直，再研究一般的相交。这里面富含认识论的一般方法，一般性寓于特殊性之中，故要先把特殊性吃透，然后用特殊性驾驭一般性。

“反面说外延”采用排除法，做减法，具有强烈的价值取向。如果不从反面着手，不排除一些杂乱的现象，研究对象始终无法确定，对象的性质也无法深入地进行研究。可见，研究或教学都带有强烈的目的性，而这种目的性不一定是一种功利性的目的，或是一种对简单、对美的追求。这正是数学课程标准中所说的数学的美学价值。

2. 在深化中“正面说内涵”

从概念的外延着手，只是说明哪些事物是我们所要研究的对象，至于它们为何是我们所指的研究对象，还需要从表象逐渐过渡到抽象。

内涵的揭示需要逐步地深入，用合理的定义来刻画。以偶函数为例，常以二次函数为载体来揭示定义的合理性。通过对称取点的一一对应方式，使自变量和其相反数对应，再计算相应因变量的值。通过这种操作性计算，学生很快就能明白，定义域首先必须要是对称的。然后，这种逐一验算的方法虽具有合理性，却不具有可行性，不符合算法的有限性原则。故要从有限上升到无限，如果函数在任意一对相反自变量处具有相同的函数值，这才是偶函数，这是偶函数定义中至为关键的一环，如何从有限跨越到无限，用“任意”来表征，这是偶函数概念教学的难点和关键点。在学生的认知结构中，还没有出现过这种认知方法。初中对无穷的认知处于感受、初步认同阶段，还没有上升到量化认识水平。采用计算思维的方法，先一个一个地，算得三五组，就会发觉“这不是个事”，没完没了了。逼迫我们的认识方式发生变化。这里的每一组都是“实”的，仅能代表其自身，不能发生变化，不能走向远方。“实”的数没有体现代数之“代”，故要化实为虚，赋予其新的内涵，既能代表特殊，更能代表一般。这正是字母表示数的精髓。自变量自己在不断变化，变动不居，故能用有限的形式来表达无穷的韵味。计算思维与逻辑演绎思维在这里交相辉映，共同谱写理性精神的伟大魅力。

内涵的揭示是一个矛盾与冲突并存的过程，是一个创新的过程，也是一个落实教学目标的过程。如果只是让学生记住偶函数的定义，大搞概念的定义教学中的“一个定义，几个注意”，不经历概念的生成、定义方式的选择过程中的种种冲突，不和有灵性的概念进行互动交流，而代之以各种所谓有针对性的训练，诚然学生能取得一定的分数，却使学生没有经历经典内容中所蕴含的教育价值的熏陶：如何从有限走到无限，如何用有限刻画无限，如何给概念下定义，如何揭示对称中的守恒量。如果让学生记住了偶函数的定义，可能仅仅是落实了知识目标，知识目标是结果性的，容易考查；而过程性的方法目标，不用创新性题型难考查，这种做数学的思想方法是数学的基本活动经验，是从事数学研究必备的素养，更是数学教育的价值所在。

二、数学概念教学方法的熟练化

1. 新与旧的正反相承

教师专业发展的最终目的是使学生学得更好、更轻松。前面采用“反面说外延”的方式锁定研究对象偶函数、奇函数，教师采用导引式的方法诱导偶函数的定义之后，学生可能对这种定义方式还不太熟练。从思想走向技能化的操作，还需要经历类似的活动经验的磨砺。对奇函数的教学，完全可以设计成学习单的形式，让学生经历计算—困惑—类比—化新为旧—给出定义这个过程，把奇函数概念的学习化成对偶函数概念学习的复习和深化。这样一节课中启发式教学与探究性学习各有存在的空间，学习方式不至于单调。奇函数与偶函数本身就是一组对偶概念，根据它们在学生认知结构中的熟悉程度，以旧促新、新旧正反相承，体现了教学的经济性与简约性。这种新旧正反相承的手法比比皆是，如底数大于1的指数函数与底数大于0而小于1的指数函数、底数大于1的对数函数与底数大于0而小于1的对数函数，均可用此法进行教学。教师精心设计，减去冗余的认知负荷，用同样的手法反复精致学生的思维方式，故“双减”的有效途径在课堂教学上。

新与旧之间存在辩证观念，哪种材料作为新、哪种材料作为旧，可根据学情适当地编排。有的教材先讲奇函数，有的教材先讲偶函数，从学生接受情况来看，效果都差不多。

2. 训练与研习的正反相承

训练是概念在头脑中落地生根的重要环节。中小学教学中有大量的训练题，然而学到一定阶段之后，有的教材中根本没有习题了。训练题和研习之间的关系不应是绝对的。针对奇、偶函数概念的外延与内涵，可以设计如下的题组。题组一：我们知道两个奇数之和为偶数，两个偶数之和为偶数。奇函数、偶函数中的"奇""偶"各是什么意义？这是引导学生进行思考的问题，还不能使学生进行操作性训练。稍稍变化一下，就能生成一些带有训练性质的研习试题。如试证明：两个奇函数之和为奇函数，其积为偶函数；两个偶函数之和为偶函数，其积为偶函数；奇函数与偶函数之和为非奇非偶函数，其积为奇函数。题组二：偶函数的定义是互为相反数的两个自变量的函数之差为0，即 $f(x)-f(-x)=0$，奇函数的定义是互为相反数的两个自变量的函数之和为0，即 $f(x)+f(-x)=0$。由此，开发一些带有研习性质的训练题：①类比数的加、减、乘、除四则运算，$\frac{f(x)}{f(-x)}$为何值时，函数是奇函数、偶函数？$f(x)\cdot f(-x)$为何值时，函数是奇函数、偶函数？②具有性质 $f(x)-f(-x)=2a$（a 为常数），$f(x)+f(-x)=2a$（a 为常数）的函数是哪种函数？③对称性是事物本身的一种性质，不依坐标系的选取而定，但奇函数、偶函数的定义条件太强了，若函数关于某个特定的点、特定的直线对称，这种性质该如何用解析式表达出来？这些设计看起来不像题目，但可稍加改编成题目，如人教A版数学教材中的习题：函数 $y=f(x)$ 的图像关于点 $P(a, b)$ 成中心对称图形的充要条件是 $y=f(x+a)-b$ 为奇函数。类似地，函数 $y=f(x)$ 的图像关于 $x=a$ 对称的充要条件是 $y=f(x+a)$ 是偶函数。通过这样研习性训练，几何上的平移与函数自变量的增减之间关系得到了很好揭示，学生素养得到了真正的发展，应对区区几道试题根本不在话下。

在"双减"背景下，高质量的作业设计是化原理为技能，使学生快速掌握教材内容的必要保障。作业设计是一项技术性很强的活，以前对此重视不够。只重视课堂教学设计的精心设计，而在作业设计环节用力不够的话，不仅是没有发挥作业设计的评价功能，也是导致学生听得懂课，却不会做习题的重要原因之一。因此，教师加强作业设计的技术性训练，是教师专业发展的一个方向。如，为何要引入奇函数、偶函数，难道仅仅是爱美之心的表现？还有没有更深层次的原因？设计作业题：定义在实数域上的任意一个函数，都可以表现成一个奇函数与一个偶函数之和。至此，引入奇函数、偶函数的意图就昭然若揭了。在函数空间中，奇函数、偶函数是最基本的函数，用它们进行复合、叠加可以生成一般的函数，从而达到以简驭繁的目的。我们不能不惊叹数学家思维之精致，数学的学习过程是使人从粗疏走向精密的过程。

三、数学概念教学的理论思考

理论可通达具体的操作技术，术非学而不精。具体的经验性技术，是可以通过时间积累经验而成的，理论修养则需要大量的主动积累和环境的熏陶逐渐养成。基于概念自身特点的正反相承法具有操作性强的特点，数学概念学习的 APOS 理论也具有很强的操作性。这两者之间有一些相通处。APOS 理论的第一个步骤是活动，活动是要动手操作的。在上面的例子，活动在“反面说外延”中得到了充分的体现，辨析选择具有美感的图像，快速筛选研究对象。APOS 理论的第二步是过程。过程在“正面说内涵”中得到了充分的揭示。矛盾冲突的产生，矛盾分析的技术路线的确立，解决矛盾的方案实施，这就是过程，具体化为“正面说内涵”。APOS 理论的第三步是把认识过程凝聚压缩成一个对象。在这里是要把奇函数、偶函数当作一个已经解构了的对象来认识，把其当作一个“理所当然”的对象来看待，当作随心所欲的对象来操作。这是从原理走向技能的过程。这个过程的完成，需要配置典型的例题、习题，反反复复地从基本概念出发，而不是追求各种“妙手”，应把“本手”练得炉火纯青。APOS 理论的第四步是形成图式。图式的形成并非在一堂课就能形成，而需要一个过程。具体的做法是留有认知接口，适时地把相关联的知识镶嵌进来，形成一个相对完整的认知结构。在系列课中，可以设计一些导向性的思考题：如，一个函数关于两个点对称，这个函数有什么特性？一个函数关于两条直线对称，这个函数有什么特性？一个函数既关于点对称，又关于直线对称，这个函数有什么特性？这样就从奇偶性走向了周期性，共同完成了对称性的认识。又如，奇函数和偶函数能否互变？这就要求教师要有整体观，不在一节课中“一竿子插到底”，而是不时存疑，时时留下伏笔，到时自然水到渠成。

APOS 理论较之概念的形成理论更具操作性，上面的做法则指出这种理论可以化为具体的“术”。

概念教学中还涉及概念的运用与落实。变式训练是一种精致的训练方式。ACT-R 理论认为人们需要把陈述性知识转化为产生式的程序性动作技能，以认识世界。这里的陈述性知识并非是指一些硬记下来的条文，而是经过深刻理解之后的被大脑认为“理所当然”的知识，是个体十分熟练的知识，并条理井然地存储在个体的认知结构之中。这种内化了的知识要转化为产生式的程序性知识，并不是非常容易的，需要精致练习。只有经过精致练习，才能化“内功”为“外功”。这就需要我们精心设计作业，并在这方面下一定的功夫。这也需要教师不但做好课例研究，也要做好题例研究。

第七节　学习迁移理论在课堂教学中的应用

迁移是教育心理学的一个概念，是一种学习对另一种学习的作用，学习迁移的实质是原有知识在新的学习情境中的应用。两种学习之间的作用有的是积极的，有的是消极的。凡一种学习对另一种学习起促进作用，就称为正迁移，如方程的学习有助于不等式的学习；凡一种学习对另一种学习起干扰或抑制作用，就称为负作用，如日常生活中的垂直概念对几何中的垂直概念往往会产生负迁移。从数学教育的目的看，应该追求的是正迁移，即通过“举一反三”“触类旁通”的学习方式使学生达到“闻一知十”的境界，塑造学生良好的认知结构，进而达到“教，是为了不教”的境界。

一、迁移的心理实质

迁移理论是学习理论的继续。人们对迁移现象从不同角度给出了不同的解释。一切有意义的学习都包括迁移，学生的认知结构是有意义学习的最关键因素。认知结构是一种推动人的认知活动的工具，两种学习间的相互作用是通过认知结构来完成的。如果学生的认知结构中具有较高抽象、概括水平的观念，是有利于迁移的；如果两类学习中存在共同点，也是有利于迁移的；如果学生有主动迁移学习的心向，也是有利于迁移的。

形式训练说的观点认为，必须经过若干心理功能的专门训练以提高注意力、记忆力、推理能力、想象力等各种能力，使之在不同的学习中认出形式上相似的东西而实现迁移。大多数人认为数学是思维的体操，在数学教学中，教师往往强调各种方法、技能、思想的学习，并认为让学生学会观察、实验、比较、分析、综合、抽象、概括，比记住一些具体知识更有益，其源由可追溯至此。其实知识与能力具有同等重要的价值，无知者无能，我们不能轻视知识的学习。相同要素说是在批判官能心理学的基础上发展起来的。这种学说认为，两类学习中的共同要素或共同的成分情境能触发迁移。如，学生如果能发现解方程 $x^2-3x+2=0$ 和解不等式 $x^2-3x+2>0$ 中的"共同因素"是分解因式 $x^2-3x+2=(x-1)(x-2)$，那么解方程 $x^2-3x+2=0$ 的某些学习经验就能迁移到解不等式 $x^2-3x+2>0$ 的学习活动中。这种做法有点机械，没有突出数学思维的特点。为什么在解方程、解不等式时要分解因式？上述做法并没有回答。学生往往只是照猫画虎，依葫芦画瓢。这个观点是伴随着行为主义的观点而来的，用现在的眼光看，它比较注重知识层面，并且局限于具体的知识点就事论事，其解释比较狭窄。在教学中，更多的是要求学生在各种变式中辨别事物的本质。概括说(类化说)认为，产生迁移的关键是学习者能否在两种学习活动中概括出它们之间的共同原理，当学生能把两类学习活动中的基础原理识别并提炼出来时，才能实现迁移。如，学生在学习解二元一次方程组时，获得了"消元"这一解二元一次方程组的一般原理，紧接着在学解三元一次方程组时，如果学生能把"消元"和解三元一次方程组联系起来，那么就能把解二元一次方程组的一般原理(消元)迁移到解三元一次方程组中去。华罗庚先生在学习解方程时，也有类似的经历。教材往往强调通性通法的教学，因为通性通法的包摄性强，概括性强，易于迁移。如，湘版教材指出直线方程的一次项系数是直线的法向量坐标。有了法向量，就能从方向上把握直线，有关直线的问题就易于解决。类似的想法迁移到平面，用平面的法向量把握平面，就把二维平面的问题化归为一维直线的问题。现在流行的用法向量处理立体问题的做法就基于此。格式塔心理学认为迁移不是由于两个学习情境具有共同成分、原理或规则而自动产生的，而是由于学习者突然发现两个学习经验之间存在关系的结果。人迁移的是顿悟，即两个情境突然被联系起来的意识。关系转换说强调个体的作用，认为学习者必须发现两个事件之间的关系，迁移才能产生。学习定势是用来解释顿悟现象的一个概念。学习情境的多样化决定了我们的基本人格特征，并在使某些人变得会思考的过程中起重要作用。这些情境是以同样的形式多次重复出现的，不应以单一的学习结果，而应以多变但类似的学习课题的影响所产生的变化来理解学习。基于此，采用多样化的变式训练给学生提供丰富的多刺激的学习情境是非常有必要的，有助于形成学习定势。因为学习定势既反映在解决一类问题或学习一类课题时的一般方法的改进(学会学习)上，也反映在从事某种活动的暂时准备状态(准备动作效应或预热效应)中。学习定势的这两个方面都影响作业的变化。

这些学说之所以对立的主要原因是传统学习理论缺乏学习分类的思想，把机械学习与有意义学习相混淆，把知识学习与技能学习相混淆。在技能学习领域，把智慧技能与动作技能相混淆。当代著名的学习理论有奥苏贝尔的有意义言语学习论、信息加工心理学的产生式理论和新近发展起来的认知策略理论(包括反省理论和认知理论)，这些学习理论都各自对迁移进行过解释。

奥苏贝尔认为，无论在接受学习还是在解决问题中，凡有已形成的认知结构影响新的认知功能的地方，就存在着迁移。原有知识的可利用性是影响新的学习和迁移的最重要的因素，也是最重要的认知结构变量。当学习新知识时，如果在学生原有知识结构中能找到适当的可以用于同化新知识的原有知识(包括概念、命题或具体例子等)，那么该学生的认知结构就具有原有知识的可利用性。反之，当学习新知识时，如果在学生原有知识结构中找不到用于同化新知识的原有知识，那么该学生的认知结构就缺乏原有知识的可利用性。上位的、包容范围大和概括程度高的原有观念可以充当先行组织者。如果认知结构中缺乏这样的上位观念，教师就可以从外部给学生的认知结构中嵌入一个这样的观念，使之起吸收与同化新知识的作用。如，在掌握分数概念之后学习百分数，分数概念是上位的，起组织作用；百分数概念是下位的，有了上位分数概念的支持，学习起来更容易。原有知识越巩固，越易促进新的学习。注意到新旧知识的异同点、可辨别性，是利用旧知识同化新知识的前提条件之一。

加涅的智慧层次论把智慧技能分成：辨别、具体概念、定义性概念、规则和高级规则。经过一定的练习，使结论和原理以产生式的形式表征，而不是以陈述性的形式表征，那么原先的结论和原理就转化为人们的办事规则。当规则支配人的行动时，规则就转化为做事的技能。判断学习成效的依据之一就是看习得的知识能否转化为学生灵活运用，转化为学生的办事技能。

产生式迁移理论适用于解释基本技能的迁移，是相同要素说的现代化。其基本思想是，先后两项技能学习产生迁移的原因是这两项技能之间产生式的重叠，重叠越多，迁移量越大。产生式这个术语来自计算机科学，产生式就是所谓的条件—行动规则。比如，解方程的学习经验与解不等式的学习经验有很多相通的地方，解方程的学习就有助于解不等式的学习。认知策略在本质上是一种特殊的程序性知识。认知策略迁移理论认为学习者的自我评价是影响策略迁移的一个重要因素。这也就是俗话说的“知人者智，自知者明”“人贵有自知之明”，能够对自己认知结构的整体性、转换性和自我调节功能有一个恰如其分的认识。建构合理、有序、不断发展的具有调控作用的认知结构有利于迁移。

由上分析可知，实施正迁移有两个关键因素：①两种学习有类似性。相同要素说和产生式迁移理论着眼于知识的心理表征方面；有意义言语学习的迁移理论触及知识的灵魂——原理、思想和方法。“万变不离其宗”中的“宗”指的就是易于迁移的具有概括性质的思想和方法。②学生的数学素养，学生的迁移心向。形式训练说旨在通过提高学生的能力而实现自动迁移。着眼于提高学生的能力是其可取之处。学生在学习活动中不断感悟，反复体味，会形成一定的学习定势，机缘巧合时，就会产生顿悟，产生远距离的迁移。

二、迁移理论在数学教学中的应用

为了提高教学效率，使学生学会学习，应有意识地在教学中运用迁移。

1. 合理组织教学活动，加强新旧知识的联系

数学是逻辑性很强的学科，公理化思想的教学应用把数学知识编织成一环扣一环的逻辑链条。这既为加强新旧知识的联系奠定了基础，又为加强新旧知识的联系(共同要素)提出了要求。有经验的教师在上新课之前先复习一下有关的旧课，然后通过类比等方式实施迁移，自然地引入新课，达到温故知新的目的。如学习了等差数列，再学习等比数列，完全可用类比的方式实施迁移，教师的“讲”只要讲在关键处即可。这样就遵循了循序渐进的原则，先前的学习可是后继学习的准备，后继学习是先前学习的自然延伸。当我们学习了新知识之后，还可以用新知识来阐释旧知识，以新带旧，如从高等数学观点看初等数学就是此法的应用。除此之外，还应探究旧知识的生长点，从旧知中生成新知。如从基本不等式一直讲到柯西不等式、杨氏不等式、赫尔德不等式等。

新与旧是辩证的。把习新当成温故，学习即复习，就能在课堂教学中实施减负增效。

2. 牢固掌握具有包摄性的数学方法和思想

学习迁移效果受知识经验概括水平的制约是实施迁移的一个基本规律。如果学生的认识结构中的已有知识经验概括水平高，那么就容易把新知识纳入原认知结构中，学习迁移就进行得比较顺利。学生的认识结构由知识结构转化而来。数学思想方法寓于数学知识之中，由数学知识化实为虚而成，具有很强的概括性、包容性，是数学知识的精髓。因此在教学中，要重视数学思想方法的教学，从而使之内化为学生头脑中的观念。如，初等代数中最基本的思想、最重要的本质就是数的运算律(交换律、结合律、分配律等)。学生掌握了运算律，就能顺利迁移到解方程等内容的学习中；一大套三角诱导，如果能从中提炼出“数学的用以简化问题的等价变换”这一思想原理，就会对全体公式及其关系和方法有了实质性的深入认识。教师应以具体知识为载体反复渗透数学思想方法的学习，着眼于提高学生能力，真正达到“领会基本原理和观念”，通向迁移的大道。如，初等数论不过是在整数环上解方程，图论研究的是二元关系，形数结合，形中有数，图可解析。

在学习思路上取得突破了，学习的过程将是不断体会，不断涵泳的过程。

3. 自“顶”而下，逐层分解不断分化式地呈现教学内容

认知心理学认为，人们在接触一个完全不熟悉的知识领域时，从已知的较一般的整体中分化出细节，要比从已知的细节中概括整体容易些。人对知识的认识是从整体到细节，而不是相反。认知心理学还认为，人们关于某一学科的知识在头脑中组成一个有层次的结构，最具有包容性的观念处于这个层次结构的顶点，它下面是包容范围越来越小和越来越分化的命题、概念和具体知识。这是知识在头脑中的组织形式。教材的呈现也应遵循由整体到细节的顺序，要充分发挥先行组织者的作用，使之为后续内容的具体展开提供一些起固定作用的概念，以利于领会和保持。如在解析几何的序言课中，学生要深刻领会解析几何的实质是用代数的方法研究几何，那么在后续的学习中，学生将注意到离心率可以用来刻画圆锥曲线，那么，类似地，斜率能否用来刻画圆锥曲线呢？由此出发，学生可以获得一些深刻的见解。同样地，在三角函数的学习中，教师若能教给学生三角公式其实是圆的性质的解析表达，学生如果能在具体的学习中用具体的公式来验证这个观念，必将加强对三角函数的理解。

 学习是在一般观念的指引下，认识不断深入的过程，是把面上的认识逐渐深入到点上的过程。

4. 加强横向联系，实现融会贯通

在教学中还应引导学生加强观念、原理、课题乃至章节之间的联系。如果学生不知道许多表面上不同的术语实际上代表本质上相同的东西，就会造成认识上的许多混淆。如，三角函数的平移变换其实就是刚体的平移，用不着"左加右减，上加下减"之类的口诀；又如，比例的合比性质$\frac{a}{b}=\frac{c}{d}=\frac{a+c}{b+d}$，其实是说，两杯一样甜的糖水混合之后，还是一样甜，那么此公式就显得十分亲切了。$\frac{a-m}{b-m}<\frac{a}{b}<\frac{a+m}{b+m}$揭示的浓度与溶质增减之间的关系，十分形象直观。加强知识间的横向联系，使知识能彼此阐释，使人有豁然开朗、茅塞顿开之感。

数学知识是形式的，只有注入实质性内容，才更有内涵，也更有助于理解和运用。

5. 加强变式练习，使静态表征的知识以产生式的方式表征

技能之间产生迁移的本质是共同的产生式而不是它们的表面相似，变式是适合规则的情境的变化。变式练习不是简单的重复练习，不适合智慧技能学习，更不适合认知策略学习。变式练习及变式教学是我国本土教育经验的归结，不仅是适用于概念课、命题课和习题课教学的一种技术手段，更应看作一种促进学生学会解决问题，运用知识的一种教学理念。

变式练习对数学学习具有重要意义。数学是形式化的，可以在形式上万千变化，但万变不离其宗。数学形式不同，力量也不同，通过形式而看到数学的内核，这是变式的目的所在。

6. 发展自我意识，学会反省认知

学会使用高级规则和认知策略等具有高度概括性和模糊性的程序性知识，需要学习者的自我意识发展到一定的水平，能够反省认知，学会监控自己的学习，能够评估采用不同认知策略所带来的不同效益，而不是把学习成绩的优劣简单地归结到自己资质的高低。俗话说"每个人都看不到自己的后颈窝"，能自我反省是很难得的。

反省是取得进步的重要手段。做错了题要反省，取得的成功经验也要反省，看看其中是否有偶然的因素。

与其说是心理学的知识在数学教学中的应用，还不如说是用心理学的观点来阐释数学教学的一些具体的现象。数学工作者喜欢做推广、引申之类的工作，其动作指向是具体数学结论的生成，在这个活动过程中，人的认知结构发生了变化，也就为迁移的产生提供了外界的活动基础。作为教师，不仅应该是技术型的，而且应当是技术理论型的。

第八节　用历史知识引导学生认知

正态分布在概率论中有重要的地位，也是数理统计学得以发展的基础。卡方独立性检验是以正态分布为基础的，二项分布在样本很大时，也可用正态分布来估计，这使得正态分布在高中数学教学中不再孤立。但正态分布涉及微积分、中心极限定理等近现代数学内容，学生认知结构中与其联系紧密的知识经验十分薄弱，这使它成了教学难题。HPM(数学史与数学教育)指出：个体数学理解的过程与数学历史发展过程具有相似性，数学史不仅有助于确定学生的认知障碍，还有助于克服这些障碍。然而，由于社会、文化、环境的变迁，这种数学理解的相似性不可能是绝对的，有相似之处也有不同之处。例如，知识准备的不同直接导致数学理解的不同。应用数学史时，如何处理相似之处与不同之处，重构历史使其适宜学生学习，需以 PME(数学教育心理)的观点重新审视历史。PME 要求关注学生学习心理，通过新旧知识的相互作用，让新知识从学生的已有知识经验中生长出来。HPM 与 PME 的协调即在研究数学内容的同时兼顾学生心理，这有助于解决教学中的难题。文献研究的结果支持“HPM 与 PME 的协调有助于解决概率统计教学难题”的观点。基于此，教师可以回顾正态分布的历史，并从 PME 的视角解读正态分布的历史，从历史中寻找学生认知生长点，进行正态分布教学设计。

回顾 2011 年至今发表在《数学教育学报》上的中学概率统计相关文献，这些文献的研究对象主要包括三类：一类是教材或课程标准；一类是数学内容本身；一类是教师或学生。对教材或课程标准的研究结果表明：概率统计成为独立主线，其内容逐渐增加；教材在学生知识准备不充分的概率统计相关知识的处理上非常生硬，甚至存在一些疏漏，研究者倡导创设真实的问题情境引导课堂教学；教材对一些概率统计的重要概念未做出清晰的定义或解释；此外，一些国内外的对比研究结果表明我国概率统计内容广而不深。一些研究者研究数学内容本身，力图揭示概念的数学本质以服务教学。如从公理化定义入手，但从教学视角通俗地解读条件概率；借鉴历史，在尊重历史的基础上改进教学。聚焦教师或学生的研究结果表明：一些教师对概率统计相关知识的理解不足；不论职前教师还是在职教师，对学生的概率统计水平的评估都不准确；学生概率统计内容认知的潜能与局限并存，教学应呵护学生的概率直觉。

以上研究揭示了中学概率统计教学中存在的问题及改进的方向。尽管概率统计进入中学的必要性已被普遍认可，但教材编排、教师理解相关知识、教师理解学生方面均存在问题。改进教学需要教师辨析教材合理性，在理解数学、理解学生的基础上开展教学活动。理解数学要求教师提高个人素养，厘清数学知识的来龙去脉，明晰数学知识体系。对数学史的研究有助于教师理解数学。理解学生要求教师准确把握学生认知水平，开展符合学生认知特点、适应学生认知水平的活动。HPM 与 PME 的协同在研究数学内容的同时兼顾学生心理，有助于教师解决教学难题。

一、正态分布的历史回顾

1. 正态分布的发现

正态分布的发现源于棣莫弗(Abraham De Moivre)的二项概率逼近工作。1721 年，一个叫亚历山大·喀明的人向棣莫弗提出一个问题：A、B 两人在甲家赌博，每局 A 获胜的概率为 p，B 获胜的概率为 $q=1-p$，赌 N 局，记 X 为 A 获胜局数，约定：若 $X \geqslant Np$，则 A 付给甲 $X-Np$ 元；若 $X<Np$，则 B 付给甲 $Np-X$ 元，问甲所得期望是多少？这是一个二项分布问题，棣莫弗给出 Np 为整数时的结果为 $2NpC_N^{Np}p^{Np}(1-p)^{N-Np}$。但在 N 较大时，要计算出数值结果不是件容易的事，因此棣莫弗开始寻找便于计算的近似公式。在这一工作的基础上，棣莫弗又尝试寻找 $P_d=P(|X-Np|\leqslant d)$ 的近似公式，其中 $X \sim B(N,p)$。记 $C_N^i p^i(1-p)^{N-i}=b(N,p,i)$，对 $p=\dfrac{1}{2}$ 的情形，棣莫弗考虑 $N=2m$ 时的中间项 $b(2m,\dfrac{1}{2},m)$ 与任一项 $b(2m,\dfrac{1}{2},m+i)$，简记为 $b(m)$ 与 $b(m+i)$，$i=0,\pm1,\cdots\pm m$。利用斯特林公式得到 $b(m)=\dfrac{(2m)!}{m!\ (2m-m)!}\left(\dfrac{1}{2}\right)^{2m}\approx\dfrac{\sqrt{2\pi\cdot 2m}\left(\dfrac{2m}{\mathrm{e}}\right)^{2m}}{\left[\sqrt{2\pi\cdot m}\left(\dfrac{m}{\mathrm{e}}\right)^{m}\right]^2}\left(\dfrac{1}{2}\right)^{2m}$

$=\sqrt{\dfrac{2}{\pi N}}$，进一步，当 N 足够大时，由 $\dfrac{b(m+i)}{b(m)} \rightarrow \mathrm{e}^{-\frac{2i^2}{N}}$ 导出 $b(m+i) \rightarrow \sqrt{\dfrac{2}{\pi N}}\mathrm{e}^{-\frac{2i^2}{N}}$，用定积分代替求和即得 $P_d = \sum\limits_{|m-i|\leqslant d} b(i) \approx \dfrac{1}{\sqrt{2\pi}}\int_{2c_1}^{2c_2} \mathrm{e}^{-\frac{x^2}{2}}dx$，其中 $-\infty < c_1 < c_2 < +\infty$，这是正态密度函数首次被刻画出来。但此时它只是作为一个数学函数而存在，并没有作为刻画随机现象的概率分布。

2. 正态分布的再生

天文学是一门对精确测量要求严格的科学，面临着多次重复观测得到的数据如何转换成单一数据的问题。天文学家们有时取平均数，有时取中位数，有时将数据分组后求各组平均数的中位数。求平均数与中位数的争议持续了很长一段时间，越来越多的操作经验指向平均数在减少数据误差方面有优势，为验证取平均数的合理性，他们开始探寻测量误差的分布。伽利略在《关于托勒密和哥白尼两大主要世界体系的对话》中指出：①所有的观测结果都存在误差；②观测值关于真值是对称分布的：误差是在 0 附近对称分布的；③小错误比大错误更容易发生。在此基础上，辛普森在误差满足特定分布的前提下，计算平均误差的分布，从而证明相比单次测量的误差 e_i，n 次测量的平均误差 $\bar{\mathrm{e}} = \dfrac{\sum\limits_{i=1}^{n}\mathrm{e}_i}{n}$ 取小值的可能性更大。他对如图 4.8.1 所示的误差曲线，证明了 $P(|\bar{\mathrm{e}}| \leqslant k) \geqslant P(|\mathrm{e}_i| \leqslant k)$，$k > 0$。沿着辛普森的想法，拉格朗日考查了其他一些离散情况和个别连续情况。与辛普森及拉格朗日的途径不同，拉普拉斯不是先假定一种误差分布然后设法证明平均值的优良性，而是直接涉及误差论的基本问题，即应取怎样的分布为误

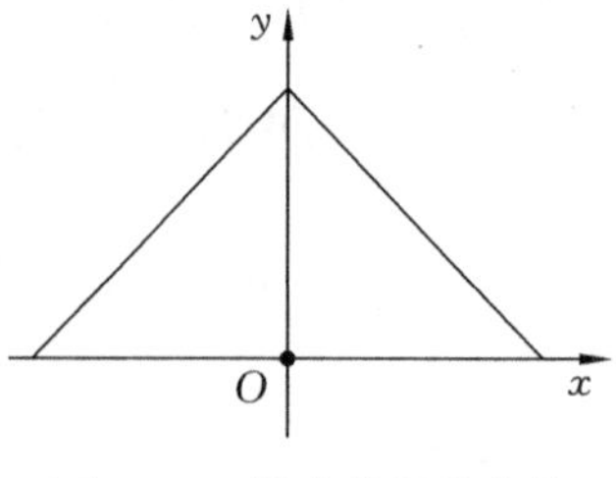

图 4.8.1　假定的误差曲线

差分布，以及在确定误差分布后如何根据未知量 θ 的多次测量结果估计 θ。他假定误差密度 f 关于0对称，即 $f(-x)=f(x)$；且 $f(x)$ 在 $x\geqslant 0$ 时单调递减，$-f'(x)$ 与 $f(x)$ 在递减时保持恒定比例，即 $-f'(x)=mf(x)$，$x>0$，$m>0$ 为常数。由此导出如图 4.8.2(1) 所示误差密度曲线 $f(x)=\frac{m}{2}e^{-m|x|}$，$-\infty<x<+\infty$。三年后，他又提出了如图 4.8.2(2) 所示的另一条误差曲线 $f(x)=(2a)^{-1}\log\left(\frac{a}{|x|}\right)$，$|x|\leqslant a$，$a>0$，其中 a 为所有可能误差的上确界。然而这条曲线在 $x=0$ 处的奇异性使其离目标更远了。丹尼尔·伯努利认为误差曲线应该有一个有限的区域，且在最大点处的切线是水平的，在区域边界附近的切线几乎是垂直的。他建议将半椭圆作为这样一条曲线，后来，他用一个半圆来代替，如图 4.8.3。最后登场的是高斯，他在推导误差分布时提出了两个创新想法。设真值为 θ，x_1，…，x_n 为 n 次独立测量值，高斯把 n 次测量值的联合概率取为 $L(\theta; X_1, \cdots, X_n)=f(X_1-\theta)\cdots f(X_n-\theta)$，其中 f 为待定的误差密度函数。与拉普拉斯不同

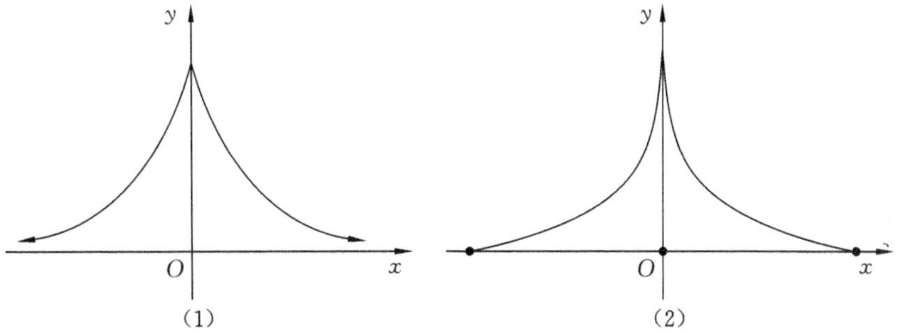

图 4.8.2 假定的误差曲线

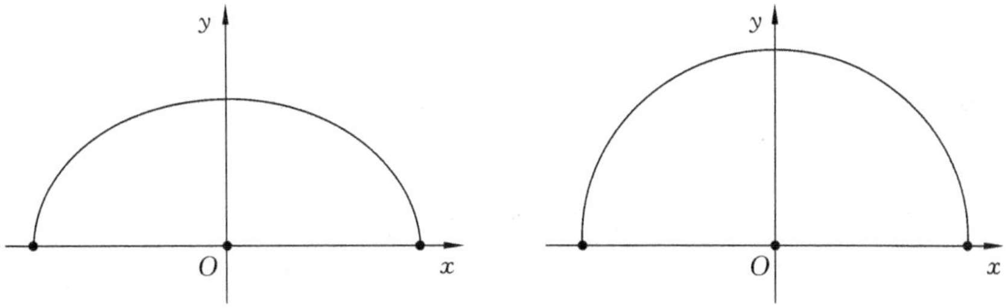

图 4.8.3 假定的误差曲线

的是，高斯取 θ 的极大似然估计 $\hat{\theta}$，然后寻找误差密度函数 f，使得极大似然估计 $\hat{\theta}$ 正好是算术平均数 $\bar{x}$。高斯解出唯一满足这个性质的概率密度函数就是 $f(x)=\frac{1}{\sqrt{2\pi}h}\mathrm{e}^{-\frac{x^2}{2h^2}}$，其中 $h>0$ 为常数，曲线如图 4.8.4 所示。但高斯从算术平均是优良的导出误差服从正态分布，反过来又由误差服从正态分布导出算术平均的优良性，在逻辑上存在循环论证之嫌。拉普拉斯将误差的正态分布理论与他的中心极限定理联系起来，指出如果误差可以看成许多量(元误差) 的叠加，则根据中心极限定理，误差理应服从正态分布。这给了误差的正态理论一个更自然合理的解释。

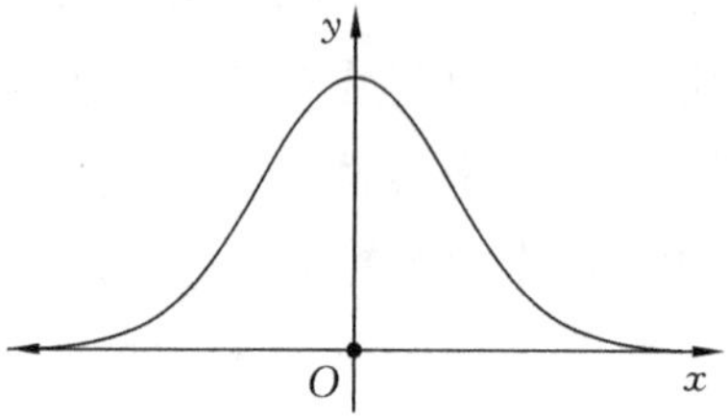

图 4.8.4　假定的误差曲线

3. 正态分布的推广

尽管正态分布在误差分析中确立了自己的地位，但它作为其他统计数据的分布模型却历经周折才实现。在 19 世纪，人们认为观测数据与统计数据的共同之处在于它们都群集在一个平均值周围，不同之处在于观测数据的平均数是真实存在的，而统计数据的平均数是虚幻的，在数据处理上不可一概而论，并将误差论与统计学视为两个不相干的领域。当时的社会统计工作者面临的一个问题是如何根据数据本身判断其同质性。魁特奈特是第一个把测量误差分布规律推广到其他数据的，他提出把一批数据是否能很好地拟合一个正态分布作为该批数据是否同质的一个判断，还发明了一种方法用于将一批数据拟合于某一正态分布。他认为同一物种的一些指标，如人的身高、体重、血压、智力等，如果其中某一指标能用正态曲线很好地拟合，则其他指标也将如此。然而他发现一些异质的数据也能很好地拟合于某一正态分布。高尔顿与魁特奈特一样相信正态曲线是“适用于无数情况”的一般法则，而无处不在的正态分布同样给他带来了困惑：考察亲子两代的身高数据，发现其遵从同一的正态分布。按拉普拉斯的中心极限定理，正态分布成立的条件是大量的且每一个作用较小的因素的共同作用，而遗传是一个显著因素。他设计了高尔顿板实验来解释这一现象。如图 4.8.5，小球碰到钉子后向左或向右落的概率相等，若有 n 排钉子，则各槽内球数服从二项分布 $B\left(n,\ \frac{1}{2}\right)$，当 n 较大时，落到底部的小球轮廓接近正态曲线。在此装置中间 AB 处将小球截住，则小球在该处聚成近似正态曲线的形状。若打开 AB 处的两个阀门，则小球在底部聚成大小不一的两个“小正态曲线”，打开 AB 处的所有阀门，小球在底部聚成的“大正态分布”正是所有“小正态分布”的混合，这里 AB 可看成显著性因素。他提出遗传因素作为一个显著性因素，仍可分解为大量作用微小因素的叠加，不妨碍最终结果的正态性。在魁特奈特和高尔顿的影响下，正态分布才获得了普遍认可和广泛应用。

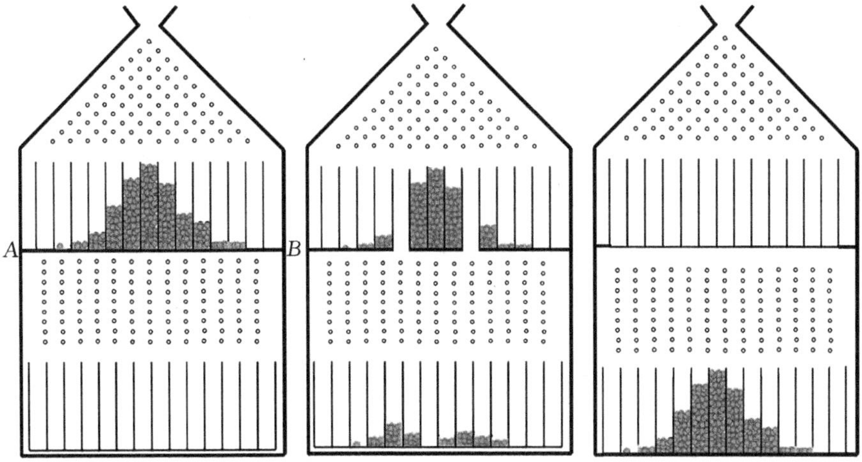

图 4.8.5　高尔顿板

二、PME 视角下的正态分布历史解读

从历史上看，正态分布的导出有两条路径。一是由二项概率逼近导出，二是由测量误差理论导出。PME 要求立足于学生的已有知识经验。二项概率逼近是学生的知识盲区，而测量误差则是学生的认知结构中可供利用的同化新知识的概念。因此，从知识的准备看，从测量误差理论导出正态分布是首选。此外，PME 指出建构新概念时，所利用的认知图式必须是正确的、恰当的。无论从二项概率逼近中得到正态分布，还是从测量误差理论导出正态分布，它们的科学性都是毋庸置疑的。但应该看到，直到高斯提出正态误差的理论后，正态分布才被赋予概率分布的身份，并由测量误差的分布推广到其他数据的分布而引起人们的重视。因此，从知识的生长性

看，将正态分布纳入测量误差的认知图式之中更有利。

从测量误差导出正态曲线的几个关键阶段包括：①对“取平均数减少测量误差”合理性的思考；②对测量误差分布的探寻。PME强调在新旧知识的相互作用中建立起它们之间的联系。在这些阶段中，旧知识是平均数、测量误差、频率分布直方图等，新知识是测量误差的分布，即正态分布。它们之间联系的建立源于对“取平均数减少测量误差”合理性的思考，在测量误差数据的整理中(频率分布直方图)可见正态曲线。为使学生已有知识经验与新知识发生作用，以测量误差分布的探讨为主线进行教学，让学生在对“取平均数减少测量误差”合理性的思考中，逐步建立起平均数、测量误差、频率分布直方图等与正态分布的联系。

高斯的正态误差曲线提出之初，人们还只能从其理论的简化上来评价其优越性。在拉普拉斯将其与中心极限定理联系起来后，指出了一个随机变量如果是大量作用微小的因素的叠加，它就服从或近似服从正态分布。这样的随机变量可以是测量误差，当然也可以是其他数据。统计学家发现即便受显著因素影响，一些随机变量仍能很好地拟合正态分布，才意识到正态分布在现实生活中的广泛存在性。PME指出伴随着人们理解的深入，认知结构进一步调整与再组织，呈现出一种动态的特性。学生要理解正态分布不只是测量误差的分布，需要调整已有认知图式，并继续在新旧知识之间建立起联系。此时的旧知识是测量误差的分布，新知识是其他数据的分布，它们通过中心极限定理建立起联系。在教学中，引导学生认识测量误差受测量仪器、测量人员、光线、温度等大量作用微小因素的影响，而测量误差服从正态分布，受大量作用微小的因素影响的随机变量与服从正态分布有必然联系吗？对这一问题的探讨可借助高尔顿板实验。小球遇到每一个钉子后向左或向右落下是一个随机因素，小球落到底板上的位置受这些随机因素共同影响。由于中心极限定理远超学生的认知范围，受大量作用微小的因素影响的随机变量服从或近似服从正态分布的结论，只需由实验操作感知，也只能由实验操作感知。一些显著性因素也可分解为大量作用微小因素的叠加，因此，许多随机变量都服从或近似服从正态分布。

三、教学片段设计

1. 引入阶段：测量数据处理中引发对取平均数合理性的思考

活动1：准备一根长100厘米的细绳，请学生用各自的尺子测量，以厘米为单位，保留一位小数，得到一组测量数据。

【问题 1】 得到了一组细绳的测量数据，同学们的结果有所不同，如何从这些数据中估计细绳的长度呢？

问题 1 促使学生思考“如何将多次测量得到的数据转换为单一数据”，是对数据处理的思考，处理方法反映了学生对这组数据的理解。学生遇到的这一数据处理问题也是 16 世纪末天文学家们面临的数据处理问题之一，当时的天文学家的做法是取平均数或中位数。

【问题 2】 计算这组测量数据的平均数，比较平均数与真值 100 厘米的差距，并转换这组实际测量数据为测量误差数据。可以看到这组数据的平均数比许多同学的测量结果更接近真值 100 厘米，为什么取平均数更可能减少测量误差呢？

活动中学生容易发现，取平均数作为这组数据的代表，它确实相比这组数据中的大多数都更接近真值。取平均数是学生最熟悉，也是最简捷的数据处理方法之一，学生积累了许多“取平均数减少测量误差”的感性经验，在他们看来这似乎是理所当然的。事实上，对其合理性的深究指引正态分布的发现，教师要引导学生体会平均意在均衡，取平均数的过程是重新分配的过程，这种分配是通过“移多补少”从而实现均衡。取平均数减少测量误差，即“移多补少”后的结果是比较接近真值的，这意味着测量数据可能具有某种规律的分布，比如在真值两侧的分布是大致对称的。而测量误差的分布决定着测量数据的分布，进而引导学生思考测量误差的分布是什么样的，它有怎样的特点才导致了取平均数更可能减少误差。

2. 新知探究

环节一：测量误差分布的探究中正态曲线自然生成

【问题 3】 回顾服从二项分布、超几何分布的离散型随机变量，测量误差是离散型随机变量吗？它的分布与离散型随机变量的分布有何不同？

在探寻误差分布，即连续型随机变量的分布之前，回顾离散型随机变量的特点及表示离散型随机变量分布的方法，类比离散型随机变量，得到研究连续型随机变量的思路。随机变量的每个取值可以建立起与唯一实数的对应关系，离散型随机变量的可能取值可以一一列举，它取每一个值的概率构成其概率分布列；连续型随机变量的可能取值无法一一列举，但可将可能取值的区间分为有限个小区间，它在各个小区间取值的概率近似表示其分布。

【问题 4】 分析获得的测量误差数据，说说测量误差的分布有什么特点。

通过实际操作，学生已经明确测量误差的存在。为进一步分析测量误差分布的特点，类比离散型随机变量，将所得测量误差数据的取值区间分为有限个小区间，作测量误差数据的频率分布直方图(图 4.8.6)，观察其分布特点。容易发现测量误差分布的特点：①误差观测值有正有负，并大致对称地分布在 0 的两侧；②小误差比大误差出现得更频繁。误差分布的这一特点是伽利略正式提出的，这符合人们的感性认识，后来人们寻求误差分布曲线也建立在这一假设之上，但直到用中心极限定理解释误差曲线为正态曲线后，误差分布的这一特点才有了理论依据，这表明人的感性认识能指导真理的探寻。

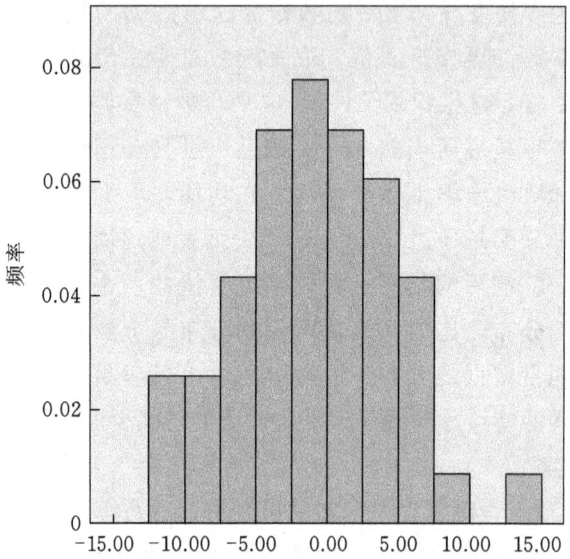

图 4.8.6　测量误差频率分布直方图

【问题 5】 符合测量误差分布特点的分布曲线是什么样的?

根据测量误差分布特点的假设，学生分组讨论并画出可能的分布曲线。学生猜想的分布曲线可能包括图 4.8.1～图 4.8.4 中的几种情况。在 Excel 中用函数 NORMINV(RAND()，0，5)生成一组均值为 0、标准差为 5 的正态分布随机数，模拟测量误差数据，用 SPSS 绘制随机数组的频率分布直方图。可以看到随着样本数据量越来越大，分组越来越多，组距越来越小，频率分布直方图的轮廓越来越稳定，接近一条光滑的钟形曲线。用这条曲线来描述对测量误差数据分布情况的直观认识，称这条曲线为正态分布密度曲线，它反映了随机变量落入不同区间的概率的差异。增加数据量，不断缩小组距，用区间$[x_0-a, x_0+a)$逼近x_0，从离散型随机变量的分布列逐渐向连续型随机变量的分布曲线过渡，这是极限思想的渗透。

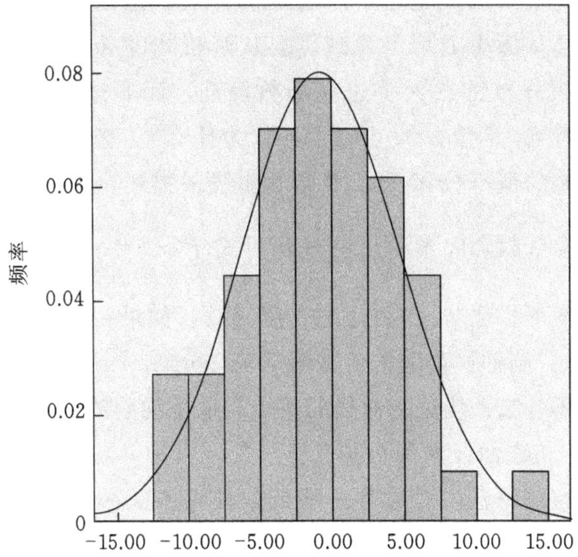

图 4.8.7　测量误差频率分布直方图

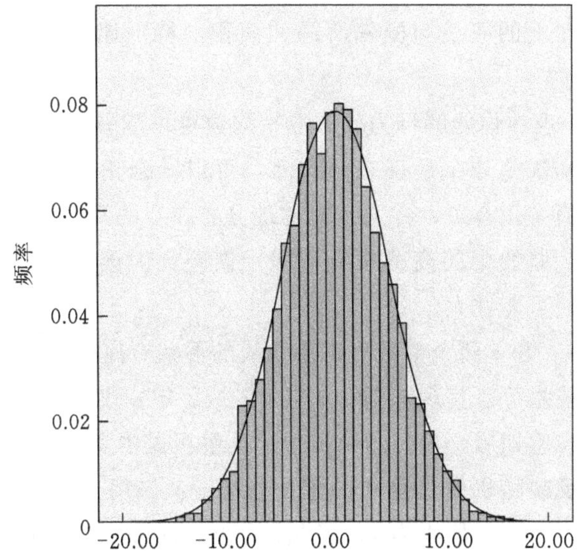

图 4.8.8　模拟误差频率分布直方图

至于找到正态曲线的解析式，对学生而言是十分困难的任务。有文献引导学生从图像特点出发，寻找函数来拟合曲线，也有人借助图形计算器来实现，但系数$\frac{1}{\sigma\sqrt{2\pi}}$的得到仍要使用微积分的知识。导出解析式并进一步用解析式来研究正态曲线是数学严密性的体现，但以学生当前的知识储备很难实现。况且从历史上可以发现，要从解析式的导出过程理解正态分布的内涵，也应从分布特点入手建立函数模型，而非选用函数来拟合数据，拟合的方法能看到“是什么”，但看不到“为什么”。基于此，既然学生已经认识到测量误差的概率分布可以用钟形曲线来描述，而钟形曲线可以作为某个函数的图像，教师向学生说明其解析式 $f(x)=\frac{1}{\sigma\sqrt{2\pi}}e^{-\frac{(x-\mu)^2}{2\sigma^2}}$ 已经由高斯导出也未尝不可。称 $f(x)$为正态密度函数，如果一个随机变量的概率密度函数为 $f(x)$，则称这个随机变量服从正态分布。

环节二：从正态曲线的特点看取平均数的合理性

【问题 6】 正态曲线有什么特点?

正态曲线的单峰性、对称性、峰值的位置与大小、图像与横轴的位置关系都能从图中直观看到，并从解析式中得到验证。上述探究中，正态曲线是用频率分布直方图的轮廓逼近的结果，频率分布直方图中每一个小矩形的面积是随机变量落入对应区间的概率，故随机变量在某个区间取值的概率即这个区间上的曲线与横轴所围的面积。特别地，曲线与横轴所围面积为 1。

【问题 7】 现在你能解释为什么取平均数更可能减少测量误差吗?

学生在感知误差分布是正态分布后，可以结合正态曲线的特点直观分析。误差观测值有正有负，并大致对称地分布在 0 的两侧，因此正负误差可以抵消一部分。曲线中间高两边低，即小误差比大误差出现得更频繁，取平均数误差小的可能性大。

【问题 8】 μ 和 σ 两个参数对正态曲线的形状有何影响?

通过信息技术可以直观看到，μ 定 σ 变或 σ 定 μ 变时，正态曲线形状的变化。有了直观感知后，进一步引导学生从解析式中发现 μ 作用于 x，影响曲线的位置，反映随机变量分布的集中位置。σ 作用于 y，影响峰值大小，但曲线与横轴所围面积始终为 1，因此，σ 决定曲线“高瘦”或“矮胖”，反映随机变量分布的离散程度。

环节三：借助高尔顿板实验解释正态分布的广泛存在

【问题9】 影响测量误差的因素有哪些？

引导学生认识测量误差受测量仪器、测量人员、光线、温度等大量作用微小因素的影响。

【问题10】 受大量作用微小的因素影响的随机变量与服从正态分布有必然联系吗？

活动2：借助高尔顿板实验，模拟受大量作用微小的因素影响的随机变量的分布。

投放 n 个小球，各个槽中的小球堆积高度反映了小球落入各个槽中的频数分布规律。将球槽编号，建立随机试验结果与一些自然数的一一对应关系，则构造了一个描述这个随机试验的离散型随机变量，其分布列用频率来近似。可以发现试验中小球的堆积形状与小球落入球槽的频率分布直方图相似，因此从小球的堆积形状可以发现随机变量的分布列特点。随着小球数量的增加，频率分布直方图的形状越来越像正态曲线。小球的分布实际上是二项分布，高尔顿板中钉子的行数越多，投放的小球数越多，频率分布直方图的形状就越像正态曲线，即二项分布的极限是正态分布。

从测量误差导出了正态分布曲线，但正态曲线不只是测量误差的分布，现实生活中很多随机变量都服从或近似服从正态分布。将测量误差与其他数据联系起来的是中心极限定理所蕴含的规律——受大量作用微小的因素影响的随机变量服从或近似服从正态分布。在教学中，通过高尔顿板实验，让学生对受大量作用微小的因素影响的随机变量的分布规律有直观的认识。

【问题11】 身高受遗传这一显著因素影响，但同一地区同龄人群身高的分布也是正态分布，这是为什么？

活动3：如图4.8.5所示，在高尔顿板中间 AB 处将小球截住，投放足够多的小球，则小球在该处聚成近似正态曲线的形状。打开 AB 处的两个阀门，发现小球在底部聚成大小不一的两个“小正态分布”，打开 AB 处的所有阀门，发现小球在底部聚成一个“大正态分布”，这个“大正态分布”正是所有“小正态分布”混合的结果。

通过实验可以发现，显著性因素仍可分解为大量作用微小的因素的叠加，并不影响最终结果的正态性，从而认识到许多随机变量都能满足服从正态分布的条件，因而正态分布广泛存在于自然现象、生产和生活实践中。

体会大量不确定因素的影响下，随机变量的分布最终都指向正态分布的惊人结果，并且这样的随机变量比比皆是。而“3σ 原则”则说明正态分布反映的是一种“常态”，其应用价值不可小觑。

四、小结

正态分布课例体现了真善美。真——科学求真。统计学是人们客观研究世界的重要工具，而正态分布是统计学的核心之一。本课例的设计引发学生思考“取平均数减少测量误差”的合理性，进而对测量误差分布展开探索，并从高尔顿板实验中认识正态分布的广泛存在，在理性思考与行动中解答疑问、解释现象、理解世界，是科学求真精神的体现。善——实用。本课例的设计让学生认识到正态分布为“多次测量取平均”的数据处理方式提供了理论依据。事实上，由于正态分布的广泛存在及其所反映的“常态”，它也被广泛用于质量控制、医学上某些人体指标的确定等，为人们的生产生活提供了便利。美——对称之美、和谐之美。正态曲线是蕴藏于客观事实之中的客观规律，它有着对称的流畅线条，并且千差万别的许多随机变量，最终也都统一到正态分布上。正因为如此，高斯的头像及正态曲线出现在德国马克纸币上。

正态分布课例体现了 HPM、PME 与技术的融合，PME 与技术对数学史的加工使数学史更好地服务于教学。本课例以史为鉴，让学生经历历史上人们认识正态分布的关键步骤。以 PME 观点审视正态分布的历史发展，从历史中寻找学生认知生长点，让学生经历正态分布作为测量误差分布出现的过程，体会正态分布的广泛存在，真切感受数学的智慧，认同数学的价值。同时，技术的使用使得数学史的再现更加便捷、可行。本课例中正态曲线的形成、参数对曲线的影响及高尔顿板实验，均可用技术实现。学生在课堂上快速经历正态分布形成与推广的历史进程，使得在感性认识与理性思考的共同作用下理解正态分布。

第五章　课堂教学实践

第一节　如何上好一节课

一、要有上好课的心向

上好课应该是每一位教师的心愿。但是随着入职时间的越来越久，有些教师逐渐地疲倦了，不再有上进进取的心态。有人说，二十年的教学生涯，也就是二十年的重复。故也有人说，刚入职的三五年就决定了我们以后的教学风格。把这两句话结合起来看，是很有道理的。刚入职，进取心切，故而能一日千里；久入职，上升无望，抑或是职称到手，故而原地踏步。正如裴光亚先生说，教师如果不努力学习，那么他的水平是一个单调下降的过程，以高中水平为极限。不管是为了功利，如为了竞讲，还是为了评职称，还是为了什么，我们都应当把课讲好。当某某学生在课下说，某某教师讲课不行时，对我们教师来说，是一种莫大的不幸。

讲台，是我们的立足之基，我们一定要站稳讲台。我们不一定要成为“名师”，但一定要致力于成为“大国良师”“四有好老师”等具有教育家精神的教师。讲课讲到能上《百家讲坛》，能有如单田芳先生说书一样的效果，也是一种了不起的本事。

二、要有充分的准备

有备才能无患。这个准备有长期准备，也有短期准备。

（一）先说长期准备

我们要不断地学习，正如朱熹所说，无一事不学，无一时不学，无一处不学，乃是成功。树立终身学习的理念并行动之，并非一句空话。一个即使拥有学位或各种头衔的人，如果不学习，也很可能是“浪得虚名”。

1. 要学好数学知识，加深对数学知识的理解

数学学习并不在于要我们学很多高深的数学，而是要我们能以教育取向来理解数学，使我们所学的数学为教育所用。如果有这样一个取向，那么数学知识的学习，就是越多越好。否则，就是所学无所用，以致有人发出高等数学无用论的论调。

2. 要加强数学教学理论的修养

理论这个东西，很抽象，不易理解，我们要在反复的实践中不断体会，不断检验。虽然我们开设了“数学教学论”这门课程，但其中所述的理论并不一定能完全解释我们的实践、指导我们的实践。还要在边教学、边实践中用心体会。这里也说到了一个学习问题，要求我们的教师能够阅读一些专业期刊上的专业文章，一定要摒弃理论无用论的观点。有人在田野里捡个石头都有理论，如可以发问，为何要捡石头，意欲为何；捡的是一块什么样的石头，形状如何，重量如何，颜色如何；是以何种方式捡石头的，等等，不一而足。课堂是人间最复杂的实验室之一，其间有各种问题，为何不需要理论指导呢？教学理论是分层次的，有大教育理论的，有关于教学方法理论的，有关于教学设计理论的。这些理论有的离我们近，有的离我们远，我们可以采先近后远的方式来学习这些理论。

3. 要加强对教材的深度挖掘

这就表现在要能看到教材背后的东西。我们开设了“中学数学课程标准与教材分析”这门课程，就是要求大家能看到纸面背后的东西。华罗庚先生曾说，要把厚书读薄，第一步要把书中所含的信息进行信息加工，进行浓缩。如函数那一章，从知识层面上讲，就是几个“三”：函数的三要素，三种表示法，三种基本初等函数，三个基本性质。第二步，也就是要把薄书读厚，那就是要不断进行经验的积累，增强对课程内容本身的理解。

4. 学好信息技术

时代在变化。如果还是从前的话，那么只要做好前三个方面的长期准备即可。身处大数据、数字化时代，面对数字原住民的学生，教师还需要掌握好信息技术。信息技术有很多种，有普适的，也有专门针对某个领域的。对师范生而言，要学会 PPT、微视频的制作与剪辑，白板等展示平台的使用，还要学会学科工具平台的使用。随着人工智能逐步地深入教育领域，教师可能还需要掌握一些学情分析的工具和手段。至于要学哪些信息技术，一是要看信息技术本身的成熟度，二是要看其与教育融合的程度。我们要秉持终身学习的理论，与时俱进，不断地学习与自身工作密切相关的新技术和新手段。

（二）再说短期准备

有了这些之后，还要进行短期的准备。

1. 备好课，多磨课

要备好课，有三个层次。一是关注自己，就是不看他人的讲义，自己独立地进行教学设计；二是关注他人，就是参考他人的讲义，看看自己与他人的差距；三是再次关注自己，在吸收、借鉴他人的基础上，再进行备课。在这个过程中，有两次反思，反思是教师成长的最关键的因素之一。

教师成长的方式之一，就是要逐字逐句写好底稿，好像电影字幕一样，做到字字落地有声，不可使一字落空。逐字逐句写底稿，不仅提高了我们的文字表达能力，也能使我们的教学准备得更加充分。总之，要不断地磨课。

2. 要能展现出来

第一步：要有自信，我的讲台我作主。

我们教师站在讲台上，就应当有一定的权威感，有一定的自信心，不要紧张。当然新教师初上讲台是有点紧张的，但以后就要越上越有自信，越有底气。大家试想一下，连我们自己都没有自信，学生如何会信我们，会亲其师，信其道呢？但不能自信过了头，还有一句话叫，听人劝，吃饱饭。

第二步：要注意教学基本功——教姿、语言和板书。

(1) 教态主要由仪表，表情和目光，手势、姿态和走动等构成。

教师的行为举止要端庄稳重，要有较强的应变能力和自我控制能力。

教态方面要注意：①仪表端庄。仪表应面必净，发必理，衣必整，纽必结；头容正，肩容平，胸容宽，背容直；神态应勿傲、勿暴、勿怠；脸色应宜静、宜和、宜庄。个人仪表是教师形象育人的一个重要方面，人物形象、气质要与人物的身份、职业特点相适应。衣服要周正，不宜奇装异服，发型怪异，浓妆艳抹。②表情自然与目光交流。应用自然、真诚的微笑面对学生。但不要做作地挤眉弄眼。面无表情，冷若冰霜也不可取。教师应明眸善睐，与学生有目光交流。目光交流与有声语言应结合。③手势适度、姿态有样和走动节制。手势的运用应明确、精练和自然。不能夸张，手舞足蹈，适度最好。姿态应是“站如松，坐如钟”。同时，随时注意自己的站姿是否挡住学生的视线。走动应有控制，不能踱来踱去的，不要分散学生的注意力。

(2) 语言主要由语音、音量、语速、节奏、语调、语气等基本要素组成。

言语内容宜雅宜典，不要与课堂教学无关，言语表达方式宜采用青少年喜闻乐见的形式，具有时代气息、乡土气息、文化气息。

言语的内容方面要注意：①言语内容不应出现知识性错误。②言语内容要雅俗共赏。最好用文雅的语词进行表达，不能出现低俗的段子。③说话要干净利索，不要带语气助词或口头禅等。④语言文明，要有亲和力，不要用带情绪性口气的方式说话。指称学生用“同学”语词，不宜用“姑娘”“丫头”“小伙子”之类的生活语言。

言语的形式方面要注意：①语音清准。发音要吐字清晰、准确。此外，需使用普通话，即使在本土本乡做教师，也不提倡用方言教学。②音量适中。一般以最后一排学生能听清楚为宜。③语速适当。缓吐气以温万物谓之嘘，急吐气以寒物谓之吹。对年轻教师而言，学会慢条斯理地说话也是有涵养的表现。④语调适宜。也称节奏适宜，是指讲话时声音抑扬顿挫的变化。声调不可搞怪式地刺耳难听。声调可以造成教学进程的另一种节奏感，强调重点，引起注意，有助于学生的数学思维。多揣摩一下配音演员的配音艺术，有好处。

(3) 板书主要由文字、作图、绘制图表、彩笔运用、结构布局和恰当配合等基本要素构成。

板书时，要能做到尽量不背对学生，能侧身在黑板或白板上书写。

板书时要注意：①文字规范。书写要正确，字体要工整，笔画要清晰，笔顺要规范。同时，数学符号一定要书写清楚，以免学生分辨不清。在师范技能训练时，提倡写“三斤粉笔灰”的做法是可取的。②作图规范。要求尺规作图，不要徒手作图，图形大小要适中，作图的次序要符合数学原理。③绘制图表。一图胜千言。适当利用图形和表格呈现板书内容，既清晰又醒目。④彩笔运用。要恰当地使用彩笔突出重点和关键点。⑤结构布局合理。板书类型应与教学内容相协调，板书内容出现的前后次序需事先谋略、前后呼应，逻辑层次如文章的编排一样清晰醒目，板书行距恰当，还要注意留白，不能把黑板全写满了。⑥恰当配合。板书的快慢应与教学活动的节奏、多媒体的使用相配合，把握好时机，力求恰当、合理。

赏心悦目的板书如同一幅画，要注意构图、色彩运用、技法等。

第三步：根据不同的课型，掌握好不同课型的流程(基本套路)。

① 序言课：精选具体模型、实例丰富认识—归纳总结—建立整体观念。

② 概念课：要抓住要核心概念的教学。教法流程：起源—内涵—外延(界定)—深化(应用)。发生型：讲清楚概念产生的必然性。如弧度制。归纳型：讲清楚概念道理的自然性。如圆锥曲线。原始型：讲清楚概念所指对象的存在性。约定型：讲清约定的合理性。

③ 命题课：发现—推理—辨析—应用(正、反、发散)。原发性命题是建立某一学科知识体系不可缺少的命题，是最基本的命题，如公理、定义性法则等。对原发性命题而言，教学设计要着眼于命题出现的合理性、必要性。继发性命题是原发性命题的推广和应用。继发性命题，要着眼于命题发生、发现的必然性。

④ 习题课：思想分析—解题操作—总结规律(从思路到策略到方法)。一些常用的策略，如设而不求、正难则反、化整为零要反复渗透。要能选好题组，围绕一个中心，进行多层次、多角度的变式训练。

⑤ 复习课：知识系统化—知识深化—知识技能化。现在有各种类型的复习课，如微专题复习课、单元复习课、一轮复习课、二轮复习课、三轮复习课等。温故而知新，是复习课的永恒追求。

⑥ 建模课：问题提出—模型建立—模型求解—模型检验、修改与推广。

第四步：多实践，多被听课，多听课，多评课。

被其他教师听课，无论是好话歹话，要采取“有则改之，无则加勉”的态度，就课论课，不要旁及其他。如果能得到有经验教师手把手地指导，并把每次的指导过程用心记录下来，则成长得更快。

最后，应树立“以生为本”的理念，践行“让学”，不大包大揽，要充分发挥学生的主体性、主动性，也是上好一节课的关键。

第二节　基于“两种理解”的独立性检验教学研究

理解是学生学习数学知识、提升数学素养的关键，也是教师开展数学教学的根本目的。章建跃老师认为数学教师必须在理解数学、理解学生、理解教学上狠下功夫。英国数学教育家斯根普致力于理解学习，提出数学理解的两种模式：工具性理解和关系性理解。在庞大的中学数学知识体系中，不乏应作工具性理解的知识，关系性理解要求学生“知其然，更知其所以然”，这也是数学教育所追求的抓住数学本质从而促进理解的道理。

随着大数据时代的来临，概率与统计显得愈发重要。根据调查，80%以上的教师对大部分概率统计基本概念的认识都处于模糊状态，理解深度不够，缺乏用这些概念答疑解惑的能力，影响概率统计知识的教学效果。教师直接向学生传授统计概率知识，如果不能对一些核心概念理解到位，势必影响学生对知识的理解以及数据分析观念和统计思维的形成。独立性检验是一类特殊的假设检验，高中独立性检验教学的难点在于没有假设检验的知识背景之下介绍独立性检验的基本思想。基于斯根普提出的“两种理解”，对独立性检验中的知识点进行不同教学程度的分类，并给出独立性检验教学的可执行性步骤。

一、斯根普的“两种理解”

工具性理解指一种语义性理解或者一种程序性理解。语义性理解即符号 A 所指代的事物是什么；程序性理解即一个规则 R 所指定的每一个步骤是什么、如何操作。简言之，就是“知其然，不知其所以然”。关系性理解则还需加上对符号意义和替代物本身结构上的认识，获得概念和规律(定律、定理、公式、法则等)的途径以及规则本身有效性的逻辑依据等。简言之，就是“知其然，更知其所以然”。

数学理解一直是国际数学教育的重点研究主题。不同学者对数学理解的界定可归纳为四个方面：①有学者认为数学理解是由数学概念、数学事实等组成的一种认知网络；②有学者将数学理解当作理解的过程或是理解实现的结果；③有学者表示数学理解是教师重组数学知识，将数学知识转变成学生特定的数学能力的过程；④有学者主张数学理解是学生对数学本质的认识，是学生学习的最终目标。不难发现，虽然学者们的侧重点有所不同，但都立足于领悟知识本质促进数学理解，这与斯根普的关系性理解的内涵一致。

斯根普将“知其然，不知其所以然”作为理解的一种，与中国研究者认为其是一种机械性记忆的观念产生冲突。任伟芳等对工具性理解进行了本土化的处理。类比钱伟长对数学这把“刀”在工程上应用的论述，工具性理解是指能识别知识，了解其价值、用途并加以使用。从教学平台理论角度出发，工具性理解是考虑到学生的现有知识水平和可接受性，将知识作为一个平台，明其意义，会用即可。在论述“刀”时，关系性理解被进一步细分为了解知识的生成过程的关系性理解和在复杂情境中应用知识并改进知识的创新性理解。下面所讨论的“两种理解”倾向于本土化的工具性理解和被进一步细分的关系性理解。

二、“两种理解”在独立性检验中的教学

1. 可行性分析

工具性理解对中小学教学有指导意义。中小学数学里，只做工具性理解的内容很多，大致说来有以下几类：前人使用的语言、约定俗成的规则、无法严格处理的内容、一些基本技能的训练。对于前人使用的语言，我们主要关注的是使用问题，纠其渊源意义不大。后三类的内容超出学生现有的知识水平，无法向学生说清其中缘由。借用形象的说法帮助记忆，使其成为一个平台，在后续相关知识的学习中学生逐渐体会其价值和作用。总之，工具性理解并不是一种机械性记忆，虽然教师出于“不得已”而不去讲清来龙去脉，但会间接地赋予其意。将这类知识作为平台非但不会影响学生能力的提升，而且在后续不断建立联系的过程中其必要性也会逐渐显现。

高中独立性检验教学的难点在于没有假设检验的知识背景之下介绍独立性检验的基本思想。现以人教版高中数学教科书选择性必修三和苏教版高中数学教科书选择性必修二为例，说明工具性理解在独立性检验教学中的可行性。两教材中均没有明确提出显著性水平、拒绝域、第一类错误等假设检验中的基本概念。统计量 χ^2 的分布和显著性水平 α 与临界值 x_α 之间的确切关系在两教材中也没有解释，而是以“统计学家建议”或“统计学中有明确结论”之类的表述直接给出结论。特别地，苏教版教材避开了 $P(\chi^2 \geqslant x_\alpha)=\alpha$ 该式的说明，以具体数据辅之文字说明。《普通高中数学课程标准(2017 年版 2020 年修订)》对独立性检验的思想及其初步应用要求较低，只需通过实例了解 2×2 列联表独立性检验及其应用即可。从知识的工具性理解角度来看，统计量的概念、χ^2 的概率分布以及显著性水平与拒绝

域的确定都超越了高中学生的现有知识储备，教师贸然讲授其中缘由常常“费力不讨好”，甚至搞得学生“云里雾里”，对学生的理解并无多大用处。此时，教师适当转换思路，植根于可接受性原则，在实例中传递本质与思想，在不影响形成过程的完整性的同时让知识的应用更加灵活。这与课程标准对于此内容提出的要求和教材的编写也契合。

关系性理解的标志有以下特征：揭示知识发生过程，包括情境创设、抽象概括、去粗存精、形式化表示等；进行演绎逻辑分析，对数学定理、原理、规则进行逻辑证明，与周围知识进行逻辑连接；提升为数学思想方法，将数学知识的形成和论证提升为数学方法；形成自身的认知结构，学习者将数学知识经过以上的认知活动之后，形成个人的数学图式网络，并能运用于变式状态下的数学情境。

现行的概率与统计教学之下，不乏学生在对理论知识不理解的情况下直接套用、硬用的现象。适当的关系性理解有助于记忆独立性检验的主要步骤和在不同的情境下灵活运用。概率与统计属于随机性数学的范畴，从数据到结论中间会因为随机性而产生错误，并不像确定性数学是一个严密的从条件到结论的演绎系统。基于该差异，对以上关系性理解的标志特殊化并辅以具体说明：从总体上把握知识依据，包括假设检验的思想、本质及基本概念。假设检验对某个猜测是否可靠所进行的判断，其思想类似于数学上的反证法，但是其推出矛盾是基于一个与原假设 H_0 对立的小概率事件的发生。由于样本的随机性或者说小概率事件并非不可能发生，假设检验是会犯错误的，并且这种错误无法消除。这正是与学生一直学习的确定性数学的不同之处。为了控制犯错误的概率，我们事先给定一个较小的数 α，这就是显著性水平。顾名思义，一个概率很小的事件都能够发生，那么，原假设明显地、显著地存在问题。假设检验的本质是检验样本值与理论值的一致程度，可以用统计量衡量两者之间的差异。

从细节上厘清知识合理性。包括显著性水平的功能、统计量的作用、显著性水平与拒绝域(或临界值)之间的关系。显著性水平既是犯 H_0 为真而拒绝 H_0 这种错误的概率，又是与原假设 H_0 对立的小概率事件的概率。统计量 $g(X_1,X_2,\cdots,X_n)$ 是由随机抽样所得的样本数据 $X_1,X_2,\cdots,X_n$ 构造的函数，自然可以代表两者之间的差异。那么对于双边假设检验来说，问题就归结为确定一个数 k，当 $|g(X_1,X_2,\cdots,X_n)|\geqslant k$(对于单边

检验，拒绝域的形式有所改变)两者差异显著，做出拒绝 H_0 的决策；反之，不能拒绝 H_0。数 k 是差异是否显著的一个临界值。当显著性水平 α 给定后，$g(X_1,X_2,\cdots,X_n)$有一个分布，根据 $P(|g(X_1, X_2, \cdots, X_n)| \geqslant k)=\alpha$，数 k 就确定了。即 $|g(X_1,X_2,\cdots,X_n)|\geqslant k$ 成立表示小概率事件发生了，原假设在显著性水平下极有可能不成立。

知晓与数学上的反证法的区别。假设检验使用的反证法不同于数学中的反证法，它是小概率事件原理上的概率反证法。这种带有概率性质的反证法体现在它借助概率来衡量样本数据与假设之间的差异。最明显的区别是在全部逻辑推理正确的情况下，反证法不会犯错误，但假设检验会犯随机性错误。要根据不同问题情境灵活使用假设检验，不生搬硬套。在假设检验中，我们没有充足的理由认为两个变量之间是有关系的或没有关系的，但原假设一般认为两个变量是独立的。如果在这个前提下，出现了一个小概率事件，就表明原假设不成立。其逻辑是，如果不出现小概率事件，我们还是相信原假设成立。但要注意：我们只是相信原假设成立，但原假设本身并不一定成立。

作为中学教育的数学知识，考虑到学生的思维水平和知识水平应该划分理解的层次。在不影响知识的思想本质及过程的完整性的情形下，对于某些有难度、需要丰富的高等数学背景的知识点，可以采用工具性理解，懂其作用、会用即可。而对于该知识的思想起着关键作用的核心概念，立足于长远的眼光还应采用关系性理解。在高中独立性检验的教学中，统计量的概念、χ^2 的概率分布以及显著性水平与临界值之间的关系宜采用工具性理解，显著性水平这一核心概念宜采用关系性理解。

2. 可执行性步骤

马复提出了关系性理解的一个教学猜想：知道——知道该对象的定义，一些本质属性，若干典型实例以及与若干其他对象之间的差异；应用——能归纳、概括事物的特征与规律，可以在与最初接触该对象的相似情境中应用该对象的某些性质，通过模仿范例去解决一些问题，并且知道求解过程的合理性；联结——可以在该对象与自我认知结构中已有的相关数学概念之间构成本质上的联系，扩展知识网；问题解决——能够在全新的问题情境中，把所学的对象作为一种解决问题的手段、方法甚至思路，用于新问题的解决，并产生新的思想和观念。这四个环节不仅限于关系性理解的范畴，"知道""应用"环节的要求仍属于工具性理解，"问题解决"环节已经达到创新性理解的水平。在高中统计的知识网络中，线性回归分析与独立性检验都是进行统计推断的方法，但除了利用样本估计总体这个总思想，两者关联不大。又鉴于课程标准对独立性检验的要求较低，此部分的教学我们不做联结和问题解决层次上的设计和要求。独立性检验教学的可执行步骤具体如下所述。

情境创设，提出总问题。教师呈现一段有关呼吸道疾病与吸烟的调查数据，并向学生提问：患呼吸道疾病与吸烟有关吗？然后根据随机事件频率的稳定性得出推断。此时教师应反问学生"事实果真如此吗?"。事实上，在样本较少的情况下，频率很难趋近于概率。同时由于样本是随机抽取的，不排除极端情况的出现。通过这两点分析，教师提出本节课提纲挈领的总问题：能有多大的把握认为患病与吸烟有关？然后提出原假设 H_0：患病与吸烟没有关系，并转换为 H_0：$P(AB)=P(A)P(B)$。

体会独立性检验的本质、思想。在原假设成立的情况下，利用 2×2 列联表中的随机样本确定吸烟且患病等四种情况人数的估计值。接着教师介绍独立性检验的思想：实际观测值应该与在原假设成立的情况下得到的估计值差异不大，如果两者的差异程度足够大时，就有理由推翻原来提出的假设。于是顺势提出奠基独立性检验本质的问题：怎样描述实际观测值与估计值的差异？

了解统计量的作用。统计量能代表观测值与估计值之间的差异，且因其自身满足的概率分布可以帮助后续的拒绝域的确定。由于没有该知识背景，学生只能大概地了解到后一个作用。教师应着重展现统计量 χ^2 构造的合理性和过程：为了避免四种情况的差值正负相消及消除样本容量对差异大小的影响，采用 $\sum\frac{(\text{实际频数}-\text{理论频数})^2}{\text{理论频数}}$ 的形式，并说明统计学中用 χ^2 来刻画该差异。解决了差异的描述问题，接下来就是解决比较两者差异的问题，即怎样确定 χ^2 大小的标准。

分析显著性水平的功能。独立性检验所依据的是小概率原理，即小概率事件在一次试验中基本不会发生。在假设 H_0 为真的情况下，两者差异一般不会过大，也就是两者差异较大的概率很小。由于两者差异较大的概率很小，在一次随机试验中几乎不可能发生，那如果仅一次观察就发生，我们就有理由做出推翻原假设 H_0 的判断。显然，小概率事件的概率越小，小概率事件发生后否定原假设 H_0 的判断越有说服力。界定“小概率”的标准就是显著性水平 $\alpha(0<\alpha<1)$。此为 $P(\chi^2\geqslant x_\alpha)=\alpha$ 的第一层含义——小概率事件。在原假设成立下，$\chi^2\geqslant x_\alpha$ 一般是不会发生，继而做出拒绝 H_0 的决策。此为 $P(\chi^2\geqslant x_\alpha)=\alpha$ 的第二层含义——犯“弃真”错误。从两个角度说明显著性水平的功能，学生方能知独立性检验的思想和优势的“然”，解决思想层面的问题。从应用层面上说，教师可适当说明 x_α 是由 χ^2 分布和显著性水平 α 共同决定的，它与 α 一一对应。接着给出常用的 α 和临界值 x_α 的对应值表及检验法则。

呈现具体步骤及例题。通过一个案例的完整展现，教师与学生共同概括出独立性检验的主要环节：①提出假设 H_0；②根据 2×2 列联表计算 χ^2 的值，并与给定的 α 下的临界值 x_α 比较；③根据检验法则得出推断结论，最后通过例题和练习题检验教学效果。

独立性检验教学的主要环节及简要的具体要求附如表 5.2.1 展示。

表 5.2.1　独立性检验教学环节

环节	具体要求
情境创设，提出总问题	①总问题：能有多大的把握认为患病与吸烟有关？ ②提出原假设 H_0：患病与吸烟没有关系。
体会独立性检验的本质、思想	③在原假设成立的情况下，利用 2×2 列联表中的随机样本确定估计值。 ④介绍独立性检验的本质、思想，并抛出问题：如何描述实际观测值与估计值的差异？
了解统计量的作用	⑤展现构造统计量 χ^2 的过程并结合实例数据提问：怎样确定 χ^2 大小的标准？
分析显著性水平的功能	⑥从小概率事件和犯“弃真”错误两个角度说明 $P(\chi^2\geqslant x_\alpha)=\alpha$ 的道理。 ⑦给出常用的 α 和相对应的临界值 x_α 及检验法则。
呈现具体步骤及例题	⑧给出独立性检验的具体步骤并示以例题。

三、结论与建议

斯根普提出数学理解的两种模式：工具性理解和关系性理解。这两种理解经国内学者本土化为工具性理解、关系性理解和创新性理解。高中独立性检验的教学是在无假设检验的知识背景下进行的，这为教师的理解和课堂的开展带来了困难。经过对两种理解在独立性检验中教学的可行性分析，我们认为在高中独立性检验的教学中，统计量的概念、概率分布以及显著性水平与临界值之间的关系宜采用工具性理解，显著性水平这一核心概念宜采用关系性理解。

第三节　深度理解下 U 型学习模式的组织

发展数学学科核心素养是全面深化数学课程改革的价值追求，也是根本要求。如何让学科核心素养贯穿课堂，真正落地生根，深度教学势在必行。深度教学基于知识的内在结构，通过对知识完整处理，引导学生从符号学习走向学科思想和意义系统的理解和掌握。深度理解、意义生成、能力转化、拓展迁移、反思感悟是教学过程中的关键节点。深度理解下的 U 型学习模式则是基于教师达到深度教学状态后，引导学生深度学习的一种具体模式：以核心素养为教学设计思想，以实际问题为教学任务，引导学习者经历还原与下沉、体验与探究、反思与上浮的过程。

一、深度理解

为有效实施深度教学，从符号教学走向逻辑体系和意义教学的统一，教师在教学中须达到深度教学的状态，须在课程标准要求、教材意图、内容本质、学生现实、教学程式等方面做到深度理解。

1. 深度理解课程标准要求与教材意图

课程标准对“二项分布”的定位是理解伯努利试验，掌握二项分布及其数字特征，并能解决简单的实际问题。“二项分布”在教材的安排上，主要体现了以下几点意图：①实现概念的自然生长，通过重复掷硬币、重复射击、放回随机抽样等不同背景的试验，引出伯努利试验，抽象出 n 重伯努利试验特征；②凸显概念的本质特征，对不同背景的随机试验，引导学生思考：问题中的伯努利试验是什么？成功事件是什么？成功事件发生的概率是多大？重复试验的次数是多少？各次试验的结果是否相互独立？③体现数学建模的思想，考虑特殊的试验，借助树状图列举样本空间，利用概率的加法公式和乘法公式，类比二项式定理的推导，经历从特殊到一般，从具体到抽象，从文字表达到符号表达的过程。

教材将二项分布的内容安排在学习了离散型随机变量及其分布列、数字特征的一般性知识后，突出建立模型的过程，落实数学抽象和数学建模核心素养，继而探究服从二项分布的随机变量的均值和方差，认识二项分布与超几何分布的区别和联系，并通过实际问题帮助学生加深理解。实现概念的自然生长，凸显概念的本质特征，体现数学建模的思想。

2. 深度理解内容本质与学生现实

抽象 n 重伯努利试验的特征时，重点关注的是伯努利试验、重复、独立三个关键词，也是 n 重伯努利试验的本质特征。其中伯努利试验是只包含两种可能结果的试验(如阴性与阳性、正面与反面、合格与不合格等)；重复即每次试验的条件完全相同，且发生的概率不变；独立即各次试验结果相互独立，互不相干，不受影响。因此，研究一个伯努利试验重在关注某个事件是否发生，而研究一个 n 重伯努利试验重在关注某个事件 A 发生的次数，以及发生的概率，至此，二项分布模型的构建也就水到渠成，n 重伯努利试验下的“独立”+“重复”也成为二项分布模型的本质特征。二项分布是学生在学习了离散型随机变量及其分布列、数字特征的一般性知识后安排的内容，学生已经初步掌握研究离散型随机变量的一般路径：随机现象—样本空间—离散型随机变量—分布列及其表示—分布列的性质。因此在经历从特殊到一般，从具体到抽象的二项分布模型构建的过程中，学生对模型构建的整体路径会较为清晰，但也容易出现两大错误：①忽略二项分布模型中事件$\{X=K\}$是由 C_n^k 个基本事件构成的集合，因此出现错误$P(X=k)=p^k(1-p)^{n-k}$；②较难把握二项分布模型中“独立”这一本质特征。

3. 深度理解教学程式

问题情境、归纳随机试验的特征、定义随机变量、推导分布列、简单应用是教材中研究二项分布的整体路径。首先，通过不同背景的试验，抽象出 n 重伯努利试验的特征，借助特殊的试验和树状图，类比二项式定理的推导，得出一般的二项分布的分布列。其次，通过三大典例强化抽象试验特征过程，重复抛硬币试验，是最简单的 n 重伯努利试验，有助于巩固抽象试验特征的过程，高尔顿板试验和象棋赛制则能进一步强化抽象试验特征的过程，在三大典型例题后归纳确定二项分布模型的步骤，为学生识别和破解新的二项分布模型确定依据。然后，关注二项分布的均值、方差，先猜后证，旨在培养学生的直观想象和逻辑推理素养，最后在选学栏目的探究与发现二项分布的性质中，类比数列性质的研究，通过观察、发现并猜想二项分布的性质，然后进行计算证明。

二、U 型学习模式组织

基于以上深度理解，下面尝试以 U 型学习模式组织二项分布的学习。

1. 还原与下沉

还原与下沉是对知识进行表征化、表象化和具象化的过程，一方面有助于学生理解知识的背景和现象，另一方面有助于建立起书本知识与学生个人经验的关联性。二项分布中的第一个关键词 n 重伯努利试验，对学生而言是陌生的专业术语，为将其表象化和具象化，设置了问题 1 和问题 2。

探究 1：n 重伯努利试验——下沉模式

【问题 1】 分别说出以下试验可能出现的结果，并归纳出共同特点：

(1) 掷一枚硬币；(2)检验一件产品；(3)射击飞碟；(4)核酸检测。

【问题 2】 判断下面随机试验是否为 n 重伯努利试验？

(1)抛掷一枚质地均匀的硬币 10 次。

(2)某飞碟运动员每次射击中靶的概率为 0.8，连续射击 3 次。

(3)一批产品的次品率为 5%，有放回地随机抽取 20 件。

(4)袋中有 5 个白球、3 个红球，从中不放回抽出 5 个球。

编号	重复试验的次数 n	各次试验是否独立	每次试验结果多少种	是否为 n 重伯努利试验	如果是，每次试验结果的概率是多大
(1)					
(2)					
(3)					
(4)					

 设计意图：问题 1 和问题 2 中的试验是学生较为熟悉的随机试验，通过

具体的随机试验引导学生思考：伯努利试验是什么？成功事件是什么？成功事件发生的概率是多大？重复试验的次数是多少？各次试验的结果是否相互独立？从而来抽象出 n 重伯努利试验的两大本质特征——独立和重复。概括出研究 n 重伯努利试验要抓两大核心要素——发生的次数和发生的概率。

2. 体验与探究

体验与探究的过程，即潜行的过程，在此过程中，学生在教师引导下，进行知识的“自我加工”，体验与感悟从特殊到一般、从具体到抽象的数学思想方法，有利于培养学生的数学抽象、直观想象和逻辑推理素养。这个过程的推进则要依靠问题链来驱动。

探究 2：二项分布模型构建——潜行模式 1

【问题 3】 某飞碟运动员每次射击中靶的概率为 0.8，如果连续 3 次射击，中靶次数 X 的概率分布列是怎样的？

【问题 4】 如果连续射击 4 次，写出中靶次数 X 的概率分布列。

【问题 5】 如果连续射击 n 次，中靶的概率为 p，求中靶次数 $X=k$ 时的概率。

思考：问题 3～5 有何共同特点？

模型识别：在 n 重伯努利试验中，设每次试验中事件 A 发生的概率为 $p(0<p<1)$，用 X 表示事件 A 发生的次数，则 X 的分布列为__________

如果随机变量 X 的分布列具有上述的形式，则称随机变量 X 服从二项分布，记作______

理解：$n\to$________；$k\to$________；$p\to$________；$1\text{-}p\to$________。

设计意图：问题 3～5 以飞碟射击为例，由连续射击 3 次、4 次到 n 次，逐层深入，逐级抽象，在课堂教学中，给予充足的时间让学生完成问题 3～5，思考题旨在让学生进一步强化 n 重伯努利试验的两大本质特征——独立和重复。学生经历二项分布模型的推导过程，继而得到二项分布模型并总结出识别二项分布模型的三个关键词：伯努利试验、重复、独立。有助于提升学生数学抽象、逻辑推理和数学运算等核心素养。

探究 3：二项分布模型破解——潜行模式 2

【问题 6】 将一枚质地均匀的硬币重复抛掷 10 次，求：

(1) 恰好出现 5 次正面朝上的概率；(2)正面朝上出现的频率在[0.4，0.6]

内的概率；(3) 至少出现 9 次正面朝上的概率；(4)至多出现 1 次正面朝上的概率。

【问题 7】 图 5.3.1 是一块高尔顿板的示意图。在一块木板上钉着若干排相互平行但相互错开的圆柱形小木钉，小木钉之间留有适当的空隙作为通道，前面挡有一块玻璃。将小球从顶端放入，小球下落的过程中，与层层木钉发生碰撞，每次碰到小木钉后都等可能地向左或向右落下，最后落入底部的格子中。格子从左到右分别编号为 0，1，2，…，10，用 X 表示小球最后落入格子的号码，求 X 的分布列。

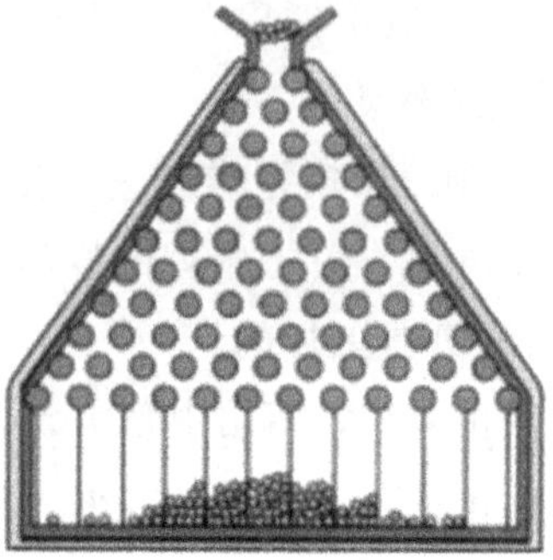

图 5.3.1　高尔顿板

【问题 8】 甲、乙两选手进行象棋比赛，如果每局比赛甲获胜的概率为 0.6，乙获胜的概率为 0.4，

(1) 若采用 3 局 2 胜制，求甲获胜的概率；

(2) 若采用 5 局 3 胜制，求甲获胜的概率；

(3) 哪一种赛制，对甲更有利？

设计意图：重复抛硬币试验，高尔顿板试验和象棋赛制是三大经典的二项分布模型，旨在强化抽象试验特征的过程，抓住研究一个 n 重伯努利试验要抓两大核心要素——发生的次数和发生的概率。抛硬币是最简单的 n 重伯努利试验，高尔顿板虽然问题背景不同，但符合二项分布的模型特征，重复发生碰撞，每一次碰撞相互独立。是经典的二项分布模型。象棋赛制有两种解法，按甲取胜时比赛的局数和甲在赛制下至少能获胜的局数分类，做法不同，后者属于经典的二项分布。

3. 反思与上浮

上浮的过程即反思性思维的过程，将加工后的书本知识进行个人意义的升华和表达。

归纳小结——上浮模式 1

【问题 9】 请同学们带着下列问题回顾本节课的学习内容，并给出回答：

(1) 二项分布模型的特点是什么？破解二项分布模型要抓住哪些关键要素？

(2) 你认为确定一个二项分布模型的基本步骤是什么？

(3) 你能说出日常生活中的二项分布模型吗？

目标检测——上浮模式 2

【检测 1】 如图 5.3.2 是一块改装后的高尔顿板装置示意图。在一块板上钉着若干排相互平行但相互错开的圆柱形小木钉，小木钉之间留有适当的空隙作为通道，前面挡有一块玻璃。将小球从顶端放入，小球下落的过程中，每次碰到小木钉后等可能向左或向右落下，最后落入底部的格子中。格子从左到右分别编号为 1，2，3，…，7，用 X 表示小球最后落入格子的号码。

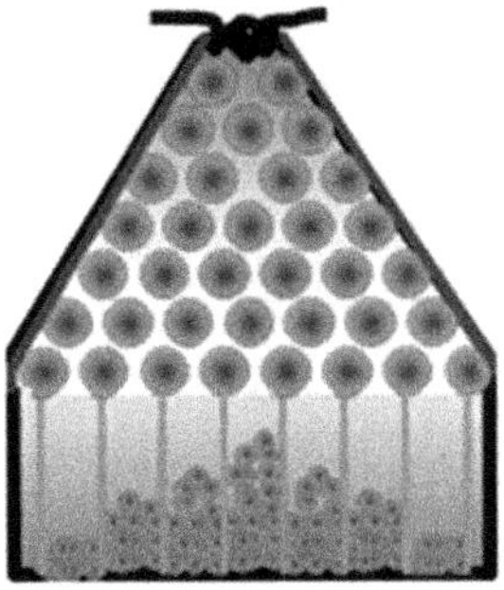

图 5.3.2　改装后的高尔顿板

(1) 求 X 的分布列；

(2) 现对高尔顿板进行改装，使得小球向左落下的概率为$\frac{1}{3}$，向右落下的概率为$\frac{2}{3}$，改装后，小球最有可能落入几号格子？

【检测 2】 在数轴上，一个质点在外力的作用下，从原点 O 出发，每次等可能地向左或向右移动一个单位，共移动 6 次，则下列说法中错误的是(　　)。

A. 质点位于 -2 位置的概率为$\frac{15}{64}$　　B. 质点回到原点的概率为$\frac{5}{32}$

C. 质点位于 4 位置的概率为$\frac{3}{32}$　　D. 所有移动结果的总数为 $2^6=64$

设计意图：本题第一题为人教版选择性必修三课本第 74 页例题 2 的改编，也是第 82 页探究与发现的改编，第二题为课本第 84 页习题 7.4 第 3 题的改编。人教版新教材将高尔顿板案例从正态分布转移到二项分布中，更加凸显了高尔顿板与质点移动问题是经典的二项分布模型，小球落入哪个格子取决于下落过程中碰撞的结果。本题针对课本中的球槽编号和向左向右落下的概率进行了改编。考查学生识别模型、破解模型的能力。

三、反思与感悟

深度理解下的 U 型学习模式要求教师先达到深度教学状态，后引导学生深度学习。深度理解即在课程标准要求、教材意图、内容本质、学生现实、教学程式等方面深入理解。课程标准要求和教材意图往往一脉相承，内容本质则需教师深挖教材、概括核心特征，在结合学生当前的学习现实基础上，以适合学生的教学程式展开。换言之，只有在深度理解的基础上，教师以 U 型学习模式组织的学习才是真正意义上的深度学习，才能让学科核心素养真正落地生根。

后　记

数学课堂教学旨在把数学理论与教学实践打通。数学教育系列课程是一个整体，但在教学实际中又是各司其职的。数学史、教材分析、竞赛数学是比较"实"的课程，好讲也好学；数学教学论和数学教学技能训练一个虚一个实，虚的难讲难学，实的好操作，但又往往沦为纯粹的实操课。我们认为，数学教学论以数学教学为研究对象，以生成一节"好"课为目标之一。然，如何生成好课，是天天跑见习、实习、研习，还是天天观看讲课视频？在培养卓越数学教师的过程中，我们明显地感受到没有理论指导的实践，是盲目的实践；没有实践的理论是虚无的理论，应思考如何把虚与实、知与行、理论与实践较好地融为一个整体。我们以为"知之真切笃实处便是行，行之明觉精察处便是知"。在数学教学论课堂教学中，为了使师范生"知之真切"，我们选编了"数学教学研究论文悦读"供师范生参考，虽每篇都是精品，但孤零零的一篇一篇的作品，终不如一书来得有体系，故一直有个想法写一本好一点的书，把教学理论与教学实践打通。

数学课堂教学研究旨在打造好课。何为好课，可能难得有共识。但何为不好的课，却是显而易见的。听了很多师范生讲的课，能很明显地感受到他们身上的应试印迹。这正如伟大的物理学家费曼所说的那样，我们用应试的方法通过了考试，我们也用同样的方法帮助别人通过考试。如此下来，教学的理论和实践难有进步。我们认为，好的标准之一是听起来自然，不搞脑筋急转弯那一套。数学舍内容而取形式，用来探寻天地万物运行之理，故讲道理是第一位，如果不问道讲理，数学就没有必要存在。而现实的情况是，"不讲理"强行硬塞的现象在课堂教学中时时发生，给学生的感觉是，如果不是考试要考这个点，根本就不必要学这个点。数学的高度符号化、形式化使其结果表达有力而利索，但也能拒人于千里之外。无论讲什么样的道理，总得要有人听才会有效果。故教学要讲心理，用生动形象的话语、故事等把学生吸引住，从感性兴趣走到理趣。数学是用符号逻辑推理来推断模型的解，故而推理、演算是极其重要的工具和手段，故数学教学要讲推理。数学教学又是一门艺术，其呈现方式不可以杂乱无章，故要讲章法、讲条理。正如说话一样，不要把话说满，讲课也是如此，留有余味，让人回味的课是好课。故在数学教学中渗透一点知识哲理也是可以的。数学与哲学思想紧密相连。故，讲哲理是数学教学的一种追求。

从数学原理到问题解决有一段距离，但这不是不重视课堂教学及理论学习的理据。为了应对求职应聘中的考试环节，很多学生在读大学、读研时，不注重数学教育教学理论的学习，而是天天盯着试题，用应试的方法去应聘，而不从根本上思考怎样提高自我理论水平和专业素养。由于资讯的发达，出现了海量的考试资料。这些资料对教师复习备考有参考价值，但若学生直接用来复习备考，则会走进万劫不复之地。各种技能之根深扎于原理之中，教材讲的是原理、原则，要化为可操作性技能，则需要教师引导学生把普适的思想方法根据具体情境而变化为技能。重技能而轻原理，难习得上层功夫。然，面对现实也不得不做些妥协，本书用了大量篇幅探究习题课、复习课的教学，希望探究一条从原理到技能之法，打消人们“习原理不能习得技法”的顾虑。

课堂教学研究旨在落实“双减”政策。数学是基础教育中的重要课程，课时量大，作业也多。但我们认为教师要充分利用课堂教学的时间，减负增效，提高效率，不要过多地占用学生的课外时间。一则是学生的课外时间有限，用在数学上的时间多了，用在其他课上的时间就少了。用在数学上的时间多了，可能数学分数上来了，但学生的总分有可能上不来。二则不利于和其他教师合作共事。我们自己在从事大学数学的教学时，积极地减负增效，让大学生在课堂上当堂学清楚。

课堂教学研究关注最新教学理念。课程思政、探究性学习方式、项目式学习、主题式学习、大单元教学、跨学科教育、综合性实践课程均是新课程标准大力提倡的。这是改变学生学习方式，使数学走向生活、融入自身的学习机会，本书进行了初步探索。

本书的写作历时很久。时值“双减”政策的提出，这项工作就更有意义了。希望本书的出版能切实推动“双减”政策在课堂教学中的落实，让学生当堂学会、学得轻松，不过多占用学生的课外时间，让学生有充分的时间自主发展、自由发展、自主成才。

参考文献

[1] BRESLER L. Knowing bodies, moving minds: towards embodied teaching and learning [M]. Boston: Kluwer Academic Publishers, 2004.

[2] DEPAEPE F, VERSCHAFFEL L, KELCHTERMANS G. Pedagogical content knowledge: a systematic review of the way in which the concept has pervaded mathematics educational research[J]. Teaching and teacher education, 2013(4): 12-25.

[3] STAHL S. The evolution of the normal distribution [J]. Mathematics magazine, 2006(2): 96-113.

[4] 布劳迪. 知识的类型与教育目的[M]. 北京：人民出版社，1993.

[5] 布鲁纳. 布鲁纳教育论著选[M]. 邵瑞珍，等译. 北京：人民教育出版社，1989.

[6] 卜以楼. 教育价值：数学教学的根本之所在[J]. 数学通报，2013(1): 16-19.

[7] 曹才翰，章建跃. 数学教育心理学：第 2 版[M]. 北京：北京师范大学出版社，2006.

[8] 曹广福，罗荔龄. 中学数学部分概率内容的教学策略[J]. 数学教育学报，2018(5): 17-24.

[9] 曹广福，张蜀青，罗荔龄. 中学数学中统计内容的问题与建议[J]. 数学教育学报，2018(6): 7-12.

[10] 曹一鸣，王万松. 高中概率统计内容设置的国际比较：基于 15 个国家数学课程标准的研究[J]. 数学教育学报，2016(1): 1-4.

[11] 曹瑞彬. 基于 CPFS 结构理论的高三数学复习教学[J]. 上海教育科研，2016(10): 82-85.

[12] 陈希孺. 数理统计学简史[M]. 湖南：湖南教育出版社，2000.

[13] 董涛. 基于 PCK 结构的数学课例分析程序与特征[J]. 课程·教材·教法，2015(11)：75-79.

[14] 丁银凯. “先行组织者”在高中函数概念教学中的应用：“同化”“化归”与“再识”[J]. 数学教育学报，2017(6)：33-35.

[15] 弗赖登塔尔. 作为教育任务的数学[M]. 陈昌平,唐瑞芬,译.上海：上海教育出版社，1995.

[16] 冯德雄，赵刊. 论数学学习的感知和理解[J]. 数学教育学报，1999(1)：72-74.

[17] 郭元祥. 知识性质、结构与深度教学[J]. 课程·教材·教法，2009(11)：17-23.

[18] ERICKSON H L. 概念为本的课程与教学[M]. 兰英,译. 北京：中国轻工业出版社，2003.

[19] 胡晋宾，刘洪璐. 试论数学好课的三种味道[J]. 中学数学杂志，2015(1)：1-3.

[20] 李善良. 数学概念学习研究综述[J]. 数学教育学报，2001(3)：18-22.

[21] 李勇，章建跃，张淑梅，等. 全国重点高中数学教师概率统计知识储备现状调查[J]. 数学通报，2016(9)：1-9.

[22] 李杰民，廖运章. 条件概率的本质及其教学建议[J]. 数学教育学报，2021(1)：54-60.

[23] 李渺. 数学专业师范生 MPCK 发展“五步曲”[J]. 数学教育学报，2013(1)：23-26.

[24] 李士锜，吴颖康. 数学教学心理学[M] 上海：华东师范大学出版社，2011.

[25] 李士锜. 熟能生巧吗[J]. 数学教育学报，1996(3)：46-50.

[26] 林崇德. 论学科能力的建构[J]．北京师范大学学报(社会科学版)，1997(1)：5-12.

[27] 林群. 让数学原形毕露：与初学者共商[J]. 数学的实践与认识，1997(2)：97-98.

[28] 费德恩，沃格尔. 教学方法：应用认知科学，促进学生学习[M]. 王锦，曹军，徐彬,译. 上海：华东师范大学出版社，2006.

[29] 金克勤. “正态分布”的教学设计、实践与反思[J]. 数学通报，2013(3)：

46-52.
[30] 潘洪建. 论知识的维度及其掌握[J]. 安徽师范大学学报(人文社会科学版), 2013(7): 397-401.
[31] 潘洪建. 知识旨趣：基本蕴涵、教育价值与教学策略[J]. 当代教育与文化, 2014(7): 50-55.
[32] 潘庆玉. 知识之源与课程之流：试论知识观对课程观的影响[J]. 山东师范大学学报(人文社会科学版), 2003(4): 110-114.
[33] 皮连生. 教育心理学[M]. 上海: 上海教育出版社, 2011.
[34] 裴光亚. 数学教师的专业发展：在书房与教室间穿行的教研人生[M]. 西安: 陕西师范大学出版总社有限公司, 2013.
[35] 裴光亚. 复习的悖论[J] . 中学数学教学参考(中旬), 2015(7): 1.
[37] 华罗庚. 华罗庚科普著作选集[M]. 上海: 上海教育出版社, 1984.
[37] 韩云桥. 论数学学习的经验性思维[J]. 数学教育学报, 2015(5): 51-54.
[38] 何声清. 数学教师 KCS 与学生认知的一致性研究:以“概率”内容为例[J]. 数学教育学报, 2019(1): 25-29.
[39] 何小亚. 高中概率模型学与教中的问题和对策[J]. 数学教育学报, 2017(1): 37-40.
[40] 鲁正超. “三步走”引领学生经历数学建模过程[J]. 江西教育, 2020(14): 33-35.
[41] 刘丽, 吴中林. 数学建模过程的理解与教学实施[J]. 教育科学论坛, 2019(35): 68-71.
[42] 罗荔龄, 曹广福. 中学数学部分概率内容的问题与建议[J]. 数学教育学报, 2018(2): 65-69.
[43] 罗建宇. 从几个问题谈高三数学复习有效性[J]. 数学通报, 2020(12): 41-44.
[44] 宁宁, 喻平. 多重变异性数学样例对迁移影响的初步研究[J]. 数学教育学报, 2010(6): 50-52.
[45] 马俊青. 数学样例学习与学生数学知识形成关系的研究[J]. 数学教育学报, 2009(4): 68-70.
[46] 马复. 试论数学理解的两种类型:从 R. 斯根普的工作谈起[J]. 数学教育学报, 2001(3): 50-53.
[47] 任伟芬, 偶伟国, 龚辉, 等. “工具性理解”“关系性理解”和“创新性理

解”[J]．数学教育学报，2014(4)：69-73.

[48] 施良方. 学习论[M]. 北京：人民教育出版社，2001.

[49] 邵光华. 样例学习的理论与实践[M]. 浙江大学出版社，2013.

[50] 邵光华，章建跃. 数学概念的分类、特征及其教学探讨[J]. 课程·教材·教法，2009(7)：47-51.

[51] 邵红强. 让学生学习生活中的数学："数学生活化"教学策略初探[J]. 全球教育展望，2010(5)：90-91.

[52] 涂荣豹，王光明. 新编数学教学论[M]. 上海：华东师范大学出版社，2006.

[53] 谭瑞军. 基于元认知理论的数学教学有效性的实践研究：以两角和与差的正切公式的教学实践为例[J]. 数学通报，2019(8)：27-30.

[54] 陶冶，徐文彬. 今天你“变”了没有：由课例研究探讨数学复习课的有效性[J]．教育理论与实践，2009(2)：51-53.

[55] 万文婷，叶俊杰. 高三数学复习高效教学案例分析[J]．数学教育学报，2015(4)：65-71.

[56] 汪晓勤，郭锦融. 古希腊数学中的均值不等式[J]. 中学数学月刊，2015(2)：54-56.

[57] 汪晓勤. 从“勾股容方”到均值不等式[J]. 数学通报，2015(2)：7-9.

[58] 汪晓勤. HPM：数学史与数学教育[M]. 北京：科学出版社，2017.

[59] 伍春兰，许文军. 论学生思维参与的数学公式教学：以“三角恒等变换”起始课为例[J]. 数学通报，2020(9)：38-42.

[60] 吴增生. 单元整体教学中的若干重要问题及其思考[J]. 数学通报，2021(9)：20-26.

[61] 王海青，曹广福. 问题驱动数学教学的基本原则与思想及其实施步骤[J]. 数学教育学报，2022(1)：24-27.

[62] 吴华，崔艳姣. 基于数学三个世界的数学概念高效教学[J]. 数学教育学报，2015(3)：48-50.

[63] 吴启富，张玉春. 统计假设检验中小概率原理的辨析[J]. 统计与决策，2012(17)：70-71.

[64] 吴晓红. 基于课标史的数学核心素养意义探析[J]. 江苏教育，2020(11)：31-36.

[65] 谢明初，彭上观. 数学学习理论的演变[M]. 上海：华东师范大学出版

社，2020.
[66] 熊惠民. 中学数学教学设计与案例研究[M]. 北京：科学出版社，2014.
[67] 徐文彬. 数学概念的认识及其教学设计与课堂教学[J]. 课程·教材·教法，2010(10)：39-44.
[68] 徐章韬. 面向教学的数学知识:基于数学发生发展的视角[M]. 北京：科学出版社，2013.
[69] 徐章韬. 中学数学教材核心内容分析：经验型面向教学的数学知识[M]. 北京：科学出版社，2021.
[70] 徐镜清. 运用修辞知识改进数学教学的尝试[J]. 修辞学习，1997(4)：47-48.
[71] 岳欣云，董宏建. 数学教育"生活化"还是"数学化":基于数学教育哲学的思考[J]. 教育学报，2017(3)：41-47.
[72] 喻平，单墫. 数学学习心理的 CPFS 结构理论[J]. 数学教育学报，2003(1)：12-16.
[73] 喻平. 核心素养指向的数学教学目标设计[J]. 数学通报，2021(11)：1-5.
[74] 杨芳. 职前教师对概率概念的理解研究[J]. 数学教育学报，2013(6)：37-40.
[75] 周远方，方延伟，叶俊杰. "章引言"是起始课教学之路的明灯[J]. 数学通报，2015(5)：29-34.
[76] 张景中. 什么是"教育数学"[J]. 高等数学研究，2004(6)：2-6.
[77] 张蜀青，曹广福，罗荔龄. 从历史发展的视角看中学概率教学[J]. 数学教育学报，2018(4)：35-40.
[78] 张奠宙. 用不等臂天平秤物导出基本不等式的得与失[J]. 数学教学，2016(6):封底.
[79] 张廷艳. 高中数学教学 GX 实验研究[J]. 西南师范大学学报(自然科学版)，2005(3)：581-584.
[80] 郑庆全，单墫. 数学命题的特征及其教学意义[J]. 数学通报，2009(3)：5-8.
[81] 朱德全. 论教学设计的逻辑生长点[J]. 教育研究，2008(8)：72-76.
[82] 中华人民共和国教育部. 义务教育数学课程标准(2022 年版)[M]. 北京：北京师范大学出版社，2022.

[83] 中华人民共和国教育部. 普通高中数学课程标准(2017 年版 2020 年修订)[M]. 北京：北京师范大学出版社，2020.

[84] 赵瑶瑶，张小明. 关于历史相似性理论的讨论[J]. 数学教育学报，2008(4)：53-56.

[85] 章建跃. 数学 · 信息技术 · 数学教学[J]. 课程 · 教材 · 教法，2012(12)：62-66.

[86] 章建跃，张艳娇，金克勤. 数学建模活动的课程理解、教学设计与教学实施[J]. 中学数学教学参考，2020(5)：13-19.

[87] 朱长江，徐章韬. 在大学数学教学中寻找认知的固着点：目标、路径和成效[J]. 中国大学教学，2014(10)：48-51.

[88] 郑毓信. “数学深度教学”的理论与实践[J]. 数学教育学报，2019(5)：24-32.